CAHIERS AFRICAINS
AFRIKA STUDIES

n° 85

2014

5-7, rue de l'Ecole-Polytechnique, 75005 Paris

http://www.harmattan.fr
diffusion.harmattan@wanadoo.fr
harmattan1@wanadoo.fr

ISBN : 978-2-343-04106-3
EAN : 9782343041063

Claude Sumata

La Gestion macroéconomique
de la République démocratique du Congo durant et après la Transition démocratique

n° 85

2014

Africa
TERVUREN

Éditions L'Harmattan
5-7, rue de l'École-Polytechnique
75005 Paris

L'auteur

Claude Sumata a fait des études de mathématiques appliquées et sciences sociales (MASS) puis d'économie à l'Université de Paris X-Nanterre (Université Paris Ouest Nanterre La Défense). Il a obtenu son doctorat en sciences économiques au sein de cette même institution en 1994. Il est actuellement professeur d'économie à l'Université catholique du Congo (UCC) et à l'Université pédagogique nationale (UPN) à Kinshasa/RD Congo.

Il a enseigné aux universités de Paris X-Nanterre, Paris II, Cergy-Pontoise, Maine/Le Mans, Lille II, au Bikbeck College, à la SOAS (Université de Londres) et à l'Université de Surrey. Il a aussi été chercheur associé à l'Université de Sussex. Dans le cadre du programme Mida de l'OIM, il a été professeur visiteur aux universités de Kinshasa, Kisangani, Goma et Mbujimayi et à l'ISP/Gombe. Il a dispensé des cours à l'ISP/Bukavu. Il exerce également les fonctions de consultant international pour les organismes des Nations unies (PNUD, BAfD, OIM) et d'expert macroéconomiste pour Bricks International.

Ses récents travaux sur la politique macroéconomique de la RD Congo concernent la dynamique de la croissance et la réduction de la pauvreté. Dans ce contexte, une attention particulière est accordée à la décentralisation fiscale (caisse de péréquation) et à la promotion de l'emploi. Ses recherches portent également sur les systèmes bancaires et financiers, les transferts de fonds des migrants, et l'entrepreneuriat. Son livre *L'Économie parallèle de la RDC : taux de change et dynamique de l'hyperinflation au Congo* est paru chez L'Harmattan à Paris en 2001.

Cahiers africains – Afrika Studies

Musée royal de l'Afrique centrale (MRAC)
Koninklijk Museum voor Midden-Afrika (KMMA)
Service Histoire et Politique
(ancienne Section d'Histoire du Temps présent)

Secrétaire de rédaction : Edwine Simons

Leuvensesteenweg 13, 3080 Tervuren
Tél. : 32 2 769 58 47 ; fax : 32 2 769 58 20
E-mail : edwine.simons@africamuseum.be
Site : http://www.africamuseum.be/research/dept4/research/dept4/africainstitute/index_html
Conditions de vente : http://www.africamuseum.be/publications ; publications@africamuseum.be

Couverture :

Conception graphique : Mieke Dumortier.

Photos de couverture : avant : cambistes de rue, Lubumbashi, RDC, 2007, photo Th. Trefon © MRAC ; arrière : Mbandaka, Butembo et Unimba, photos © Cl. Sumata.

Cet ouvrage a fait l'objet d'une procédure d'évaluation scientifique.

Les activités du service Histoire et Politique (anciennement Section d'Histoire du Temps présent) sont financées par le SPP Politique scientifique et par la Coopération belge au développement.

Sommaire

À la mémoire de ma petite sœur tant aimée : Pitshou Nicole
À ma mère Ermelinde
À ma femme Élise
À mes enfants : Ermelinde, Oriane et Daniel

« Il y a, notamment, un domaine laissé jusqu'ici presque en friche, qui pourra alors être exploité pour le plus grand profit de tous : l'agriculture. L'agriculture, l'agriculture indigène surtout, apportera plus de richesses encore que l'exploitation des mines et elle assurera au commerce un développement nouveau. »
Politique financière du Congo belge, 1925.

« Il y a un temps pour aimer et un temps pour haïr ; un temps pour la guerre et un temps pour la paix. »
L'Ecclésiaste, 3:8.

Remerciements

L'auteur tient à remercier Christophe Kingombe, Gaspard Muheme et Pierre Jacquemot pour leurs précieuses remarques et suggestions, qui lui ont permis d'améliorer la version initiale du manuscrit.

Sa reconnaissance s'adresse également à toutes les personnes, qui de près ou de loin, ont influé de manière positive sur son parcours académique, notamment, ses enseignants de l'athénée de Kalina (Institut de la Gombe) et ses anciens professeurs de l'Université de l'Ouest parisien (Université de Paris X-Nanterre).

Liste des sigles et des acronymes

AFDL	Alliance des forces démocratiques de libération
AFP	Agence France Presse
Anapi	Agence nationale pour la promotion des investissements
APD	Aide publique au développement
BAfD	Banque africaine de développement
Bridge	Building Remittance Investment for Development Growth and Entrepreneurship
BCC	Banque centrale du Congo
BCD	Banque de commerce et de développement
BCDI	Banque de commerce, de développement et d'industrie
BIT	Bureau international du travail
BM	Banque mondiale
Cadicec	Centre d'action pour dirigeants et cadres d'entreprises au Congo
CCFD	Comité catholique contre la faim et pour le développement
CDE	Congolais de l'étranger
CDF	Franc congolais
CEA	Commission économique pour l'Afrique
Cedita	Conseils, entreprise, développement intégré, transferts, accompagnement
CEEAC	Communauté économique des États de l'Afrique centrale
Ceni	Commission électorale nationale indépendante
CIC	Compagnie internationale de construction
Cinat	Cimenterie nationale
CIZA	Cimenterie du Zaïre
CMZ	Compagnie maritime zaïroise
CNDP	Congrès national pour la défense du peuple
CNS	Conférence nationale souveraine
Comesa	Common Market for Eastern and Southern Africa
Coopec	Coopérative d'épargne et de crédit
Copemeco	Coopérative des petites et moyennes entreprises du Congo
Copide	Commission provinciale des investissements de développement du Bas-Congo
CPCL	Caisses populaires Luymas
CPCM	Comité permanent du cadrage macroéconomique
CPGL	Communauté économique des pays des Grands Lacs
DDR	Démobilisation, désarmement et réinsertion
DGI	Direction générale des impôts
DGRAD	Direction générale des recettes administratives, domaniales, judiciaires et de participation
DSCRP	Document de la stratégie de croissance et de réduction de la pauvreté
DTS	Droits de tirage spéciaux
ETD	Entités territoriales décentralisées
FARDC	Forces armées de la République démocratique du Congo
FC	Franc(s) congolais
FCE	Facilité de protection contre les chocs exogènes
FEC	Fédération des entreprises congolaises
FMI	Fonds monétaire international
FNM	Fonds national pour la microfinance
FPI	Fonds de promotion industrielle
FRPC	Facilité pour la réduction de la pauvreté et la croissance

GAME	Groupe d'appui à la micro-entreprise
Gécamines	Générale des carrières et des mines
HCR	Haut Conseil de la république
HCR-PT	Haut Conseil de la république-Parlement de transition
HTA	Home Town Association
ICA	Impôt sur le chiffre d'affaires
IDE	Investissements directs étrangers
IDH	Indice du développement humain
IMF	Institutions de microfinance
Ined	Institut national d'études démographiques
IPR	Impôt professionnel sur le revenu
ISP	Institut supérieur pédagogique
MCDEM	Maison des Congolais de l'étranger et des migrants
Mida	Migrations pour le développement en Afrique
Monuc	Mission de l'Organisation des Nations unies au Congo
Monusco	Mission de l'Organisation des Nations unies pour la stabilisation en République démocratique du Congo
MPR	Mouvement populaire de la révolution
M23	Mouvement du 23 mars 2009
NEPAD	Partenariat nouveau pour le développement de l'Afrique
NTIC	Nouvelle technologie de l'information et de la communication
NZ	Nouveau(x) zaïre(s)
OCDE	Organisation de coopération et de développement économiques
OCIV	Overlegcentrum Integratie Vluchtelingen
OCPT	Office congolais des postes et télécommunications
OHADA	Organisation pour l'harmonisation en Afrique du droit des affaires
OIM	Organisation internationale pour les migrations
OIT	Organisation internationale du travail
OMD	Objectifs du millénaire pour le développement
OMS	Organisation mondiale de la santé
ONATRA	Office national des transports
ONG	Organisation non gouvernementale
OPEP	Organisation des pays exportateurs de pétrole
PAA	Plan d'action pour l'Afrique
PAS	Programme d'ajustement structurel
PEA	Perspectives économiques de l'Afrique
Pecta	Programme des emplois et des compétences techniques pour l'Afrique
PED	Pays en développement
PEG	Programme économique du Gouvernement
PIB	Produit intérieur brut
PIR	Programme intérimaire renforcé
PMA	Pays les moins avancés
PME	Petites et moyennes entreprises
PME/PMI	Petites et moyennes entreprises/Petites et moyennes industries
PMIE	Programme migrations et initiatives économiques
PMTR	Programme multisectoriel pour le partenariat de transition et la relance
PMURR	Programme multisectoriel d'urgence, de réhabilitation et de reconstruction
PNB	Produit national brut
PNUD	Programme des Nations unies pour le développement
PPA	Parité du pouvoir d'achat
PPP	Partenariat public-privé
PPTE	Pays pauvres très endettés

PRCG	Projet de renforcement des capacités en gouvernance
PS-Eau	Programme Solidarité Eau
PUSPRES	Projet d'urgence et de soutien au processus de réunification économique et sociale
PVD	Pays en voie de développement
RCD	Rassemblement congolais pour la démocratie
RCD-Goma	Rassemblement congolais pour la démocratie-Goma
RDC	République démocratique du Congo
RD Congo	République démocratique du Congo
RIFIDEC	Regroupement des institutions du système de financement décentralisé du Congo
RSA	République sud-africaine
SADC	Southern African Development Community
Sizarail	Société interrégionale zaïroise du rail
SMI	Système monétaire international
SNCZ	Société nationale des chemins de fer zaïrois
Socomin	Société congolaise minière
Sofide	Société financière de développement
Swipco	Swiss Procurement Company
TVA	Taxe sur la valeur ajoutée
UA	Union africaine
UDI	Union des démocrates indépendants
UDPS	Union pour la démocratie et le progrès social
Uref	Université des réseaux d'expression française
USAID	United States Agency for International Development
USD	Dollars américains
Usor	Union sacrée de l'opposition radicale
Usoral	Union sacrée de l'opposition radicale et alliés
WDI	World Development Indicators
Z	Zaïre(s) (monnaie)

AVANT-PROPOS

Depuis plusieurs années, différents écrits, réalisés par de nombreux observateurs de l'économie congolaise, ont été publiés sur la gestion macroéconomique en République démocratique du Congo. Le plus souvent, l'idée de base était de présenter la manière dont sont mises en œuvre les politiques macroéconomiques et leurs performances ou encore les programmes d'ajustement macroéconomique concoctés par les institutions de Bretton Woods et les ruptures qui les ont souvent marqués. D'autres écrits se sont limités à passer en revue les zones de turbulences ayant caractérisé l'environnement tant économique que sociopolitique congolais, à analyser les conséquences macroéconomiques et à étaler de manière superficielle les retournements des tendances observées depuis près d'une quinzaine d'années. Dans une approche optimiste, divers autres auteurs ont pris comme point de départ les efforts de redressement économique entrepris depuis 2001 et les perspectives prometteuses que pourrait offrir une accélération de la croissance économique à la lumière des projections de la production minière. Globalement, l'approche qui a été adoptée est d'ordre descriptif, se limitant à commenter les grandes tendances passées et attendues de principales variables macroéconomiques.

Cependant, l'ouvrage *La Gestion macroéconomique de la République démocratique du Congo durant et après la Transition démocratique* présente le mérite de ne pas s'être uniquement limité à l'analyse critique de l'action des politiques macroéconomiques et des résultats, « mauvais » ou « bons », obtenus consécutivement à chaque orientation prise. En effet, il a, dans une approche dynamique et globalisante, réinséré dans l'action des pouvoirs publics différentes dimensions de l'univers congolais, dans leur complexité, ainsi que leur interaction avec les politiques publiques.

C'est grâce à une meilleure prise en compte de ces aspects dans l'équation de la gestion macroéconomique que les performances actuelles peuvent être améliorées à l'effet de placer résolument la RDC sur le chemin d'une croissance durable. C'est également à la faveur de cette réinsertion que les questions fondamentales de la politique macroéconomique post transition peuvent être correctement posées. Quel est l'héritage légué par la transition démocratique? A-t-on suffisamment et correctement tiré les leçons de mauvaises expériences du passé? Le désordre macrocosmique d'avant 2002 s'est-il traduit par l'obtention des consensus sur certains sentiers à suivre ou à ne pas suivre, à l'image des consensus dégagés notamment en Allemagne sur l'importance de la stabilité des prix ou par les nations en 1949 sur la création du GATT afin d'enterrer le spectre du protectionnisme? Y'a-t-il, au niveau politique, des germes comportementaux qui pourraient déboucher au retour, tôt ou tard, à l'instabilité macrofinancière ? Quelle est la nature des défis auxquels fait et ferait face la gestion macroéconomique dans une perspective d'émergence économique de la RDC ?

Si les guerres franco-allemandes ont donné lieu à une dynamique de coopération et de paix, dans quelle mesure la coopération régionale peut-elle être utilisée comme facteur de développement économique de l'espace régional ? Après les dysfonctionnements observés au cours des années 1990, la restructuration opérée à partir de 1998 et l'expansion actuelle et sans précédent du nombre des banques commerciales et institutions financières, quel est le nouveau rôle qui doit être assigné au système financier pour que la finance soit réellement au service de la croissance économique ainsi que de la réduction du chômage et de la pauvreté ? Comment promouvoir une croissance économique plus juste, plus équilibrée et à même de satisfaire la demande sociale sans cesse croissante et éviter un possible déraillement tenant à l'aggravation des disparités ? Dans quelle mesure la coopération sino-congolaise pourrait-elle participer au rattrapage économique ? Quid de l'aide publique au développement et de la coopération traditionnelle ? Que peut apporter la décentralisation territoriale et administrative ? Quelles sont les conditions essentielles à une décentralisation réussie ? L'émigration participe-t-elle à la stabilisation économique et sociale ?

Certes, ces questions ne sont pas exhaustives. En essayant de fournir des réponses à ces préoccupations ainsi qu'un cadre inclusif d'analyse des problèmes de gestion macroéconomique en RDC, cet ouvrage apporte une précieuse contribution au débat sur les perspectives de l'économie congolaise. Il relève la nécessité d'augmenter la vitesse des réformes et d'en élargir les domaines de couverture. Il met en lumière les principaux défis et enjeux de l'heure. Il examine à ce sujet des couloirs à explorer si l'on veut consolider les acquis des douze dernières années en vue de poser des bases solides à l'amorce d'une croissance inclusive qui enclenchera l'émergence du pays.

L'auteur s'est en outre efforcé d'allier la démarche factuelle à la rigueur scientifique et méthodologique. Chaque fois que le contexte et les données l'ont permis, l'analyse des événements s'est inscrite dans des cadres théoriques fournis par la recherche et la science économique, sans que le discours soit prisonnier des paradigmes dominants. Dans chaque chapitre, l'ouvrage présente un ensemble de faits stylisés pour faciliter la compréhension des lecteurs de certaines manifestations caractéristiques des phénomènes économiques. Cependant, eu égard à la nécessité de faciliter la compréhension de la dialectique des multiples ingrédients dont l'influence est déterminante sur la politique macroéconomique congolaise, l'ouvrage a réservé une part de choix à l'analyse approfondie des contextes social, politique et institutionnel.

Dans *Les Esprits animaux : comment les forces psychologiques mènent la finance*, G. Akerlof et R. Shiller ont montré comment les forces non économiques, notamment la corruption, l'équité, la confiance, les histoires racontées, participent à la formulation des choix et des décisions dans le domaine de l'économie et peuvent déboucher sur des conséquences économiques, sociales – voire politiques – majeures. La naissance, l'amplification et les effets d'hystérèse de la crise financière de 2007-2008 sont une parfaite illustration de ces conclusions. Un autre exemple est l'expérience congolaise où la corruption et l'absence d'éthique, pendant la Deuxième République, avaient été systématiquement utilisées comme modes de gestion économique, avec comme conséquences d'importants dérapages des finances publiques, la paralysie de l'administration et l'instabilité monétaire et financière.

Près de vingt ans après, les effets se ressentent encore sur les performances de l'économie congolaise.

Dans ce cadre, l'intégration, dans un même panier, des ramifications économiques et extraéconomiques, permet à l'auteur d'aborder des sujets variés, dont certains ne sauraient être examinés uniquement par des instruments auxquels recourt habituellement l'analyse macroéconomique. En effet, cette dernière ne peut, sous aucun prétexte, se permettre d'ignorer les variables extraéconomiques au risque de poser un diagnostic caricatural des problèmes étudiés. C'est dans ce contexte que, non seulement les répercussions de la guerre, mais la guerre elle-même, ses ressorts et sa complexité ont été introduits dans le schéma afin de mieux en apprécier les interactions avec les politiques macroéconomiques.

L'économie, tant dans son volet analyse que dans son volet décisionnel, demeure une science humaine qui ne peut pas se détacher de l'environnement institutionnel. En RDC, des institutions de base, telles que la famille, les liens de solidarité, occupent une place essentielle dans la production des biens et services et dans l'allocation des ressources. Par exemple, c'est dans le cadre familial que s'e sont développées de nombreuses initiatives entrepreneuriales ayant servi d'amortisseurs à la dégradation des conditions de vie au cours des quatre dernières décennies. Ces petites et moyennes entreprises, formelles ou informelles, dont certaines sont soutenues par les capitaux provenant de la diaspora et du secteur de la microfinance, constituent l'essentiel du tissu économique congolais et couvrent tous les secteurs économiques. Dans les provinces, où vit plus de la moitié de la population, l'offre alimentaire est satisfaite par la production locale, laquelle est essentiellement réalisée dans des cadres familiaux. Dans la perspective d'une stabilisation macroéconomique durable, l'analyse de l'entrepreneuriat, notamment familial, revêt une importance cruciale.

L'économie congolaise est à la croisée des chemins. Tel un malade dont la fièvre a été stabilisée à l'effet de permettre au médecin de commencer à poser le vrai diagnostic, la restauration progressive de la stabilité macroéconomique a commencé, telle une chandelle romaine, à faire jaillir de façon assez nette les multiples défis auxquels la politique économique aura à faire face à l'avenir. Le développement du potentiel économique congolais devient une priorité pour résoudre l'épineux problème du chômage de masse et de la pauvreté. Il faut renforcer l'offre des biens et des services. Il faut dès lors des capitaux pour financer la production des biens et services publics et privés. Le secteur financier, qui a traversé une période de faillite et avait perdu complètement la confiance des agents économiques, renaît de ses cendres sous l'impulsion d'un programme d'assainissement et de restructuration mené par la Banque centrale. À l'heure actuelle, il ne joue pas encore réellement son rôle de mobilisateur et d'allocateur efficient des ressources en faveur de l'économie réelle.

Cette situation, dans un contexte de rigidité des conditionnalités afférentes à l'utilisation des ressources fournies par les bailleurs des fonds traditionnels, limite les possibilités de financement de la croissance et du développement. L'ouvrage a ainsi réservé un traitement particulier pour les questions du secteur financier et de la coopération au développement. Il a en outre soulevé la question de la résilience de l'économie congolaise face à des chocs extérieurs à l'exemple de la récente crise financière et économique internationale.

Un autre avantage de l'ouvrage est de réinsérer la question de la décentralisation dans l'équation de la gestion macroéconomique congolaise. En effet, le partage des responsabilités et la division de la gestion financière entre le gouvernement central et les provinces soulèvent *a priori* l'épineux problème de coordination entre leurs actions respectives ainsi que celle de la capacité des entités territoriales et administratives décentralisées à fournir des services publics de qualité… À cet effet, il apparaît urgent de renforcer les capacités institutionnelles et managériales des entités décentralisées. Cela réduirait substantiellement les risques d'une crise des finances publiques locales et améliorerait la qualité globale des politiques macroéconomiques.

Enfin, l'ouvrage, au-delà des aspects rétrospectifs, comporte une dimension prospective, laquelle est d'abord justifiée par la nécessité de mieux gérer les politiques macroéconomiques à l'avenir et d'accélérer la résolution de problèmes de fond de l'économie congolaise, notamment la consolidation du rythme de la croissance de l'activité, l'absorption du réservoir de main-d'œuvre, l'industrialisation et la diversification économique, la soutenabilité des comptes extérieurs, la stabilité et le développement du système financier, la réduction de la pauvreté. Cette démarche prospective est aussi stratégique en ce qu'elle conduit à situer la dynamique des réformes à réaliser dans le cadre mondial de la compétition des nations. Elle pose donc le problème du rattrapage des économies avancées et émergentes *via* une transformation structurelle continue.

J'ose croire que cette précieuse contribution qu'apporte *La Gestion macroéconomique de la République démocratique du Congo durant et après la Transition démocratique* permettra d'éclairer le débat public sur la conduite des politiques économiques et l'action des décideurs tant publics que privés. L'ouvrage constitue également une précieuse aide pour le s étudiants ainsi que les chercheurs et enseignants en sciences économiques et sociales en ce qu'il aborde sous une approche systémique la problématique de la gestion macroéconomique dans un contexte social, institutionnel, historique et politique donné.

Deogratias Mutombo Mwana Nyembo
Gouverneur de la Banque centrale du Congo

PRÉFACE

Les compétences économiques ne manquent pas en RD Congo. Le professeur Claude Sumata le démontre avec cet ouvrage érudit, mesuré et ouvert sur l'avenir.

Et pourtant l'économie du pays se porte mal. Depuis des décennies.

Pour les agences internationales comme pour de nombreux experts, la « gouvernance » est en question. Elle se heurte à des pratiques enchâssées depuis longtemps dans le système social. Il manque dans ce pays des politiques adéquates, un cadre juridique impartial, un environnement des affaires favorable à la croissance et la fourniture de services publics efficaces, pour enfin contribuer à la réduction de la pauvreté. Le contexte de fragilité d'un État en situation postconflit ne facilite pas les initiatives conduites contre les méthodes frauduleuses. Telle est la conviction dominante.

Pourtant, si l'on en croit l'auteur, le processus de changement enclenché depuis « la transition démocratique » pourrait connaître des avancées prometteuses. Un consensus appuyé par des réformes en profondeur pourrait se cristalliser autour de l'idée qu'il faut changer de modèle de gestion et de régulation économiques.

Le premier pilier de la réforme préconisée par Claude Sumata repose en toute logique sur l'amélioration de la gestion des ressources publiques, à commencer par celles inscrites au budget, dans le but de réduire les risques de dérapages et de détournements. La question du suivi de la dépense budgétaire est depuis trente ans au cœur de la relation difficile du Gouvernement congolais avec le Fonds monétaire international (FMI). Un mécanisme de gestion rapprochée autour d'un programme prioritaire de dépenses est régulièrement mis en place. Le tiraillement est inévitablement constant entre deux tendances : celle visant à entrer dans l'épure du cadre fixé, minutieusement suivi mais sans cesse renégocié, l'autre cherchant à préserver une liberté d'action pour faire face aux obligations politiques et aux contraintes non prévisibles.

Les réformes à engager concernent ensuite les entreprises publiques. Elles sont d'envergure, à la dimension des situations de mauvaise gestion et des passifs accumulés par les principales entreprises publiques appartenant aux secteurs clés (électricité, mines de cuivre et cobalt, mines de diamant, chemin de fer, navigation aérienne, transports maritime et fluvial). Que faire ? La formule de l'externalisation, autrement dit des « contrats de gestion » accordés à des cabinets étrangers sur la base d'appels d'offres internationaux, a été retenue. Elle extériorise le management pour tenter de freiner les risques de corruption et rétablir une saine gestion. D'autres services publics sont potentiellement ouverts en République démocratique du Congo à des formules de partenariat public-privé ou de concession : entretien routier, distribution de l'électricité et de l'eau, collecte et traitement des déchets… La contractualisation est la méthode à généraliser, car elle est supposée favoriser la bonne gestion en faisant appel à des compétences spécialisées qui n'existent pas dans l'État et en introduisant la transparence et le contrôle sur le coût des services.

La restauration de l'État congolais nécessite également qu'il reprenne le contrôle de l'utilisation de ses très abondantes ressources naturelles et lutte contre la « criminalité économique » qui a régné pendant la période des guerres (1996-1997 et 1998-2002), principalement dans les secteurs minier et forestier. Le constat établi en 2007 fut accablant : le patrimoine minier avait été bradé par la sous-estimation de la valeur des gisements et des équipements. La « revisitation » des contrats a laissé devant les tribunaux de difficiles contentieux.

Améliorer le climat des affaires et gagner des places au classement de *Doing Business*, autre thème récurrent, passe par des mesures sur la suppression de la discrimination entre investisseurs nationaux et étrangers, l'identification nationale unique, l'autorisation de bâtir, l'enregistrement des mutations immobilières, l'immatriculation au registre du commerce, la décentralisation de la fonction notariale…

Il faut aussi engager et mettre en œuvre la révision du Code des douanes, la réforme de la fiscalité avec l'instauration de la TVA, l'OHADA (Organisation pour l'harmonisation en Afrique du droit des affaires). Cet ensemble de règles communes codifiées dans huit actes uniformes constitue un droit des activités économiques qui fait déjà partie du corpus juridique de seize États africains. Il en est attendu plusieurs mérites : harmonisation du droit au plan régional, simplicité des règles, modernité des procédures, encouragement au recours à l'arbitrage pour le règlement des différends contractuels, amélioration des sûretés, cour commune de justice et d'arbitrage… Là aussi, le chemin de la réforme sera long, mais il est incontournable.

Cette réforme du mode de gestion de l'État présentée par Claude Sumata est une opération de longue haleine. En RD Congo comme souvent ailleurs, la question demeure la suivante : comment faire adhérer aux normes qui prônent l'impartialité de l'État et la nécessité de respecter l'éthique du bien public dans un espace où sont répandus des comportements et des normes sociales qui, pour des raisons tant historiques (héritage de l'ère Mobutu) que sociologiques (les contraintes de la sociabilité et la pression pour le partage), favorisent la prééminence des intérêts personnels et claniques ?

La société civile peut-elle aider la réforme ? Est-elle porteuse d'une évolution positive dans le registre de la gestion publique ? De multiples associations jouent un rôle important. Pour dénoncer les excès et développer leur plaidoyer, certaines d'entre elles préconisent la mise en place de mesures simples ciblées sur l'information des consommateurs. D'autres engagent des initiatives en vue de vulgariser les lois qui répriment les malversations et mènent des actions auprès des élus afin qu'ils soutiennent leur programme. Ces initiatives sont porteuses de vertus nouvelles et reçoivent d'importants soutiens extérieurs. Il y a cependant chez certains partenaires une tendance qui se révèle parfois fâcheuse à jouer la société civile contre l'État. Alors qu'au contraire il s'agit de renforcer leurs interactions en construisant un environnement propice au dialogue et à la collaboration. La probité intellectuelle dont les ONG doivent faire preuve dans leur démarche est décisive, évitant de tomber dans la démagogie ou d'être le jouet de règlements de comptes.

La réforme économique peut-elle être « appropriée », dans le double sens du terme : adéquate à la réalité congolaise et maîtrisée par les acteurs nationaux ? Le thème de la bonne gouvernance n'est pas exclusivement à usage externe, pour satisfaire les bailleurs de fonds. Il doit être mobilisé comme une ressource dans une stratégie politique de développement. À un moment donné de l'histoire, il peut être efficacement utilisé comme moyen de légitimation interne du pouvoir qui tente ainsi de se consolider en se parant du manteau vertueux du respect des normes publiques. Ce temps est-il proche au Congo ? Notre hypothèse est que les positions rentières étant acquises, elles peuvent désormais, pour se maintenir, se muer en positions d'investissement et s'engager dans une véritable valorisation du patrimoine économique exceptionnel que détient le pays. Certes, pour qu'un tel processus à la Max Weber, qui voit se nourrir réciproquement la nouvelle éthique des réformateurs et le capitalisme des entrepreneurs, soit mis en œuvre, un ensemble d'obstacles devrait être levé, à commencer par ceux liés à l'existence des réseaux clientélistes. Mais, dans le même temps, un *contrat social* pourrait se former autour de l'idée qu'il ne peut y avoir de développement économique attendu et recherché par le plus grand nombre sans un minimum d'ordre politique et de respect des normes. Devant une telle perspective ouverte par Claude Sumata, la qualité de la coopération internationale devra moins se mesurer à sa capacité à imposer des normes universelles par le biais de nouvelles conditionnalités, qu'à celle d'apporter une expérience et une expertise pour permettre aux partenaires locaux, les Congolais dans le cas d'espèce, de définir et de mettre en œuvre leurs propres politiques.

Pierre Jacquemot
Ancien ambassadeur de France en RD Congo
Président du GRET-Professionnels du développement solidaire

Introduction

Les retombées positives du processus de transition politique ayant prévalu en RD Congo à partir de 1990 semblent mitigées, en dépit de quelques avancées sur le plan démocratique et sur celui de la stabilité macroéconomique. En règle générale, les années 1990 sont restées caractérisées par le marasme économique et la dégradation dramatique des conditions sociales de la population, du fait de la persistance de l'hyperinflation et des tensions politiques.

Le processus de démocratisation graduelle a favorisé l'émergence d'un climat d'incertitude et la prolifération de conflits armés. La mise en œuvre de politiques économiques prudentes sous l'égide des institutions de Bretton Woods, notamment en 2002, a, pour sa part, permis de renverser la tendance en assurant le maintien de taux de croissance positifs. Quant aux accords de paix conclus dans ce cadre, ils ont entraîné une accalmie politique en favorisant la réunification du territoire national. Mais les avancées sociales emmagasinées dans ce contexte n'ont pas été à la hauteur des espérances.

Il convient d'être attentif aux paramètres sociopolitiques ayant entraîné la généralisation à tout le territoire congolais d'un climat de violence qui a favorisé la persistance du marasme économique. La fin de la guerre froide a été propice à la redistribution des rôles au niveau international en assurant la légitimation de nouvelles revendications. Cette légitimation est à la base de la pérennisation de certains conflits. La déstabilisation de l'équilibre sociopolitique de la RD Congo par les seigneurs de la guerre en constitue un bon exemple. Il met, en effet, en lumière la prééminence des mobiles économiques. L'exploitation systématique des richesses naturelles de ce pays constitue, dès lors, une raison majeure de la pérennisation du conflit armé, même si les revendications sociales et la confiscation du pouvoir en demeurent des déclencheurs non négligeables. Il est judicieux de s'étendre davantage sur les raisons qui ont empêché ce géant africain d'émerger, en dépit de ses potentialités énormes, et de s'éloigner du cercle vicieux de la pauvreté et de la violence. Notons, à titre comparatif, que l'Angola a pu sortir de l'engrenage de la guerre en alignant des taux de croissance positifs depuis plusieurs années.

Par ailleurs, l'appréhension de la logique de guerre renvoie également à l'analyse des conditions qui prévalaient avant le déclenchement des hostilités militaires. La pérennisation de régimes autocratiques sur une période relativement longue possède une responsabilité majeure dans la descente aux enfers de l'économie congolaise et la bipolarisation sociale consécutive, qui s'est caractérisée par l'effondrement de la classe moyenne. La configuration des revenus met en lumière les disparités fondamentales entre les différentes classes sociales, dans la mesure où le fossé continue à se creuser entre les nantis et la majeure partie de la population, composée de démunis. Les conflits distributifs consécutifs ont entraîné, par la suite, des tensions sociopolitiques fortes qui constituent des germes fondamentaux dans l'engrenage de la guerre civile.

Un bref détour historique s'impose pour mieux cerner les réalités socio-économiques actuelles. Le PIB de la RD Congo a stagné entre 1959 et 1966 en raison des turbulences sociopolitiques profondes qu'a connues le pays. L'augmentation de la consommation globale et de la dette extérieure s'est alors opérée au détriment de la formation de capital. En effet, l'investissement était de 14,1 % du PIB en 1966, alors qu'il en représentait 28 % de 1950 à 1958. Il convient de remarquer que l'endettement de l'État ne représentait pas, à ce stade, un fardeau considérable, contrairement à la situation qui prévalut par la suite, notamment dans les années 1970. Dans ce dernier cas d'espèce, le stockage des ressources externes aurait servi essentiellement à la mise en œuvre d'« éléphants blancs » au détriment des investissements productifs.

La réforme monétaire de 1967 devait assurer la relance des activités et le maintien de la croissance à long terme. Les retombées favorables de ce cercle vertueux peuvent être jugées à l'aune de la croissance positive observée au cours de la période 1967-1974. Cette situation a permis à l'État-providence d'exercer ses prérogatives en assurant également le maintien des services de base minimaux sur le plan social. La consolidation du pouvoir étatique au niveau de l'espace national s'est accompagnée de l'accalmie sociopolitique nécessaire à la mise en œuvre des réformes économiques.

Le marasme économique observé dans les années 1980 a favorisé la contraction des activités productives et entraîné le recul de la croissance, le PIB à prix constants ayant baissé de 20 % au cours de cette période. Par conséquent, le rétrécissement des revenus des ménages s'est poursuivi : le revenu annuel par habitant s'est maintenu à 99 dollars et l'espérance de vie moyenne à 45 ans. En 1990, la stagnation du PIB annuel moyen par habitant se maintint, puisqu'il affichait un taux de croissance négatif de 6,6 %, alors qu'il représentait – 4,6 % au cours de la période allant de 1980 à 1984, selon la Banque centrale du Congo.

L'engrenage de l'hyperinflation et le maintien de taux de croissance négatifs, notamment dans les années 1990, ont constitué des ressorts substantiels de la dégradation de la monnaie congolaise, entraînant la baisse vertigineuse du pouvoir d'achat, tant au niveau interne qu'au niveau externe, dans le cadre de la dollarisation de l'économie congolaise (Kabuya Kalala & Matata Ponyo 1999 ; Sumata 2001, 2010).

Il semble légitime de s'interroger sur les dividendes de la transition démocratique observée en RD Congo à partir de 1990 et sur les atermoiements consécutifs de la croissance de l'économie congolaise, en analysant la gestion macroéconomique de la période découlant de la guerre froide, qui s'étale de 1990 à nos jours. Il convient de rappeler que le renversement de tendance et le maintien d'une croissance positive à partir de 2002 n'ont pas permis le développement économique espéré. Le maintien d'un taux de croissance positif de plus de 2,5 % en moyenne au cours de la période allant de 2002 à 2012, à l'exception de l'année 2003, doit être souligné. L'appréhension de l'économie congolaise au cours de ces dernières décennies constitue, dès lors, un exercice difficile, compte tenu de la prééminence de certains goulets d'étranglement ayant empêché le système d'évoluer de manière harmonieuse pour atteindre le cercle vertueux de la croissance. L'influence des variables exogènes et endogènes a été catastrophique dans le processus de déstructuration des fondements socio-économiques. La prise en compte de la crise financière internationale de 2008-2009 et des turbulences sociopolitiques liées à la situation sécuritaire à l'Est de la RD Congo constitue également un pasage obligé dans l'analyse.

La détérioration de l'économie congolaise et ses mutations structurelles ont entraîné une régression majeure des conditions sociales de la population, en raison de la concomitance de deux facteurs primordiaux, à savoir la faiblesse de la croissance et le manque d'une politique efficiente de répartition équitable du revenu national. Cette situation a favorisé le maintien d'une dynamique de paupérisation croissante des populations congolaises à la base d'un processus d'émigration continue des individus. Les transferts de fonds des Congolais de l'étranger (CDE) sont censés jouer un rôle primordial dans les stratégies de sortie de crise et dans la relance des activités économiques.

Le schéma en demi-teinte de l'économie congolaise dressé plus haut nous invite à réfléchir aux voies et moyens qui permettraient de renverser la tendance observée dans le passé et de mettre en place un dispositif apte à assurer le maintien d'une dynamique positive de croissance à long terme.

Les développements analytiques qui suivent s'inscrivent dans une démarche proactive caractérisée par trois parties essentielles. Dans un premier temps, nous nous proposons de poser les jalons théoriques nécessaires à l'appréhension des évidences empiriques et des faits stylisés[1]. Ensuite, nous tenterons de cerner les déterminants de l'environnement macroéconomique de la RD Congo en portant un regard particulier sur la persistance de la crise et la déstructuration du système financier. Enfin, nous essayerons d'envisager

[1] Expression introduite par Nicholas Kaldor, pour représenter des faits « typiques » de l'économie, qui peuvent demeurer significatifs sans pour autant être quantifiés de manière précise.

des stratégies de sortie de crise en abordant les perspectives d'avenir à travers quelques recommandations.

La première partie est articulée autour de trois points principaux. Dans le premier chapitre, nous analysons les liens existant entre la transition démocratique et la croissance économique. Les points forts de cette stratégie renvoient à l'appréhension des défis politiques et économiques du processus de démocratisation enclenché en RD Congo à partir de l'année 1990. La dégradation de l'économie congolaise est abordée en mettant en relief l'impact négatif du processus de démocratisation graduelle.

Le deuxième chapitre tente de poser les jalons théoriques sur la guerre civile en procédant notamment à une énumération des évidences empiriques sur les conflits armés dont la RD Congo a été le théâtre au cours de ces dernières décennies. Cette démarche est de nature à nous permettre de mettre en lumière, par la suite, le rôle des mobiles politiques et des avancées sécuritaires dans le maintien d'une croissance économique soutenue.

Cette stratégie nous aide à concevoir, dans le chapitre suivant, la réforme financière comme un instrument de promotion de la croissance économique, en se basant sur les programmes économiques du Gouvernement et les dilemmes soulevés dans le processus de mise en œuvre de la deuxième génération du DSCRP (Document de la stratégie de croissance et de réduction de la pauvreté) en RD Congo. Il convient d'étudier, à ce propos, le lien existant entre le développement financier et la croissance économique. De même, le recours aux faits stylisés sur l'économie congolaise est incontournable dans le cadre de notre démarche.

La deuxième partie va nous permettre d'évaluer les déterminants de l'environnement macroéconomique de la RD Congo. Elle comportera trois chapitres.

Dans le quatrième chapitre, nous proposons quelques stratégies à adopter afin de réhabiliter le système financier congolais en période postconflit. Au-delà de l'analyse des conditions ayant prévalu au cours de la période préconflit, notre démarche vise à appréhender les péripéties de la logique de guerre. L'étude des causes de la déstructuration du système monétaire et financier est un passage obligé avant d'aborder les mécanismes visant à redorer le blason des circuits financiers en période postconflit.

Dans le cinquième chapitre, nous procédons à l'appréhension de l'incidence néfaste des chocs externes et exogènes sur l'économie de la RD Congo. Il s'agit de considérer notamment les défis majeurs de l'environnement international exerçant des effets pervers sur la croissance et le développement économique de ce pays. Les atermoiements des flux de fonds relatifs à l'Aide publique au développement et les enjeux de la crise financière internationale sont analysés dans ce cadre. La question fondamentale consiste à évaluer dans quelle mesure la coopération économique régionale peut favoriser la sortie de crise et le désenclavement économique de la région des Grands Lacs.

Dans le sixième chapitre, nous scrutons la logique des réseaux d'assurance mutuelle et informelle qui constituent, au demeurant, des filets de sécurité sociale dans les pays en développement (PED). L'analyse s'appesantit sur les motivations qui sous-tendent les relations entre les agents. Il semble que les liens de solidarité demeurent la pierre angulaire de ce système basé sur la réciprocité. Nous examinons, en dernier lieu, avec une attention soutenue, dans quelle mesure le processus de migration reste une alternative louable face au tarissement des ressources financières à l'échelle internationale.

La troisième partie, regroupant les stratégies de sortie de crise, comporte également trois chapitres. L'ambition du septième chapitre est d'analyser les stratégies gouvernementales de sortie de crise par le biais du programme des « Cinq chantiers de la République » et le maintien de la coopération structurelle entre les bailleurs de fonds internationaux, en l'occurrence le FMI, et la RD Congo. Ce chapitre constitue, par ailleurs, le lieu par excellence pour étudier l'émergence de la coopération sino-congolaise, qui semble suivre la logique d'un partenariat « gagnant-gagnant », selon une certaine acception.

Le huitième chapitre met en exergue la nécessité d'assurer la promotion de l'entrepreneuriat en période postconflit, afin de renverser la tendance désastreuse et de créer des synergies favorables pour une dynamique de croissance positive. Il s'appuie sur un bilan de la situation existante et démontre, notamment, les faiblesses du dispositif actuel en termes d'allocation des ressources financières, tout en mettant en exergue l'impact positif, sous certaines conditions, de la microfinance sur le développement de l'entrepreneuriat. De même, une attention particulière est portée à la mobilisation des ressources de la diaspora et à la promotion de l'entrepreneuriat par les Congolais de l'étranger.

Enfin, les problèmes relatifs à la décentralisation et à la réforme de la fiscalité sont abordés dans le neuvième chapitre, afin de renforcer les capacités managériales de l'État congolais et d'assurer l'efficience des services étatiques. Un accent particulier est mis sur l'organisation et la mise en œuvre de la Caisse de péréquation financière pour éliminer les inégalités et permettre le rééquilibrage des ressources financières entre les différentes provinces.

Les principaux enseignements à tirer de notre étude

Il est légitime de réfléchir aux solutions pouvant assurer la mise en œuvre d'un renversement de tendance durable en RD Congo. L'expérience récente des pays émergents, sous la houlette de la Chine et de l'Inde, démontre que la dynamique du sous-développement n'est pas irréversible. En effet, la pérennisation du marasme économique ne constitue pas une fatalité, dans la mesure où la mise en œuvre d'une thérapeutique de choc demeure le cadre idéal assurant le maintien de taux de croissance positifs à moyen et à long termes. Par conséquent, la RD Congo doit bâtir son propre modèle de développement en mettant en valeur ses richesses naturelles et, surtout, en exploitant de manière efficiente ses énormes potentialités dans le domaine agricole.

Au-delà de la guerre, il convient de réfléchir aux mécanismes susceptibles d'assurer une paix durable au niveau du pays tout entier, afin de garantir son expansion économique. La coopération régionale et internationale peut créer des synergies favorables et promouvoir le bien-être commun des individus. De même, la diaspora congolaise peut jouer un rôle majeur dans la relance des activités économiques et le renversement de tendance attendu.

Il est, dès lors, judicieux d'envisager l'avenir de la RD Congo de manière positive, en essayant de concevoir une évolution favorable, afin d'y assurer le maintien d'une croissance soutenue pro-pauvre à long terme. Cette dynamique peut emprunter trois étapes essentielles. D'abord, la consolidation de la croissance constitue un passage obligé, afin de se doter des ressources suffisantes sur le plan national. Ensuite, il convient d'établir des mécanismes visant à assurer la création et la promotion de l'entrepreneuriat. Enfin, la mise en place d'avancées sociales s'impose, pour permettre de réduire la pauvreté de manière significative.

La consolidation de la croissance suppose la mise en place de stratégies appropriées et l'implantation des institutions adéquates au niveau national pour assurer l'élaboration de programmes économiques ambitieux (Acemoglu & Robinson 2012). Il s'agit d'enclencher un renversement de tendance et de rechercher les voies et moyens qui permettront à la RD Congo de faire des progrès économiques et sociaux substantiels, de manière à devenir un pays à revenu intermédiaire ou un pays émergent, à long terme.

La relance des activités économiques en RD Congo est conditionnée par un certain nombre de préalables et la prise en compte des décisions appropriées en matière économique s'impose dès lors. Le recours à une politique macroéconomique de grande envergure est censé accorder une priorité essentielle aux secteurs clés tels que l'éducation, l'agriculture et la recherche scientifique. Ces domaines de prédilection, qui, au demeurant, ne semblent pas impliquer d'immenses ressources, doivent normalement être le fer de lance d'un développement durable sous l'impulsion d'une politique d'investissements appropriée valorisant l'exploitation des ressources pléthoriques dont bénéficie l'État congolais.

La promotion de l'entrepreneuriat constitue une priorité absolue, afin de créer des emplois massifs et de résoudre les problèmes récurrents de chômage. Les ressources financières et matérielles des Congolais de l'étranger, ainsi que leurs connaissances scientifiques, peuvent être utilisées à bon escient, notamment dans la création de PME/PMI. De même, le financement des infrastructures demeure crucial dans le cadre d'un développement endogène. Il s'agit d'améliorer les voies de communication et les systèmes de desserte en eau et en électricité au niveau de l'espace national. Les travaux de la commission de l'Union africaine (UA) et du Partenariat nouveau pour le développement de l'Afrique (NEPAD) mettent particulièrement en évidence ces handicaps majeurs de nombreux pays africains, notamment en termes de réseaux de transport. Cette situation catastrophique les empêche de devenir concurrentiels sur les marchés mondiaux et de progresser favorablement dans le processus d'intégration régionale (UA/NEPAD 2010-2015).

La démarche rétrospective doit nous permettre de disposer du recul nécessaire pour concevoir une stratégie ambitieuse, dans le cadre d'une vision à moyen et long termes du développement. La RD Congo pourrait rapidement devenir un pays à revenu intermédiaire, si ses énormes potentialités étaient exploitées de manière rationnelle. Cette démarche passe également par le maintien de programmes économiques ambitieux visant à cibler les secteurs porteurs dans le cadre d'un développement soutenu.

La diversification de l'économie congolaise doit se faire dans l'optique d'une politique proactive valorisant, par exemple, les ressources considérables que l'on peut tirer de l'agriculture. Étant donné que 70 % de la population vit dans les zones rurales, il ne faut pas se priver d'une main-d'œuvre aussi abondante. La promotion de l'agriculture est censée se placer au centre du dispositif de développement à mettre en œuvre afin d'assurer la prospérité de la RD Congo. Les problèmes récurrents de sous-alimentation chronique dont souffrent certaines régions de ce pays peuvent être résolus. Par ailleurs, la promotion des cultures d'exportation est censée améliorer le flux des recettes étatiques en augmentant le volume des réserves de change. De même, l'exploitation rationnelle des ressources minières peut apporter des ressources financières substantielles au Gouvernement congolais en termes de recettes fiscales et de devises.

La mise en œuvre des politiques économiques d'envergure en matière de mobilisation de l'épargne nationale et l'allocation des ressources à l'investissement productif s'imposent. Le développement des instruments adaptés et incitatifs pour attirer, par exemple, les fonds et les potentialités de la diaspora vers les secteurs prioritaires comme l'éducation, l'agriculture, l'habitat, le transport et la recherche scientifique, demeure également une nécessité.

Le renforcement des capacités de l'État devra se faire de concert avec l'essor d'un secteur privé efficace engagé de manière active dans le processus de développement économique. La promotion de l'investissement reste une priorité, même si la consommation et la demande globale ne doivent pas être négligées. Il convient d'assurer la mise en place d'une stratégie globale visant à pérenniser le maintien d'une croissance durable tout en maintenant l'équité sociale. L'élaboration d'une grille de salaires cohérente favorisant une répartition équitable du patrimoine national doit être la pierre angulaire de la politique gouvernementale. Cette dynamique passe également par l'implantation d'un dispositif social judicieux assurant un système de sécurité sociale équitable.

Le développement de l'Afrique passe par une prise en charge réelle des problèmes récurrents qui empêchent la majorité des pays de ce continent d'émerger et d'évoluer progressivement vers le sentier vertueux de la croissance économique. Cette réalité sociale suppose un changement radical des mentalités pour favoriser la persistance d'une croissance économique régulière à moyen et long termes. Par conséquent, la stabilité politique et la résolution des conflits armés demeurent des passages obligés pour relancer les activités économiques de manière durable (UA/NEPAD 2010-2015).

Première partie
Analyse conceptuelle : essai de théorisation et évidences empiriques

Chapitre 1

Transition démocratique et croissance économique

Introduction

Le lien entre démocratie et développement économique est ambigu. Il semblerait même que l'essor des libertés individuelles ne tende pas à assurer l'amélioration du niveau de vie de la population. Contrairement à une idée répandue, l'accroissement des libertés politiques ne contribue pas directement à la croissance économique dans les pays en développement. Dans la plupart des cas, l'instauration de la démocratie a même amplifié le degré de paupérisation de la population.

Les bouleversements sociopolitiques observés au début des années 1990 dans de nombreux pays en développement, et au Congo en particulier, ont constitué des barrières au progrès social et à l'essor économique. La mise en œuvre des réformes structurelles au niveau politique s'accompagne, dans ce contexte, de tensions sociales considérables amplifiant le poids des revendications légitimes des agents économiques. Dans le cadre du processus de démocratisation observé en RD Congo dans les années 1990, on a assisté à la pérennisation d'une situation caractérisée par la résurgence de la violence et le maintien d'une dynamique conflictuelle au niveau politique. L'absence de culture démocratique a empêché l'éclosion d'un nouvel ordre au niveau politique.

La reconstruction des fondements socio-économiques de la RD Congo demeure, dès lors, une tâche ardue, en raison de la dégradation de l'économie congolaise et de la détresse de la population qui en est la résultante. Les stratégies à adopter doivent prendre en compte la mesure des causes structurelles de la pauvreté, à savoir les problèmes récurrents de santé publique, d'approvisionnement en eau et en électricité, d'alimentation et d'éducation. Une mobilisation accrue des ressources financières s'impose, dans ces conditions, afin d'assurer le rééquilibrage de la balance des paiements.

Il convient de porter la réflexion sur la mise en œuvre des régimes démocratiques et sur les problèmes récurrents liés à leur persistance, en dépit de l'existence de niveaux de vie extrêmement faibles de la population. Après avoir posé quelques jalons théoriques, il nous sera possible d'appréhender l'incidence du contexte politique sur les performances économiques.

Cette démarche nous permettra de cerner les déterminants du processus de démocratisation en RD Congo, en étudiant l'impact de la transition politique sur la situation économique. Les développements analytiques mettront en lumière, par la suite, les mécanismes régissant la détérioration de l'économie congolaise.

1. Les déterminants de la première transition politique en RD Congo

En règle générale, l'incidence de l'instauration de la démocratie sur la croissance demeure négative, dans la mesure où le mouvement de redistribution des richesses nationales s'opère de manière brutale. Cette situation peut également entraîner un transfert des ressources en faveur des plus démunis, au détriment des classes aisées. Cela est dû, dans une certaine mesure, à la nouvelle donne politique dont le système de représentation parlementaire accroît, dans la plupart des cas, l'impact des groupes de pression.

D'un point de vue théorique, la mise en œuvre d'institutions démocratiques est de nature à assurer un contrôle plus strict des autorités gouvernementales, limitant la prolifération du système des rentes régaliennes. De même, on peut attendre d'un régime démocratique l'instauration de mesures économiques incitatives propices à un développement économique durable. La pérennisation de la bonne gouvernance est favorable au développement et à la croissance économique. Par ailleurs, le maintien de la corruption et la prolifération de rentes régaliennes constituent un frein majeur à la relance des activités économiques. Sur le plan théorique, la croissance économique est de nature à réduire l'ampleur de la corruption. De même, l'essor des institutions politiques constitue un terreau favorable à la croissance économique et est un rempart contre les pratiques frauduleuses.

Cependant, certains régimes autocratiques ont permis l'essor des libertés économiques et l'accroissement de la richesse nationale[2]. Par contre, la prédation exercée par les États dictatoriaux n'a pas favorisé le développement des incitations positives en Afrique et dans certains pays d'Amérique latine. De même, l'illusion idéologique partagée par les économies d'Europe de l'Est a représenté, dans une certaine mesure, une barrière tangible au développement économique.

Robert J. Barro (1995) a tenté d'analyser les facteurs ayant une incidence directe sur la croissance du produit intérieur brut par tête, en mesurant l'impact du processus de démocratisation sur la croissance. Il a utilisé un

---

[2] Les régimes dictatoriaux de Pinochet, au Chili, et Fujimori, au Pérou, par exemple. Il en est de même de certains pays d'Asie, dont Singapour constitue le prototype.

échantillon d'une centaine de pays en développement, dans une analyse statistique couvrant la période allant de 1960 à 1990. Il ressort de cette étude que les facteurs déterminants sont la liberté des prix sur le marché, le respect du droit, le maintien d'un niveau élevé de santé et de formation, un niveau faible des dépenses de consommation de l'État et un faible taux de fertilité. Les résultats obtenus permettent de dégager quelques conclusions majeures. Il semble que l'impact de la démocratie sur la croissance demeure légèrement négatif. Néanmoins, la mise en œuvre du processus de démocratisation tend généralement à accroître la croissance dans les pays où les libertés élémentaires ne sont pas respectées. Par contre, on observe un mouvement inverse lorsqu'un certain degré de libertés a été atteint.

Par ailleurs, il convient de signaler que, dans certains cas, le développement économique peut précéder l'expérience démocratique. Les pays non démocratiques disposant d'un niveau de vie élevé peuvent, en effet, accéder par la suite aux libertés politiques (Chili, Corée du Sud et Taiwan, par exemple). Force est de reconnaître que ce cas de figure est difficilement transposable en Afrique subsaharienne. On peut mesurer le degré de démocratie d'un pays grâce à une échelle des libertés démocratiques dont l'indice est compris entre 0 et 1 : 0 représente l'absence de droits politiques et 1 représente la démocratie intégrale.

Dans le cadre des pays africains, cette méthode a été améliorée pour prendre en compte le niveau des protestations publiques, les violences civiles de la part des acteurs non gouvernementaux et le durcissement du climat politique. Les trois indicateurs, élaborés d'abord à partir des données en provenance de *Marchés tropicaux et méditerranéens* et, par la suite, depuis 2008, à partir des dépêches de l'Agence France Presse (AFP), sont construits sur base de variables qualitatives à quatre valeurs ordonnées entre zéro et trois (0 : non-occurrence, 1 : faible ampleur, 2 : moyenne ampleur, 3 : forte ampleur) ou de variables dichotomiques (0 : non-occurrence, 1 : occurrence). Ces informations *supra* proviennent de l'annexe statistique de *Perspectives économiques en Afrique* (BAfD, OCDE, PNUD & CEA 2012).

En règle générale, l'indice de démocratie tend à s'accentuer dans les pays ayant atteint un degré de développement substantiel (Brésil, Malaisie, Mexique et Singapour, par exemple), alors que les pays les plus pauvres observent une baisse de leurs libertés démocratiques. D'un point de vue économique, les libertés politiques s'identifient aux biens de luxe dont la consommation est facilitée lorsque les pays jouissent d'une certaine aisance matérielle. Ce cas de figure concerne les pays riches dont le revenu par habitant est élevé. Ces pays ont une plus grande propension à consommer la « denrée économique » même si cela peut entraîner une baisse du niveau de vie.

En Jamaïque, par exemple, dans les années 1980, la situation économique s'est considérablement détériorée malgré des atouts certains au niveau politique. L'évolution catastrophique des principaux indicateurs macroéconomiques s'est, en effet, opérée à cette époque, malgré le maintien du système démocratique de l'alternance et des libertés fondamentales. Le processus de libéralisation de l'économie marqué par une politique intensive de privatisations a accentué son extraversion. L'inflation a atteint 70 % à la fin de l'année 1991, alors qu'elle représentait 18 % dans les années 1970. De même, la charge de la dette internationale devint de plus en plus difficile à gérer au début des années 1990.

En Indonésie, la croissance économique des années 1990 provenait, dans une certaine mesure, des politiques de libéralisation entreprises par un régime autoritaire dictatorial. Malgré l'existence d'un système de violations des droits de l'homme, on observa une progression des investissements étrangers représentant 24 milliards USD en 1994, soit une hausse de 200 % par rapport à 1993. Le PNB par habitant passa à 700 USD en 1994, contre 50 USD seulement en 1967. Il convient de signaler que ces performances économiques cachaient de fortes disparités sociales. En effet, l'essor économique ne parvint pas à endiguer la fracture sociale, puisque 17 % de la population vit en dessous du seuil de pauvreté. Par ailleurs, l'endettement externe de l'ordre de 95 milliards USD, avec un service représentant le tiers des exportations, est resté un fardeau considérable.

Le processus de démocratisation politique en RD Congo dans les années 1990 : les écueils de la transition manquée et inachevée

Le paysage politique congolais du début des années 1990 est dominé par la présence de deux principales familles politiques : les Forces politiques du conclave (les membres du Mouvement pour le renouveau – MPR, l'ancien parti unique – et leurs alliés) proches du défunt président Mobutu, d'une part, et l'Union sacrée de l'opposition radicale d'Étienne Tshisekedi et ses alliés (Usoral), d'autre part. Il convient de signaler que ce schéma politique n'est pas figé, car certaines coalitions peuvent se tisser au sein des composantes de ces deux familles, voire entre ces deux principales tendances politiques, comme on le verra par la suite.

L'incurie des politiciens congolais et les aléas relatifs aux atermoiements du processus de transition démocratique sont deux constantes majeures de cette période confuse de l'histoire politique de la RD Congo. Cette situation conflictuelle caractérisée par les balbutiements des décisions politiques aura duré cinq ans, sans dresser les bases du renouveau du paysage politique congolais. L'instauration de la démocratie au Congo bat, dès lors, le triste record de la durée, alors que les changements sociaux attendus de cette nouvelle donne n'interviennent toujours pas. Dans ces conditions, les divers gouvernements éphémères successifs n'ont pas jeté les bases d'un renversement de tendance structurel et durable.

Par ailleurs, la résurgence des tensions sociopolitiques va atteindre un point culminant en septembre 1991, lors des premières émeutes populaires. Les pillages orchestrés à Kinshasa les 23 et 24 septembre à l'initiative des militaires sans solde vont se généraliser, pour atteindre la plupart des centres urbains de la RD Congo. Ils porteront un lourd préjudice à l'économie nationale en détruisant l'outil de production existant. On assiste désormais à la recrudescence des pratiques spéculatives au détriment des investissements productifs.

Les émeutes et les pillages opérés par les militaires le 28 janvier 1993 eurent un impact limité, mais leur violence fut considérable. Un climat de panique et d'insécurité régna désormais en RD Congo, fragilisant davantage les prérogatives des autorités gouvernementales. La dynamique catastrophique qui en découla s'appuya longtemps sur l'existence d'un pouvoir dual incarné par les institutions issues de la Conférence nationale souveraine (CNS), d'une part, et par la mouvance présidentielle, d'autre part. Cette crise de légitimité permit la naissance de deux gouvernements se confrontant à l'intérieur du territoire national et dans les instances internationales. Il exista également à cette époque deux parlements : le HCR, issu de la Conférence nationale, et l'ancienne Assemblée nationale, censée manifester la pérennité de l'ancien régime.

La décrispation du climat politique, en 1994, permit la fusion de ces deux institutions parlementaires, donnant naissance au HCR-PT (Haut Conseil de la République-Parlement de transition). De même, la nomination de Kengo Wa Dondo, soutenu par la troïka occidentale (France, Belgique et États-Unis), au poste de Premier ministre, en juillet 1994, suscita beaucoup d'espoir en assurant une certaine accalmie au niveau politique. Il convient de rappeler que ce Premier ministre, issu théoriquement de l'opposition modérée, en l'occurrence de l'UDI (Union des démocrates indépendants), fut élu grâce à un accord tacite avec les parlementaires (conseillers de la République) de la mouvance présidentielle et qu'il bénéficia également de la politique de la chaise vide adoptée par les autres membres de l'Usor. On assista, dès lors, à une scission majeure au sein de ce rassemblement, dont les répercussions furent considérables dans la formation des nouvelles alliances.

Le Gouvernement de transition devait redresser la situation économique en restaurant la confiance des partenaires externes. De même, il était censé organiser des élections présidentielles et législatives à l'issue de la période de transition, prévue le 9 juillet 1995. Mais les objectifs ambitieux assignés à ce

Gouvernement ne furent pas atteints. Les autorités étatiques ne bénéficièrent pas de concours financier externe et les élections n'eurent pas lieu. Par ailleurs, la recherche d'une gestion rigoureuse des fonds publics entraîna des tensions considérables au sein de la classe politique congolaise. La lutte pour le contrôle de la Banque centrale du Congo (la Banque du Zaïre, à l'époque) et la gestion des entreprises publiques provoqua des dissensions majeures entre le Premier ministre de la transition et les principaux ténors de la mouvance présidentielle.

Cette situation fut à la base du rapprochement spectaculaire entre les forces de la mouvance présidentielle et les membres de l'Usor, au début de l'année 1995. Certains politiciens avaient même envisagé le retour de Tshisekedi à la tête d'un nouveau gouvernement de transition. Cette coalition contre nature fut à l'origine de la destitution du cardinal Monsengwo de son poste de président du HCR-PT, en juillet 1995.

La confusion issue du processus de démocratisation met en lumière les bases fragiles sur lesquelles reposent les fondements de l'État congolais. Le positionnement des politiciens véreux par le biais des alliances de circonstance traduit, dans ce contexte, le manque de culture démocratique et les difficultés à imposer une nouvelle donne politique en période de crise économique. Dans ces conditions, le recours au partage équitable et équilibré du pouvoir permet souvent de débloquer la situation de contestation. Cependant, ce système de géopolitique articulé autour des composantes politiques et des régions d'origine est de nature à renforcer les injustices en assurant l'hégémonie de la tribu et de l'ethnie.

Par ailleurs, il convient de rappeler qu'il existe une constante caractérisant le processus de démocratisation en Afrique subsaharienne. L'Église catholique et la société civile ont permis dans une certaine mesure, au début de la transition politique, d'assurer la réconciliation nationale. L'instauration d'un dialogue tumultueux va s'établir progressivement sous l'impulsion de forces politiques neutres plus ou moins indépendantes.

2. Processus de démocratisation et croissance économique

La corrélation entre l'instauration de mesures démocratiques et la croissance économique n'est pas toujours positive. Dans certains pays en développement, la transition démocratique ne favorise pas la mise en œuvre de réformes économiques substantielles. L'exemple de l'Inde en témoigne. La faible croissance observée dans les années 1980 et 1990 semble avoir été le prix à payer pour assurer la mise en place de la démocratie.

Les pays d'Asie du Sud-Est, en général, et les quatre dragons, en particulier (Singapour, Taiwan, Corée du Sud et Hong-Kong), ont pu réaliser des taux de croissance significatifs dans le cadre de régimes politiques non démocratiques et autoritaires. De même, le maintien d'un régime répressif récemment en Chine n'a pas empêché la réalisation d'une croissance économique soutenue sur un horizon temporel long. Par contre, en Afrique, il semble que le processus de démocratisation ait précédé l'instauration de réformes économiques. En règle générale, cette dynamique n'a pas entraîné d'incitations positives ni de croissance économique substantielle.

Cependant, la plupart des pays développés jouissent de régimes politiques démocratiques, alors que certains pays en développement demeurent généralement sous l'emprise de régimes fantoches qui ne garantissent pas les libertés essentielles. Il apparaît, dès lors, une corrélation plus ou moins directe entre la prééminence des libertés politiques et la dynamique de la croissance économique. Une analyse fine des économies des pays d'Extrême-Orient permet de comprendre que leur essor économique n'est pas seulement le fait du caractère non démocratique de leurs régimes. En effet, les spécificités régionales, liées notamment au caractère discipliné des individus, demeurent des atouts majeurs pour leur développement économique. En revanche, il est difficile de soutenir l'argumentation selon laquelle la dictature provoque inexorablement le progrès économique. L'évolution catastrophique du contexte socio-économique des pays d'Afrique subsaharienne nous en offre un exemple parlant.

Néanmoins, le processus de démocratisation n'entraîne pas immédiatement la croissance économique. L'aspiration à la démocratie constituant une revendication irréversible et légitime à mesure que les peuples accèdent à la richesse, les autorités gouvernementales sont obligées – dans une certaine mesure du moins – de céder aux revendications populaires. Il semblerait donc que la croissance économique demeure à la base de l'extension des libertés politiques, alors que le mouvement inverse demeure difficile à réaliser.

Les faits empiriques évoqués précédemment ne nous permettent pas de tirer d'enseignements majeurs sur la nature de l'État idéal capable de réussir des réformes économiques de grande envergure dans le temps et dans l'espace. Selon une étude menée par John Williamson (1994) analysant les réformes économiques entreprises dans treize pays démocratiques et non démocratiques, il est difficile de trancher sur cette question. En effet, les résultats mitigés obtenus sur cet échantillon n'apportent pas de preuve tangible de la suprématie éventuelle des gouvernements démocratiques sur les régimes non démocratiques dans la réussite des réformes économiques.

Par ailleurs, on peut envisager une hypothèse forte sur le plan analytique, en supposant que la mise en œuvre du processus de démocratisation s'opère en concomitance avec l'instauration de libertés économiques (par exemple la suppression de certaines contraintes pour favoriser la libre concurrence). En règle générale, les libertés économiques favorisent la dynamique de la croissance. Cependant, l'existence des libertés politiques assure le maintien d'un climat de confiance propice à la maturation des projets économiques. L'horizon temporel des individus tend à s'allonger, dans la mesure où les entreprises et les opérateurs économiques anticipent la pérennité du contexte socio-économique dans lequel la circulation des personnes et des biens s'opère.

L'existence de régimes dictatoriaux, comme on l'a vu auparavant, a permis, sous certaines conditions, de bâtir une économie florissante. Cependant, il semble difficile d'assurer la continuité de tels systèmes après la chute des dictateurs à la base de leur édification. *A contrario*, dans une démocratie qui perdure, les libertés économiques et politiques constituent des acquis. Dans ce contexte, l'équilibre de la configuration sociopolitique se maintient au-delà de l'alternance politique. Selon Mancur Olson (1993), les régimes démocratiques constituent les meilleures garanties de l'éclosion d'une croissance durable, dans un horizon temporel lointain. Le respect de la propriété privée, dont l'incidence est primordiale dans la mise en œuvre des réformes économiques, semble plus adapté aux régimes éclairés des dictateurs prédateurs.

Les gouvernements despotiques peuvent maximiser leurs recettes, en se contentant d'une certaine forme de rente régalienne, sans pour autant détruire le tissu socio-économique sur lequel reposent leurs revenus. Par contre, les régimes dictatoriaux prédateurs sont généralement basés sur l'exploitation systématique des richesses nationales au profit d'une oligarchie sans scrupules. Ce processus de maximisation du rendement peut provoquer la paupérisation croissante de la population et l'affaiblissement des prérogatives majeures de l'État. Les gouvernements despotiques sont de loin préférables aux régimes prédateurs, dans la mesure où ils peuvent assurer, en partie, le maintien des fonctions régaliennes de l'État.

La ligne de démarcation entre les gouvernements démocratiques et non démocratiques demeure fondamentale au niveau de la pression fiscale. En règle générale, la part prélevée en impôts dans une démocratie peut servir à financer certaines dépenses sociales dans un souci de répartition des revenus. Cette dynamique est de nature à favoriser l'octroi de prestations sociales, mais le système n'affaiblit pas de manière draconienne les ressources des citoyens. Dans les régimes non démocratiques, la maximisation des recettes peut pousser les autorités gouvernementales à exercer une pression fiscale disproportionnée, ne tenant pas compte des revenus réels des agents.

En RD Congo, dans les années 1990, les mécanismes mis en place dans le processus de transition politique assurèrent la léthargie des institutions et la persistance de la crise économique. La consolidation de la rupture avec les institutions financières internationales fut un facteur déterminant dans la dynamique d'assèchement des capitaux observée par la suite. Le maintien d'une croissance négative du produit intérieur brut trouva son point culminant au cours de l'année 1993, avec un taux de l'ordre de -13,5 %, alors qu'il représentait -2,4 % en 1990 et -7,2 % en 1991. La persistance de cette croissance négative (-4,3 % en 1999 et -6,9 % en 2000) réduisit la marge de manœuvre des autorités gouvernementales en confinant leur rôle au financement monétaire du déficit budgétaire (tableau 1.1). L'aiguisement du conflit sur la répartition des richesses entretenu par le développement des revendications sociales fut de nature à accentuer le chaos économique.

Tableau 1.1. Évolution de la croissance du PIB de 1993 à 2002

(en % d'une année à l'autre)

1993	1994	1995	1996	1997	1998	1999	2000	2001	2002
-13,5	-3,9	0,7	-1,1	-5,4	-1,7	-4,3	-6,9	-2,1	3,5

Source : Banque centrale du Congo. *Rapport annuel 2002-2003.*

La persistance de taux de croissance faibles fut une donnée constante de l'économie congolaise à l'issue de l'indépendance, comme en témoigne la figure 1.1. La période allant de 1967 à 1973, au cours de laquelle la RD Congo put aligner un taux de croissance soutenu, demeure un cas de figure isolé. De nos jours, l'équation essentielle à résoudre est celle de la recherche des voies et moyens pouvant assurer la duplication de cette expérience dans le cadre des réformes économiques à mettre en place.

Le PIB par habitant était, selon la Banque centrale du Congo, de l'ordre de 325 USD en 1960, lors de l'accession du pays à l'indépendance. La stagnation du PIB au cours de la période allant de 1960 à 1966 fut imputable aux transformations socio-économiques profondes intervenues. On observa par la suite une baisse continue de cette variable, comme on peut s'en rendre compte dans la figure 1.1.

Figure 1.1. Évolution du PIB par habitant

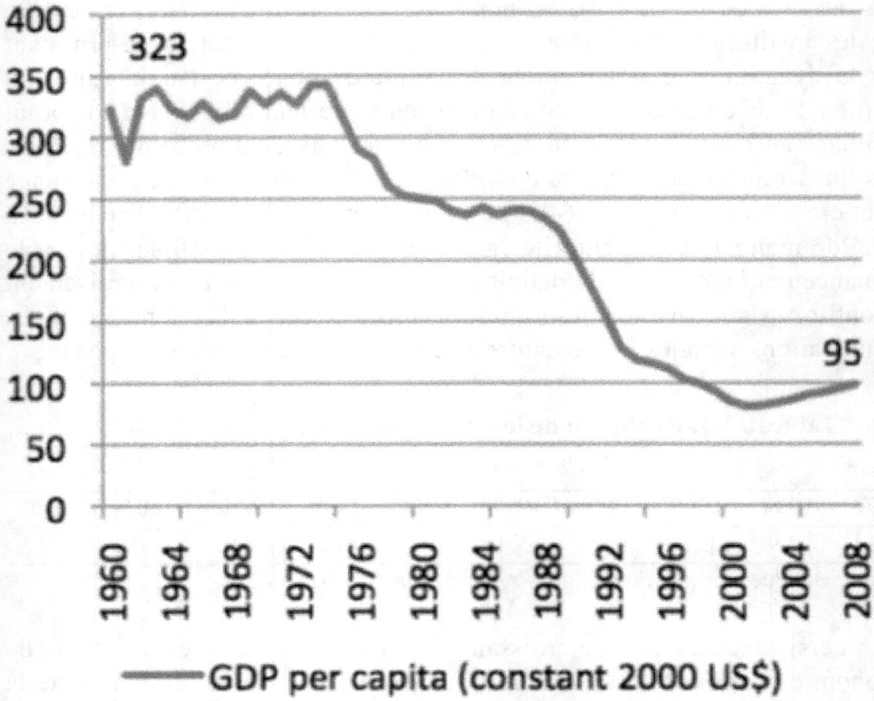

Source : World Bank. 2009. *World Development Indicators* (WDI).

L'augmentation de la consommation globale et de la dette extérieure s'opéra au détriment de la formation de capital. L'investissement était de 14,1 % du PIB en 1966, alors qu'il représentait 28 % de 1950 à 1958 (Banque nationale du Congo 1969). La réforme monétaire de 1967 devait, dès lors, assurer la relance des activités et le maintien de la croissance à long terme. L'instauration de la stabilité monétaire était censée favoriser un renversement de tendance en posant les jalons du développement économique. L'amélioration consécutive du climat des affaires favorisa, de manière déterminante, l'attractivité et l'implantation des investissements étrangers en RD Congo. Les retombées de cette dynamique vertueuse peuvent également être jugées à l'aune de la croissance positive observée au cours de la période 1967-1974[3].

[3] Cette période correspond à l'âge d'or des réformes économiques entreprises en RD Congo, caractérisé par un niveau exceptionnel de croissance. Certains analystes parlent même de l'époque des « sept glorieuses ».

L'impact des relations diplomatiques sur les échanges commerciaux de la RD Congo : la coopération économique belgo-congolaise dans les années 1990

L'ancienne puissance coloniale, la Belgique, resta l'un des principaux partenaires commerciaux de la RD Congo, en dépit de la baisse très forte du niveau des échanges commerciaux entre les deux pays à partir de la fin des années 1980. Les turbulences de leurs relations diplomatiques eurent un impact réel sur le volume de leurs transactions commerciales et le flux de l'aide au développement au profit de la RD Congo. La coopération économique entre les deux pays demeura au centre du dispositif mis en place par les autorités congolaises, par le canal de divers programmes économiques. La Belgique demeura longtemps un partenaire incontournable, du fait de son poids excessif dans la balance commerciale de ce pays.

L'analyse minutieuse des échanges commerciaux belgo-congolais fait ressortir le dynamisme du secteur privé évoluant à côté des organisations institutionnelles et étatiques. En règle générale, les intérêts belges sont intervenus dans la commercialisation des matières premières et des cultures de rente en provenance de l'ex-colonie. Par ailleurs, le royaume de Belgique est resté également un partenaire important dans le processus d'approvisionnement du pays en produits manufacturés.

Le flux des échanges commerciaux belgo-congolais

Au début des années 1990, l'économie congolaise connaît un engrenage hyperinflationniste et une diminution très forte du volume des échanges commerciaux. Il convient de faire un rapprochement avec les difficultés économiques de la Belgique au cours de la même période. En 1991, l'économie belge entre, en effet, en récession, après une période de croissance régulière à la fin des années 1980. Malgré un net recul de la coopération économique, du fait des péripéties de la crise politique entre la RD Congo et la Belgique, on observe néanmoins une certaine forme de continuité des échanges commerciaux entre ces deux pays. La Belgique reste le principal partenaire du Congo, à en juger par le volume de ses importations et de ses exportations. À cette époque, la balance commerciale du Congo tend à démontrer la prépondérance des intérêts économiques belges, en dépit d'une volonté manifeste d'équilibrage des relations au profit de nouveaux marchés, comme l'Afrique du Sud et la Chine, par exemple. Les principales exportations congolaises en 1994 concernent la commercialisation des produits de base suivants : le diamant, le café, le cuivre et le cobalt.

En 1996, la Belgique et le Luxembourg demeurent les principaux partenaires de la RD Congo, avec 30 % des transactions (exportations et importations), alors que l'Afrique du Sud et les États-Unis occupent respectivement 13,5 % et 11 % des parts de marché. Les relations belgo-congolaises présentent cependant une trajectoire à géométrie variable durant les années 1990. La place de l'économie congolaise dans la balance commerciale belge, sans être dérisoire, demeure, en effet, négligeable, du fait de la prééminence de partenaires occidentaux comme les États-Unis, la France, l'Allemagne et la Hollande. En 1994, les trois principaux partenaires commerciaux de la Belgique (Allemagne, Hollande, France) représentent environ 54,2 % des importations et 53, 4% des exportations de la Belgique et du Luxembourg.

En raison de l'extraversion de l'économie congolaise, les recettes perçues dans le cadre de ce commerce Nord-Sud restent centrées essentiellement sur quelques produits de base (cuivre, diamant, café, pétrole). Cette situation de « quasi-monopole » dont jouit la Belgique dans les transactions commerciales demeure une « tare » de l'économie congolaise, malgré les efforts de diversification des partenaires entrepris au cours des dernières années, avec de « nouveaux venus » comme l'Afrique du Sud, les Émirats arabes unis, l'Inde, le Brésil et la Chine. Ces pays émergents disposant de ressources financières substantielles jouent un rôle majeur dans le processus de développement de la RD Congo, notamment dans l'exploitation de richesses minières pléthoriques.

La réunion des Amis du Congo de décembre 1997

La Belgique demeure incontournable dans le processus de relance de la coopération économique entre la RD Congo et les instances financières internationales, tant au niveau bilatéral qu'au niveau multilatéral. La réunion des Amis du Congo, tenue à Bruxelles en décembre 1997, permit aux autorités congolaises d'exposer à la communauté internationale leur programme de relance économique et, d'une certaine manière, de rompre l'isolement diplomatique du Gouvernement congolais, en lui offrant l'opportunité de rencontrer les représentants de dix-sept pays donateurs et de plusieurs agences multilatérales. On peut néanmoins s'interroger sur les retombées économiques de cette réunion et sur les contraintes inévitables à prendre en compte.

Malgré un ambitieux plan de relance présenté par le Gouvernement congolais évalué à environ 1 milliard 400 millions USD, force est de reconnaître que la plupart des promesses faites à Bruxelles relatives à l'envoi d'une aide d'urgence massive ne furent pas tenues, et que les fonds alloués réellement au Gouvernement congolais s'élevèrent à peine à 400 millions de francs belges, un montant dérisoire compte tenu des besoins réels de la population congolaise. Cette première sortie officielle des nouvelles autorités congolaises permit néanmoins l'acquisition du principe de normalisation de la coopération économique, après une longue période de mise au ban des instances financières internationales.

Le gel des relations économiques à la fin du régime Mobutu fut poursuivi après le 17 mai 1997, en raison de l'inexistence d'une véritable ouverture politique de la part des autorités congolaises. Le préalable d'une enquête internationale relative aux massacres de réfugiés hutu au Kivu constitua une barrière tangible. Signalons cependant que l'Union européenne dégagea rapidement des fonds pour assurer le financement de projets dans les domaines de la santé et des transports. Dans un premier temps, il était convenu d'allouer un montant de 77 millions d'écus sur une enveloppe totale de 400 millions d'écus.

3. Les défis économiques de la transition démocratique

Les enjeux des privatisations en période de transition démocratique

Dans la plupart des pays en développement, le retrait de l'État par le canal des privatisations est une mesure favorable, dans le cadre de la lutte contre les déficits permanents des entreprises publiques. La mise en œuvre de ce processus en RD Congo est liée à la persistance de la gestion désastreuse des services étatiques. Dans ce contexte, les cessions d'entreprises s'opèrent au profit des intérêts étrangers, dans la mesure où l'actionnariat populaire est inexistant. Par ailleurs, l'adoption des réformes de privatisation s'accompagne généralement du maintien d'un coût social substantiel en période de transition politique. Les logiques publiques observées dans la majorité des pays en développement se sont longtemps basées sur le maintien du rôle du secteur public, notamment en permettant l'allocation des services à moindres frais dans des domaines prioritaires. Cette réalité est souvent battue en brèche par la persistance des déficits budgétaires des entreprises publiques, alourdissant du même coup le poids de leur endettement. La gestion calamiteuse du secteur public et l'accroissement consécutif des déséquilibres des finances de l'État constituent des signes tangibles des limites de l'État entrepreneur.

La mise en œuvre du processus de privatisation en RD Congo commença à partir des années 1980, sous l'égide des institutions de Bretton Woods, par le biais des programmes d'ajustement structurel. Le maintien du Consensus de

Washington favorisa surtout l'application de mesures visant la restructuration des entreprises publiques et la compression des effectifs au sein de la fonction publique. En règle générale, cette dynamique permit au système informel de jouer un rôle moteur en absorbant un nombre considérable de demandeurs d'emploi. Il convient de remarquer que l'adoption de réformes du secteur public pose dès lors la question sous-jacente des prérogatives de l'État en économie ouverte.

La dynamique des privatisations dans les années 1990

La déstructuration des entreprises publiques congolaises s'opéra au cours des années 1990, comme en témoigne la dégradation des activités du secteur des transports. La compagnie maritime nationale (CMZ) fut, en effet, obligée de vendre toute sa flotte marchande, afin de tenter de limiter ses coûts de gestion. De même, la compagnie aérienne nationale (Air Zaïre) aurait vendu la plupart de ses avions, limitant ainsi ses capacités de desserte au niveau international. Par ailleurs, l'Office national des transports (ONATRA) fut contraint de se débarrasser de la majeure partie de ses bateaux, réduisant du même coup ses marges de manœuvre dans la couverture des voies fluviales nationales.

La mise en œuvre des privatisations par le Gouvernement de transition de Kengo Wa Dondo, en 1995, se déroula dans un climat de conflictualité intensive, du fait des protestations virulentes de la plupart des syndicats et des travailleurs. En règle générale, les cessions, dans des conditions douteuses, des actifs du secteur public au profit d'acquéreurs véreux facilitèrent le bradage des équipements et du matériel de l'État. Le maintien d'un secteur privé sans scrupules autour de la sphère politique assura l'éclosion d'une dynamique perverse qui annihila les effets positifs du processus de privatisation. L'annonce de la privatisation de la compagnie nationale de transports, l'ONATRA, au profit de la société française Bolloré, au mois de février 1996, déclencha l'intensification des mouvements de protestation de la part des syndicats et des travailleurs. Leur opposition massive et leurs revendications liées au dégraissage potentiel des effectifs envisagé dans ce cadre entraînèrent le recul des autorités gouvernementales.

L'ambition majeure de la restructuration de la Société nationale des chemins de fer (SNCF) était d'assurer l'assainissement des mécanismes de gestion de cette compagnie, en associant un certain nombre de partenaires étrangers, notamment des intérêts belges, suisses et sud-africains, dans le cadre d'une privatisation partielle de sa gestion. Le processus de désengagement de l'État devait permettre au secteur privé d'assurer la gestion du port de Matadi et l'exploitation de la ligne de chemin de fer Kinshasa-Matadi. Cette stratégie devait assurer le desserrement des contraintes pesant sur ce port, dont la question essentielle de la multiplicité des taxes constituait une entrave primordiale à la relance des activités économiques.

Le Gouvernement congolais dut reculer devant la pression populaire et la privatisation du port n'eut pas lieu comme prévu. Cette situation conflictuelle favorisa, néanmoins, la création d'une société d'économie mixte, à la fin de l'année 1995. Cette première expérience de *joint-venture*, caractérisée par la naissance de la Sizarail, devait assurer la rentabilisation du trafic sur cette ligne. Le maintien des nouvelles institutions permit d'apporter des améliorations substantielles au niveau de l'exploitation de cette desserte. De même, la mise en œuvre des mécanismes assurant la privatisation de la gestion de la Cimenterie nationale, la CINAT, s'opéra également à la fin de l'année 1995. Cette privatisation était censée remédier aux carences de cette compagnie, dont la rentabilité demeurait aléatoire. La gestion de cette institution devait être cédée à une entreprise privée, la Compagnie internationale de construction (CIC). Néanmoins, la logique qui prévalut dans le choix du bénéficiaire fut ambiguë, compte tenu de l'inexistence d'appels d'offres suivant les règles de transparence. Le protocole d'accord adopté le 29 novembre 1995 consacra le rejet du système étatique de gestion. Toutes les prérogatives dans la prise de décision devaient être dévolues au gérant nommé par la CIC, disposant par ailleurs de responsabilités disproportionnées.

La réforme du secteur public et l'assainissement des entreprises étatiques devraient constituer une priorité majeure des autorités gouvernementales congolaises, du fait de l'état de déliquescence des institutions officielles depuis plusieurs décennies. La renégociation des contrats et la recherche de nouveaux accords de partenariat sont de nature à redynamiser la production de l'État congolais, notamment dans le domaine de l'exploitation minière, caractérisée par une baisse très importante des activités officielles au profit des circuits parallèles et informels.

L'adoption d'un plan de restructuration de la Gécamines impliquant plusieurs partenaires au niveau international était censée renverser la tendance désastreuse de cette compagnie dont la production avait périclité dans les années 1990. L'endettement de cette société auprès de la Banque mondiale et de la Banque africaine de développement (BAfD) avait atteint des proportions inquiétantes. Le recours aux capitaux externes permit au consortium Swipco (Swiss Procurement Company) de s'engager à rembourser 300 millions USD des encours à la BAfD, en échange d'un droit de monopole dans le processus de restructuration et d'exploitation de l'industrie minière congolaise.

L'usage des ressources financières externes, notamment sud-africaines et belges, demeure un facteur primordial dans la dynamique d'inversion de tendance catastrophique observée en RD Congo. L'apport de capitaux étrangers est une aubaine, dans la mesure où ces fonds constituent des gages financiers importants dans le cadre de la politique d'investissement entreprise par le Gouvernement congolais. Cette réalité reste en phase avec les dernières déclarations du G20 (juin 2011 et été 2012), qui mettent l'accent sur la nécessité pour les pays en développement de mobiliser des fonds substantiels au niveau des instances financières internationales pour les canaliser vers les secteurs porteurs de leurs économies. Par ailleurs, la mise en place de ce dispositif vise également à assurer l'amélioration des circuits de commercialisation des produits miniers. À cette époque, les intérêts belges (Belgolaise, Union minière de Belgique, Groupe Forrest) et sud-africains étaient les piliers de l'alliance de partenariat mise en place pour la relance des activités de cette compagnie.

Les faits évoqués plus haut permettent de porter la réflexion sur le problème récurrent de la légitimité des autorités gouvernementales non issues d'un processus d'élections démocratiques à mener des réformes économiques structurelles. Le choix de repreneurs dans la dynamique des privatisations constitue, dès lors, un défi majeur. Il s'agit d'adopter des attitudes positives afin de repousser le sentiment ambiant de bradage du patrimoine national au profit de proches des autorités politiques et de leurs relais au niveau international. Il convient d'éviter par la suite des comportements myopes visant à protéger l'opacité des mécanismes mis en place dans le cadre des appels d'offres lancés, dans la plupart des cas, au niveau international dans des conditions douteuses, en dehors des règles de concurrence saine.

Le processus de privatisation devrait normalement offrir un cadre idéal aux opérateurs économiques nationaux du secteur privé pour saisir des opportunités nouvelles. Cependant, la faible mobilisation de l'épargne au niveau interne demeure une barrière à la réalisation d'un tel objectif. La mise en place des réformes structurelles dans les secteurs bancaire et financier s'impose afin de faciliter l'émergence d'un actionnariat populaire. L'étroitesse des circuits financiers formels ne permet pas aux opérateurs économiques d'acquérir individuellement des droits de propriété lors des cessions d'entreprises. Cette situation constitue une pesanteur majeure dans la plupart des pays en développement où le manque de structures adéquates de canalisation de l'information empêche les nombreux agents économiques de participer de manière active aux négociations réalisées en amont. En effet, la diffusion efficiente des mesures de privatisation et de restructuration du secteur public est censée éclairer l'opinion publique sur le bien-fondé des mécanismes à mettre en place dans ce contexte.

La légitimité politique du programme de privatisation

D'après l'acte constitutionnel du Haut Conseil de la République/ Parlement de transition (HCR-PT), le recours au programme de privatisation ne peut pas être le fait du Gouvernement de transition. La mise en œuvre de telles réformes est l'apanage des institutions politiques issues du processus de démocratisation. Il convient de rappeler que l'adoption de cessions d'entreprises publiques dans ces conditions pose le problème de la légitimité pour les autorités gouvernementales de procéder aux réformes économiques structurelles en période de transition politique.

L'hostilité de la majeure partie de la population lors de la mise en place de ce dispositif semble justifiée dans une certaine mesure. Selon de nombreux agents, les mécanismes de privatisation sont considérés comme un processus de bradage du patrimoine national. L'attisement des conflits sociaux consécutif aux inévitables contractions de personnel constitue le paroxysme de cette dynamique catastrophique. En effet, les privatisations sont censées normalement assurer une mobilisation accrue des ressources financières, l'amélioration des méthodes de gestion des entités, ainsi que le maintien des infrastructures et des services de base au profit de la population. Elles doivent être conçues dans l'optique d'une stratégie proactive visant à concentrer les efforts vers certains secteurs bien ciblés. La réforme du cadre réglementaire et institutionnel des entreprises publiques, ainsi que l'identification des sources potentielles de financement des investissements doivent être effectuées selon des programmes bien déterminés garantissant l'intérêt collectif.

L'Acte constitutionnel régissant la période de transition politique congolaise des années 1990 conditionne l'instauration des programmes de privatisation à l'élaboration d'un arsenal juridique, notamment l'adoption d'une loi précisant leurs contours et leurs modalités. Néanmoins, l'article 59 de l'Acte constitutionnel mentionne de manière succincte que la loi fixe les principes fondamentaux de la nationalisation, de la décentralisation et de la privatisation des entreprises publiques, mais il ne donne pas de détails sur la mise en œuvre pratique des opérations. Les réformes à entreprendre doivent normalement passer, au préalable, par les bureaux du Parlement de transition. Le Gouvernement de transition, en procédant aux privatisations partielles concernant la gestion, par exemple, a essayé d'éviter l'application stricte de cette mesure. La réussite du processus de retrait total de l'État dans le cadre de ce dernier cas de figure est conditionnée par l'existence d'une certaine compétition entre les entrepreneurs privés potentiels. Les privatisations opérées récemment dans le secteur des télécommunications en RD Congo relèvent de cette logique.

La contribution des entreprises publiques au développement et à la croissance

L'apport des entreprises publiques au développement et à la croissance semble mitigé selon les pays. Sous certaines conditions, l'essor du secteur public a facilité l'expansion des industries stratégiques, alors que, dans d'autres cas, ces entreprises ont été un frein à l'éclosion d'un processus de développement endogène. En effet, la prolifération du secteur public peut constituer un frein substantiel au progrès social en favorisant le maintien de goulets d'étranglement structurels. La pérennisation des déficits publics a mis en lumière les limites des capacités de gestion de l'État. Par ailleurs, le financement des services sociaux a été également compromis, du fait de l'accroissement du déficit budgétaire de l'État. Il semble, dès lors, légitime de s'interroger sur la question cruciale du maintien du secteur public, en dépit de la persistance de résultats catastrophiques.

Il convient de rappeler que le recours aux financements externes par le canal de la Banque mondiale et du FMI est à la base des programmes d'ajustement structurel. La doctrine libérale tend à réfuter les thèses assurant l'essor de la gestion contrôlée de l'État et le renforcement du secteur public. Cette dynamique est censée favoriser l'émergence d'une économie basée sur les lois du marché et l'initiative privée. Il s'agit de mettre en place des structures permettant le rééquilibrage entre le secteur public et le secteur privé. Les entreprises publiques de nombreux pays en développement présentent des structures déficitaires qui alourdissent leurs coûts de production. L'expérience récente démontre que ces compagnies présentent, dès lors, des rendements d'échelle décroissants. Dans ce contexte, le licenciement d'un certain nombre d'opérateurs économiques d'une unité d'exploitation est un atout majeur, dans la mesure où cette dynamique peut se traduire par des gains de productivité considérables. Cette situation constitue un cas flagrant de chômage déguisé, car la productivité marginale du facteur de production considéré, en l'occurrence le travail, demeure nulle, voire négative.

La dynamique de la restructuration des entreprises publiques en RD Congo[4]

Le besoin impérieux d'assurer le contrôle du système de production et de commercialisation des produits de base a contraint le Gouvernement

[4] Le Gouvernement congolais a pris des décisions dans le sens de la privatisation des entreprises publiques à partir de 2007. Cependant, certaines pesanteurs semblent freiner l'efficience des nouvelles structures mises en place, en l'occurrence les problèmes relatifs à l'évaluation

congolais à procéder à des réformes structurelles à la fin des années 1960. La création de la Gécamines constitua une avancée majeure afin de promouvoir la production minière, notamment l'exploitation du cuivre, du cobalt et du zinc. Cette dynamique était de nature à renforcer les capacités productives de cette société pour accroître les ressources en devises de l'État congolais. De même, la Cimenterie nationale (CINAT) fut créée le 27 octobre 1970 pour tenter de briser la situation de monopole dont jouissait la Cimenterie zaïroise (CIZA) depuis 1921 dans la production et la commercialisation des ciments.

L'expansion des entreprises en RD Congo concerne désormais tous les secteurs de la vie économique. Celles-ci ne constituent cependant pas un bloc homogène. Il convient de distinguer les entreprises du secteur public non marchand, à vocation de service public, et celles du secteur public marchand ayant une structure plus ou moins concurrentielle par nature. La logique sous-tendant la décision de privatiser reste dominée par le fait que la gestion étatique sous l'impulsion du secteur public dispose de coûts d'opportunité élevés. Par conséquent, les déséquilibres internes et externes des agrégats macroéconomiques tendent à s'alourdir. En effet, le manque de performance et le maintien de charges exorbitantes au niveau du secteur productif ont un rôle déterminant dans la pérennisation des déséquilibres des finances de l'État dans de nombreux pays en développement. En règle générale, la persistance de la crise économique et le recours aux programmes d'ajustement structurel vont favoriser la mise en œuvre de mécanismes de restructuration des entreprises publiques.

La dynamique de restructuration des entreprises publiques revêt plusieurs formes concernant, à la fois, les privatisations partielles et les privatisations totales. L'État peut procéder, dans certains cas, à une privatisation partielle en confiant soit la gestion, soit le capital au secteur privé. Signalons également une forme particulière de privatisation caractérisée par la réduction de la participation de l'État dans le capital des sociétés. Les faits évoqués plus haut nous permettent de certifier que les problèmes de gestion constituent le plus grand handicap des entreprises congolaises. En effet, la nomination de gestionnaires véreux pour des mobiles politiques ne permet pas, dans la plupart des cas, d'assurer le renversement de tendance attendu. Dans de telles conditions, le maintien d'une stratégie ambitieuse pour rentabiliser l'exploitation des structures productives et commerciales devient aléatoire. Les effets pervers de l'endettement excessif de l'État auprès de ces entreprises publiques pèsent également lourdement dans le processus de réhabilitation et de restructuration de ces compagnies.

---

effective de leurs passifs. Par ailleurs, des mesures visant à assurer la libéralisation des secteurs prioritaires de l'économie congolaise (eau, électricité et assurance) sont censées accompagner le processus et favoriser le maintien d'une concurrence saine.

La prééminence des rentes régaliennes constitue un facteur déterminant dans l'allocation des marchés relatifs aux privatisations dans de nombreux pays en développement. Cette situation empêche, dans la plupart des cas, la négociation des contrats selon les règles concurrentielles de transparence. Par ailleurs, la mise en œuvre de services indépendants de réglementation peut améliorer la qualité du service public au sein des entreprises privées, favorisant du même coup le maintien du bien-être collectif. Cette cible constitue un vœu pieux dans le cadre de certains pays en développement, compte tenu du risque de captation des rentes régaliennes et du maintien d'une offre défectueuse sur le marché. Le processus de privatisation demeure un canal de bipolarisation sociale et de redistribution de fonds au profit d'une catégorie sociale d'agents économiques, pénalisant la majeure partie de la population.

La privatisation constitue le lieu par excellence où s'exercent la corruption et le gonflement des diverses commissions, licites comme illicites, de la part des autorités gouvernementales et de leurs complices au niveau international. Néanmoins, la capture de la rente s'opère pour l'essentiel dans les entreprises du secteur marchand sous deux conditions primordiales. D'une part, le maintien du népotisme dépend du système autocratique relatif au régime politique. D'autre part, l'offre de produits ne doit pas décroître considérablement lorsque la demande est soutenue, sinon la perception de la rente ne reste provisoirement maintenue qu'avec la hausse des prix. Les conséquences néfastes des privatisations mises en œuvre par l'État sont également tangibles au niveau du marché du travail, du fait des déséquilibres persistants observés. L'amplification de la crise favorise, en effet, la réduction des revenus réels des individus, car les dysfonctionnements permanents du système de protection sociale ne leur permettent pas de bénéficier de ressources minimales ou régulières en cas de perte d'emploi.

4. Les enjeux de la deuxième transition politique en RD Congo

La dégradation implacable des conditions sociales et économiques de la RD Congo constitue le point culminant de la détérioration des institutions étatiques. Celle-ci a, en effet, assuré le maintien de bouleversements sociaux intenses et une paupérisation croissante de la population. La mise en place d'un Gouvernement de transition, en juin 2003, permit la décrispation du climat sociopolitique, du fait de la fin des conflits armés sur l'espace national congolais. De même, le nouvel ordre politique facilita l'application des décisions issues du Dialogue intercongolais impliquant différents protagonistes de la guerre et les membres de la société civile. Cette situation favorable fut à la base de la mise en œuvre des accords de Lusaka. En règle générale, l'amélioration du climat sociopolitique contribua grandement au processus de mise en œuvre des réformes économiques, en juin 2005, à l'issue de la période de transition, favorisant notamment l'harmonisation des échanges au niveau de l'espace national. Dans ce contexte, la mise en place d'élections démocratiques permit, par la suite, aux acteurs politiques de jouir d'une plus grande légitimité.

Au-delà de la transition : la mise en œuvre des programmes économiques de l'État

La mise en œuvre, en 2001, de nouvelles dispositions sur le plan économique devait lutter contre les effets pervers de l'hyperinflation en appliquant des programmes économiques orthodoxes, sous le joug des institutions financières internationales. La fin de la guerre se traduisit, en juin 2003, par l'installation d'un Gouvernement de transition, censé assurer le retour d'un climat sociopolitique favorable au redressement de l'économie nationale et à l'épanouissement des investissements. Les objectifs majeurs du Gouvernement dans le domaine économique concernaient, au premier plan, la stabilisation du cadre macroéconomique, la relance de l'économie par le biais d'une croissance durable, et la lutte contre l'appauvrissement généralisé de la population. L'accalmie politique s'installa à l'issue du Dialogue intercongolais et le Gouvernement congolais renoua avec les bailleurs de fonds internationaux.

La caution apportée par le concours financier des institutions de Bretton Woods devait redynamiser le tissu économique national, après plusieurs années de léthargie, en assurant l'afflux des ressources financières nécessaires au redécollage de l'économie. La réintégration du Congo au sein de la communauté financière internationale permit une reprise économique qui se matérialisa par l'émergence d'un taux de croissance du PIB de l'ordre de 5,6 % en 2003, alors qu'il atteignait seulement 3,5 % en 2002. La Banque centrale du Congo afficha une croissance de l'ordre de 6,6 % en 2004. De même, l'inflation fut maîtrisée, assurant la stabilité du taux de change et le maintien de taux d'intérêt réels positifs.

L'adoption de programmes d'assainissement économique sous l'égide de la Banque mondiale et du FMI commença en mai 2001. Le Programme intérimaire renforcé (PIR), mis en œuvre de juin 2001 à mars 2002, permit la stabilisation du cadre macroéconomique en jugulant les effets pervers de l'hyperinflation. De même, le Gouvernement congolais procéda à l'apurement des arriérés de la dette extérieure.

Le Programme multisectoriel d'urgence, de réhabilitation et de reconstruction (PMURR) du Gouvernement fut mis en place en 2002. Les axes fondamentaux de ce programme triennal, couvrant la période d'avril 2002 à juin 2005, concernaient la consolidation de la stabilisation du cadre macroéconomique et le redressement de l'économie congolaise. La réhabilitation des infrastructures, le recours aux investisseurs étrangers et l'adoption des stratégies de lutte contre la pauvreté devaient être des priorités de cette nouvelle donne. Le coût de ce programme financé par les institutions internationales était de l'ordre de 2,5 milliards USD.

Ce programme gouvernemental de relance des activités économiques fut étendu aux régions jadis sous occupation des forces rebelles, en décembre 2003. Le Projet d'urgence et de soutien au processus de réunification économique et sociale (PUSPRES) visait, en effet, à assurer la réhabilitation des infrastructures économiques et la prise en compte des réalités sociales des populations dans le cadre de la réunification du pays. Les ressources financières allouées dans ce contexte, de l'ordre de 3,9 milliards USD sur une période de trois ans, devaient également servir à financer les opérations de démobilisation, désarmement et de réinsertion (DDR) et assurer la mise en œuvre des élections.

L'implantation d'un nouveau programme gouvernemental, à savoir le Programme multisectoriel pour le partenariat de transition et la relance (PMTR), était de nature à créer un cadre stratégique de dialogue avec les bailleurs de fonds internationaux en apportant une symbiose des précédents programmes adoptés. Le coût de ce programme ambitieux se chiffrait à environ 5,8 milliards USD sur trois ans. Les axes prioritaires de ce programme concernaient l'édification des projets de reconstruction et de réhabilitation des infrastructures économiques au niveau de l'espace national en vue de consolider la dynamique de croissance. Par ailleurs, l'éligibilité du Congo à l'Initiative en faveur des pays pauvres très endettés (PPTE), en juillet 2003, s'inscrivait dans la démarche visant à assurer l'annulation d'une part importante de la dette externe, de l'ordre de 90 % du stock de son encours. Comme on le verra par la suite, la conclusion de cet accord se concrétisa finalement au cours de l'année 2010.

Malgré ces avancées significatives, il existe plusieurs zones d'ombre dans ce tableau d'ensemble. En effet, la croissance demeure fragile, car elle ne repose pas sur des bases solides. Elle dépend, d'une certaine manière, des capitaux externes. Le secteur des télécommunications serait le fer de lance de cette situation en 2004. L'ampleur du secteur informel et des échanges parallèles ne permet pas au Gouvernement de mettre en place des programmes économiques d'envergure. De même, la faiblesse des outils statistiques constitue un goulet d'étranglement pour l'élaboration de réformes structurelles. Par ailleurs, l'inexistence de moyens de paiement modernes, tels que les cartes bancaires et les chèques, témoigne de la sous-bancarisation de l'économie congolaise et de l'obsolescence de la monnaie scripturale. Une évolution favorable au cours de la période récente est la création du système de *mobile banking* par la Banque centrale du Congo pour accroître le taux de bancarisation et réduire, du même coup, l'exclusion financière.

Le maintien d'une situation chaotique sur le plan social

La dégradation des conditions sociales de la population est la conséquence directe de la situation catastrophique observée en RD Congo. Cette situation a provoqué une paupérisation croissante des individus et le pays se maintient désormais parmi les plus pauvres du monde, avec un PIB par habitant qui était de l'ordre de 96,8 USD en 1997 et d'environ 68,3 USD en 2000. Le niveau de l'emploi dans le secteur formel a baissé de l'ordre de 36,1 % entre 1997 et 1999. Les stratégies de survie des agents tendent dès lors à se développer, à cause de la baisse de leurs revenus réels. Cette dynamique a pour effet d'accroître la part de l'alimentation dans les dépenses des ménages[5]. La spirale de la pauvreté s'accentue et la pratique du repas unique se généralise. En 1999, plus de la moitié des individus ne consommaient plus qu'un seul repas par jour dans les centres urbains, selon l'Organisation mondiale de la santé (OMS).

Par ailleurs, les problèmes liés à la distribution hasardeuse d'eau et d'électricité tendent à désarçonner davantage la vie quotidienne de nombreux individus, notamment dans les centres urbains. Les délestages caractérisés par des interruptions intempestives au niveau du système d'approvisionnement de ces denrées essentielles sont également des facteurs déterminants dans le processus de régression sociale observé en RD Congo. Les maladies disparues depuis des décennies tendent à réapparaître, entraînant, du même coup, une baisse dramatique de l'espérance de vie. Il convient de remarquer que le budget accordé au secteur de la santé, qui atteignait 3,9 % des dépenses totales en 1990, ne représentait plus que 0,3 % en 1998. Le taux de mortalité infantile était de 127 décès pour 1000 naissances en 1998, alors qu'il représentait 97 décès pour 1000 naissances en 1986-1987. Le taux de mortalité maternelle portait sur 1837 décès pour 100 000 naissances vivantes en 1998, alors que la moyenne africaine se limitait à 500 décès en couches pour 100 000 naissances (Système des Nations Unies 2001).

De même, les dépenses liées au secteur de l'éducation semblent dérisoires par rapport aux besoins réels du pays[6]. La crise du système éducatif reste

[5] En règle générale, cette proportion varie entre 50 % et 72 %.

[6] Ces dépenses représentaient seulement 0,1 % du PNB entre 1990 et 1998.

intense, car les capacités pour assurer le maintien d'un niveau d'instruction sont aléatoires. Le taux de scolarisation est rudimentaire. Le recours aux institutions privées permet cependant d'atténuer quelque peu les effets néfastes de cette situation désastreuse.

Il est intéressant de rappeler que la logique de guerre ayant prévalu au niveau national constitue également un facteur déterminant dans la dégradation des conditions sociales de la population congolaise. Les moyens de distribution et de commercialisation des produits de consommation courante ont, en effet, subi dans ce cadre un ralentissement important, en raison de la prééminence des forces rebelles dans certaines provinces pourvoyeuses de produits agricoles et de matières premières.

Conclusions

La croissance économique est historiquement liée à l'existence de droits de propriété et au maintien d'une justice indépendante. De même, le maintien d'institutions appropriées constitue le gage d'une dynamique positive. Ces conditions doivent précéder la mise en œuvre des réformes économiques pour que des performances puissent être réalisées. Par contre, on remarque une forte corrélation entre l'absolutisme et la régression économique. Dans ce contexte, les exemples de réussite de certains régimes dictatoriaux d'Extrême-Orient, disposant d'une rhétorique populiste, constituent des cas isolés, dont la transposition dans le temps et dans l'espace est aléatoire.

Le rejet d'une norme autoritaire et hiérarchisée et le passage graduel à une norme caractérisée par les vertus de l'égalité et la capacité de négocier librement sur le marché demeurent à la base de l'instabilité auto-entretenue en Afrique, par exemple. Cette situation provoque dès lors des attitudes de défiance des agents qui se traduisent par une préférence accrue pour les liquidités. Cette dynamique confère également une prime de risque considérable au niveau du marché des capitaux, pénalisant du même coup l'investissement. Les conséquences dramatiques de cette tendance sont de nature à freiner l'épanouissement de l'économie monétaire (Collignon 1995).

Le non-respect des droits de l'homme favorise un climat d'incertitude propice à l'expansion d'activités spéculatives et néfastes à l'accumulation productive. La mise en place du programme de privatisation constitue un processus complexe qui peut s'étaler sur une période plus ou moins longue. Par conséquent, la question essentielle de l'évaluation des entreprises et le choix des secteurs à privatiser devraient constituer des priorités pour les gouvernements. Le coût social du désengagement de l'État mérite également une attention particulière. Quant aux revendications populaires et au poids de l'opinion publique, il est primordial aussi qu'ils soient pris en compte.

Les décideurs politiques doivent ériger un système de sécurité sociale afin d'indemniser dans de bonnes conditions les opérateurs économiques subissant directement les effets néfastes des licenciements. Les autorités gouvernementales sont censées adopter des mesures draconiennes pour éviter l'appauvrissement massif des agents résultant du déséquilibre créé au niveau du marché de l'emploi. Il s'agit de recourir aux mesures adéquates de manière à subvenir aux besoins essentiels des catégories vulnérables dont les revenus sont directement affectés.

L'inexistence d'un système de protection sociale approprié dans la plupart des pays en développement favorise le maintien des circuits d'assurance mutuelle et informelle. La prolifération des activités parallèles de survie s'accentue, dès lors, dans un univers où la précarité devient la règle. La réussite des programmes de privatisation suppose également que l'État puisse exercer dans des conditions de transparence son rôle de catalyseur, afin de favoriser l'efficience productive et le maintien des prix compétitifs sur le marché des biens de première nécessité. Cette équation est loin d'être acquise dans la plupart des pays en développement. En outre, le choix de gestionnaires intègres constitue également une question cruciale, afin d'éviter les risques de dérive observés dans la plupart des cas.

Chapitre 2

L'analyse socio-économique de la guerre

Introduction

Les guerres actuelles semblent dépasser le cadre institutionnel de la guerre froide dont la dynamique fut caractérisée par le recours à deux discours de légitimation diamétralement opposés. Dans le cadre de l'ancien paradigme, les rébellions étaient censées combattre soit des régimes dictatoriaux aux relents pro-occidentaux, soit des gouvernements fantoches à tendance socialiste. En RD Congo, le ralliement des forces rebelles à un camp ou à un autre ne semble pas neutre, comme le prétendent certains analystes. En effet, la possibilité de disposer de ressources relativement importantes dans ce cadre a motivé le choix d'un système plutôt que d'un autre, en dehors des convictions et des considérations d'ordre doctrinal, même si celles-ci ne doivent pas être négligées. L'adhésion aux forces rebelles n'est pas automatique et, dans certains cas, le recours aux méthodes coercitives est monnaie courante, comme la réquisition et l'enrôlement forcé des femmes et des enfants.

Cette réalité ne doit pas reléguer en seconde position les visées sociales et nationales de certaines rébellions. Les revendications matérielles et sociales, comme la propriété et la jouissance du sol, ou la place occupée par une communauté donnée dans l'échiquier national, demeurent des motivations majeures dans le processus de déclenchement et de pérennisation de conflits armés. Cette situation, caractérisée, sur le plan sociopolitique, par la violence, constitue également le paroxysme du chaos engendré par le maintien, dans la plupart des cas par la répression interne, de régimes non démocratiques. Le déploiement des forces coercitives par l'État, avec les états-majors des armées, et même l'appui de certains pays démocratiques, semble être l'apanage de tels régimes.

Dans un premier temps, nous allons essayer de porter un regard pertinent sur les fondements théoriques de la dynamique de la guerre civile, en nous basant sur l'expérience de pays en développement subissant des régimes autocratiques dont la légitimité demeure douteuse. Cette démarche va nous permettre, ensuite, de dresser les bases d'un modèle d'appréhension de la logique de guerre dans ces pays, en nous basant sur les apports théoriques récents. Dans le cadre de ce modèle, il s'agit de suivre les motivations des agents dont les mobiles oscillent entre la protestation pacifique et la prédation.

Enfin, l'application empirique du modèle développé précédemment nous permettra de confronter la théorie aux faits.

1. Essai de conceptualisation de la dynamique de la guerre civile

Les dividendes attendus de la fin de la guerre froide n'ont pas été à la hauteur des espérances. Les années 1990 ont, en effet, connu des guerres internes récurrentes dont les protagonistes semblent animés de nouvelles revendications. La rupture de l'ordre bipolaire établi par l'ancienne donne de la guerre froide a suscité un regain d'intérêt pour l'analyse des conflits, accentué notamment par la prise en compte de nouveaux vecteurs liés à la mondialisation (Messiant & Marchal 2006).

Les conflits latents persistent et la prééminence du nouvel ordre mondial ne semble ébranler ni cette pérennité ni leur ferveur. Les formes modernes de guerres ont tendance à se combiner aux anciennes en accentuant l'instabilité des États sur le plan international. Rappelons, par ailleurs, que la plupart des conflits à travers le monde restent avant tout des guerres internes. Selon une étude portant sur un échantillon de 164 guerres relatives à une période de 50 ans (de 1945 à 1995), 77 % des conflits observés dans ce cadre sont internes (Holsti 1996).

En règle générale, le continent africain a constitué un terrain de prédilection pour l'expérimentation de guerres qui y ont atteint leur paroxysme et dont les effets collatéraux sont dramatiques. La théorisation et les développements analytiques réalisés, notamment sous l'égide de la Banque mondiale, par Collier (1995, 2000), Collier et Hoeffler (2001) mettent un accent particulier sur des concepts diamétralement opposés pour différencier les rébellions (*greed*) et les protestations (*grievance*). Dans ce contexte, le mobile fondamental à la base de la dégénération des conflits armés reste l'avidité, alors que les revendications pacifiques demeurent des remparts primordiaux contre le maintien des injustices et des inégalités flagrantes ou latentes. Dans ces conditions, les aspects fondamentaux des guerres se pérennisent par les attitudes criminelles et prédatrices de « seigneurs de la guerre ». Il n'existe pas de césure nette entre les anciennes et les nouvelles guerres, comme semblent l'affirmer d'autres analystes, à l'instar de M. Kaldor (2006).

Cette auteure accorde une importance particulière à la globalisation, dont les effets sur la dynamique des guerres sont prédominants. Les caractéristiques intrinsèques et les différentes qualités des divers conflits armés passés (la guerre froide) et nouveaux (la globalisation) sont mises en lumière. Cependant, la ligne de démarcation entre ces deux types de conflits demeure aléatoire et difficile à cerner. Ce paradigme tente de dresser un désaveu sans précédent des acteurs impliqués dans les rébellions. Il s'agit, en l'occurrence, des acteurs armés, des États parias ou des bandes rebelles. Le soubassement idéologique de cette vision demeure la volonté de légitimer, d'une certaine manière, les rébellions progressistes d'autrefois aux contours plus ou moins rationnels, par opposition à celles d'aujourd'hui qualifiées d'irrationnelles (Messiant & Marchal 2006).

Les troubles et les conflits récurrents observés en RD Congo à partir du début des années 1990 ont brisé l'apparent consensus social en vigueur sous le règne de Mobutu. Les affrontements identitaires demeurent des facteurs majeurs dans la déstabilisation du pays, en particulier à l'Est du Congo, dans la mesure où ils détruisent les îlots de paix en assurant, du même coup, le maintien de l'anomie (Jacquemot 2009b). La théorisation développée par P. Collier est basée sur la construction d'un modèle dépendant de plusieurs variables macroéconomiques dont les matières premières qui exercent un rôle primordial dans la formation et le maintien des rébellions. Comme on l'a évoqué plus haut, les hypothèses fondamentales du modèle renvoient à l'appréhension des variables exogènes comme l'avidité et la protestation pacifique, ainsi que la prise en compte des mobiles d'enrichissement personnel des agents économiques.

Par conséquent, les mouvements rebelles relèvent d'abord de mobiles de prédation, s'assimilant sans détours aux entités du crime organisé. L'appât du gain constitue donc la principale raison de la rébellion (*greed*). Cette vision tranche avec l'appréhension des protestations pacifiques (*grievance*) qui essayent de lutter dans la légalité contre l'occurrence des injustices ou des discriminations. Une des faiblesses du modèle de P. Collier est le fait que la prédation exercée par les États n'est pas prise en compte, comme l'ont mentionné d'ailleurs à juste titre C. Messiant et R. Marchal (2006).

L'existence de filières parallèles de commercialisation des produits, le maintien de rentes régaliennes et l'organisation d'un système de taxation à la marge peuvent être le fait de gouvernants fantoches. Cette situation catastrophique semble renforcée en période de conflit. Cette dimension ne doit pas être négligée, même si les États ne jouent pas un rôle direct dans le déclenchement des hostilités militaires et de la guerre, dont la responsabilité incombe aux rébellions.

Selon P. Collier (1995), la RD Congo, l'ex-Zaïre, présentait des risques majeurs d'éclatement de guerre civile à hauteur de 75 % dans un horizon temporel de cinq années. Cette situation malheureuse s'est vérifiée en 1997, lors de la guerre de libération initiée par les troupes rebelles de l'Alliance des forces démocratiques de libération (AFDL), sous l'impulsion de trois pays voisins, à savoir : le Rwanda, l'Ouganda et le Burundi. Dans ces conditions, l'existence d'une faible croissance et la régression sociale caractérisée par le maintien de bas revenus constituent des vecteurs majeurs de propagation des conflits.

Cependant, la criminalisation de l'économie observée par la suite n'est pas seulement l'apanage des forces rebelles. En effet, le pillage systématique des ressources naturelles qui a suivi est la face cachée d'une situation chaotique qui prévalait avant le déclenchement des conflits. Les autorités gouvernementales ont également joué un rôle non négligeable dans la détérioration de l'économie nationale et dans le maintien des injustices sociales. Le rôle de l'État, ou du moins sa coresponsabilité, ne peut pas être exclu dans l'analyse. Une autre dimension à inclure dans l'étude des conflits est la prolifération des connexions au niveau international qui assurent le maintien de l'exploitation systématique des ressources naturelles au profit d'une clique de bénéficiaires, les seigneurs de la guerre et leurs alliés à l'échelle mondiale. Le rôle joué par les pays voisins ne doit pas être minimisé, de même que celui du commerce des armes, dont les multiples ramifications se pérennisent à l'échelle planétaire.

Il apparaît, dès lors, que chaque conflit est caractérisé par ses spécificités, et la transposition de différents cas dans le temps et dans l'espace demeure un exercice difficile à réaliser. L'inclusion des réalités sociales et du contexte politique constitue une étape essentielle de l'analyse, de même que la prise en compte des variables identitaires (Kaldor 1999).

La persistance de l'économie de guerre s'accompagne de celle d'une multitude de mécanismes dans le cadre d'une exploitation transnationale des ressources naturelles transitant par des circuits parallèles. La mise en œuvre d'une économie de prédation fragilise la dynamique du secteur formel dont les ressources financières s'amenuisent, alors que le pillage s'accentue. Cette situation assure le maintien d'une économie extravertie, sous perfusion, dépendant de plus en plus des flux de ressources en provenance de l'étranger, en l'occurrence de l'aide extérieure, de la diaspora et des organisations humanitaires (Dambisa Moyo 2009).

La prédation organisée sous l'égide des forces rebelles demeure souvent fortement ancrée au plan interne, tout en disposant de tentacules en provenance des circuits de trafics au niveau international. La logique de prédation en vigueur en situation de conflit ou de postconflit assure généralement la prolifération des circuits parallèles, des réseaux de contrebande et de pillage organisé, en utilisant les échanges transfrontaliers. Cette situation accentue l'exploitation des richesses des territoires contrôlés au profit des forces rebelles et de leurs alliés aux niveaux régional et international.

L'organisation des fonctions régaliennes de l'État se fait dès lors dans des conditions douteuses. La mise en œuvre d'un système d'imposition obligatoire, par exemple, peut se faire afin de soutenir l'effort de guerre. Sans pour autant minimiser le rôle de la prédation, du secteur informel et des circuits parallèles, il convient de relativiser leur incidence dans le déclenchement des hostilités. Cette dynamique catastrophique ne constitue pas, en effet, un facteur belligène par essence, selon C. Messiant et R. Marchal (2006).

La situation de la RD Congo en est un bel exemple. L'effondrement du système politique mis en place sous l'autorité du président Mobutu a été, pour l'essentiel, le fait de forces rebelles, appuyées par des armées étrangères, même si les variables socioéconomiques, notamment la paupérisation croissante de la population, ont fragilisé le régime en place depuis plus de trois décennies.

L'exploitation systématique des ressources naturelles, notamment les minerais de diamant, d'or et de coltan dans les zones occupées par les forces rebelles, a un rôle primordial dans le maintien de la guerre à une grande échelle. Les opérateurs économiques véreux et les seigneurs de la guerre sont, en effet, souvent liés dans le partage systématique des butins emmagasinés, dans le cadre d'une coalition hétéroclite d'intérêts.

L'éclatement de l'espace national et son fractionnement en plusieurs zones plus ou moins autonomes représentent le paroxysme d'une situation catastrophique auto-entretenue par de nouveaux entrepreneurs militaires dont les visées prédatrices constituent les raisons majeures de la poursuite de la lutte armée. En RD Congo, des généraux ougandais, zimbabwéens et angolais sont personnellement impliqués dans l'exploitation et le commerce illicite des richesses minières.

Les principaux parrains des forces rebelles congolaises, à savoir le Rwanda et l'Ouganda, ont semblé bénéficier d'une rente stratégique de la part de certaines puissances occidentales, en l'occurrence les États-Unis, alors que le régime de Kinshasa était tombé en disgrâce. Les changements intervenus dans le cadre des nouvelles avancées géopolitiques issues de la guerre froide ont, en effet, favorisé l'éclosion, au niveau politique, d'une redistribution des dividendes dans laquelle le Gouvernement congolais ne se retrouve pas.

L'implication de ces puissances régionales met en lumière la difficulté de délimiter le contour spatial de la guerre, dont les ramifications et les ressorts débordent des limites des frontières nationales. La légitimation de ce conflit par les Banyamulenge, par l'utilisation des ressorts identitaires au niveau local, présente des limites. De même, l'argument soutenu dans ce cadre pour assurer le maintien de la guerre sur une durée plus ou moins longue par le biais d'un centre d'impulsion cantonné en dehors du territoire national reste difficile à concilier avec les réalités locales.

Les aspirations identitaires de cette minorité et l'existence d'une revendication non satisfaite, notamment la reconnaissance de la nationalité, ne sont pas des mobiles essentiels à la base des relents sécessionnistes ayant entraîné le déclenchement et la pérennisation de la guerre civile en RD Congo à la fin des années 1990 et au début du troisième millénaire. Le recours à la guerre ne constitue pas la seule option légitime à exploiter ; les revendications pacifiques restent également des alternatives. Néanmoins, le recours aux armes est l'expression des amertumes accumulées à l'encontre d'un parti-État, incarné par le régime Mobutu qui, bien que moribond et vieillissant, confisquait les richesses nationales et les positions politiques.

2. Un modèle d'analyse de la logique de guerre dans les pays en développement

La modélisation du marché du travail dans les pays en développement suppose la prise en compte du secteur informel cohabitant avec le secteur moderne au niveau des centres urbains, alors que le monde rural assure le maintien d'activités de survie et d'autosubsistance. Il est intéressant de remarquer l'existence, au sein de la plupart de ces sociétés, de deux types d'organisation dont les logiques économiques semblent séparées. En effet, le degré d'insertion dans l'économie d'échange et la participation à l'économie monétaire sont déterminants pour élaborer cette classification. D'une part, une économie traditionnelle, organisée au sein de petites unités dont l'activité essentielle reste la recherche de l'autosubsistance, et, d'autre part, un secteur spécialisé participant activement à l'économie monétaire. Dans la première organisation, les échanges sont limités et le processus de production demeure rudimentaire, alors que la seconde jouit d'une multitude d'aspirations et d'une bonne spécialisation des tâches. Cette dernière structure dispose d'un système considérable d'échanges, subissant directement les tendances du commerce mondial.

Il découle de cette division une différenciation des centres de décision et des acteurs économiques selon leur organisation. Ainsi, la participation à l'activité économique dépendra de l'allocation des ressources des groupes sociaux constitutifs de chaque unité. Le modèle dualiste de Lewis (1954) sur les pays en développement établit une distinction entre le secteur urbain industriel, dont le système productif est complexe, et le secteur rural disposant de capacités de production limitées. Cette analyse s'appuie sur la théorie classique dans la mesure où l'offre de main-d'œuvre reste abondante à la campagne, et où le secteur urbain assure la disponibilité permanente de l'emploi. Les faits ont démontré les limites de ce modèle, car le chômage persistant dans la plupart des PMA prouve le contraire.

Le modèle de Harris-Todaro (1970) constitue un cadre de dynamique d'équilibre dans lequel l'exode rural s'explique par la probabilité de trouver un emploi procurant des revenus substantiels en agglomération urbaine. Dans cette optique, le différentiel des revenus entre les centres urbains et le monde rural est un indice primordial permettant de suivre la progression du chômage dans les centres urbains à moyen terme. On peut remarquer que les modèles de Todaro (1969) et de Harris-Todaro (1970), par exemple, sont caractérisés par l'existence du double régime de rémunération et du chômage. En effet, le salaire du secteur moderne reste imposé et demeure supérieur au niveau d'équilibre. Par ailleurs, la persistance du chômage dans les centres urbains prouve que les capacités de création d'emplois au sein du secteur moderne ne sont pas illimitées.

Le modèle de Harris-Todaro constitue un cadre de référence pour l'analyse de l'économie des pays en développement. Cependant, l'évolution de la situation dans ces États a démontré que les deux catégories de la population urbaine retenues dans ce modèle, à savoir les salariés du secteur moderne et les chômeurs, cohabitaient avec une nouvelle classe d'individus. Ces derniers renforcent les rangs du secteur informel, qui connaît désormais un développement fulgurant dans les centres urbains. Les études récentes sur les pays en développement établissent l'existence de passerelles entre les secteurs formel et informel. Certains salariés quittent leur emploi du secteur moderne pour travailler dans le secteur informel. Ainsi, ils possèdent une expérience significative qui leur permet de promouvoir des activités informelles et de créer leurs propres entreprises. Il est vrai que leurs rémunérations antérieures du secteur moderne peuvent constituer des sources d'épargne et de capitaux nécessaires au démarrage des affaires au sein du secteur informel.

Il convient donc de faire, avec Fields (1991), la distinction entre les deux composantes du secteur informel urbain, le « secteur d'accès facile » et le « secteur informel supérieur ». Cette dimension, qui reste inexistante dans certains modèles théoriques, semble primordiale lorsque l'on envisage une analyse approfondie des déterminants de la vie économique des centres urbains. Il faut considérer la distinction entre ces deux groupes d'activités pour étudier l'emploi informel, car ces entités possèdent leurs propres dynamiques et des modes de financement différents. On remarque également que les activités du secteur informel d'accès facile ont en général un système de rémunérations peu élevées. De même, l'absence d'organisations syndicales constitue la règle au sein de ces entités. Ces entreprises restent des étapes transitoires dans la recherche de l'emploi de la part des travailleurs qui essayent d'en sortir dès que possible. Par contre, les activités du secteur informel d'accès difficile exigent des dispositions techniques particulières et des capitaux initiaux importants. On constate que cette dernière catégorie d'activités n'est pas à la portée de tout le monde. Les travailleurs jouissent d'une certaine sécurité de l'emploi et leurs rémunérations demeurent substantielles.

Le modèle proposé se situe dans la logique préconisée par Collier et Hoeffler (2001), basée sur la prise en compte de deux motifs principaux, à savoir la protestation pacifique et la prédation, comme des raisons majeures dans le déclenchement et la pérennisation des guerres civiles. Il convient de rappeler que les hypothèses fondamentales de ce modèle se situent dans l'optique des études de la Banque mondiale. Il reste dans la lignée des avancées théoriques développées dans la littérature sur les conflits armés, notamment les apports de Skaperdas (2002) ; Mehlum, Moene & Torvik (2003) ; Olsson (2003). Il se situe également dans l'optique du modèle conçu par Olsson & Congdon Fors (2004) et appliqué dans le cadre de deux vagues de violences dont a été victime la RD Congo dans les années 1990.

La prédation suppose le désir manifeste des agents économiques de contrôler et d'exploiter les ressources naturelles pour leur propre compte, alors que la protestation pacifique relève du cadre institutionnel différenciant les secteurs formel et informel établi par la volonté délibérée du pouvoir en place. Dans ce modèle de prédation conflictuelle, deux types d'agents économiques opèrent et interagissent selon leurs intérêts personnels, à savoir les dirigeants kleptomanes et un groupe de prédateurs potentiels au niveau d'un pays ou d'une région donnée. Les motivations de ce groupe vacillent entre la production pacifique et les activités de prédation liées à l'acquisition d'une portion des rentes sur les ressources naturelles exploitées pour l'essentiel par le Gouvernement. Le maintien d'un système de défense approprié et la mise en place d'un cadre institutionnel adéquat régissant la production relative aux secteurs formel et informel demeurent des facteurs déterminants dans le déclenchement des hostilités militaires.

Il convient de préciser certaines limites de ce modèle qui ne prend pas en compte les aspects historiques et les liens ethniques à la base des nombreux conflits observés à travers le monde, notamment en Afrique. Par ailleurs, la différenciation adoptée dans ce cadre, séparant les agents économiques en deux catégories distinctes, à savoir le secteur formel regroupant les individus résidant dans les centres urbains acquis à la cause du souverain et le secteur informel où évoluent pour l'essentiel les paysans et les personnes engagées dans les activités de subsistance et de survie, néglige une part essentielle des réalités sociales des pays les moins avancés (PMA).

Il semble opportun de circonscrire le problème différemment, en considérant, notamment, le fait que la prédation et la protestation pacifique peuvent trouver leurs racines à la fois dans les circuits formel et informel. De même, il est difficile de départager les agents économiques selon deux catégories distinctes par rapport à ces mobiles en traçant une nette ligne de démarcation entre les secteurs moderne et rural. En effet, dans la plupart des cas, ces deux catégories d'agents économiques restent cantonnées de part et d'autre de ces strates sociales en occupant seulement une portion fixe. Cette tendance a été vérifiée notamment lors des deux guerres observées en RD Congo en 1996-1997 et en 1998-2002. Par ailleurs, comme on l'a vu plus haut, l'analyse du secteur informel dans la plupart des pays met en exergue deux composantes majeures qu'il convient de prendre en compte, le secteur informel d'accès facile et celui supérieur ou d'accès difficile (Fields 1991).

La vulnérabilité du marché du travail dans les pays en développement offre un champ propice à la prolifération des revendications légitimes, tout en constituant un terreau favorable à l'éclosion des conflits armés, du fait du maintien des inégalités sociales. Cette réalité sociale est flagrante dans des États où s'exerce un régime d'accumulation excluant dans lequel les richesses nationales ne sont pas équitablement partagées. Le maintien de ces gouvernements est assuré, dans une certaine mesure, par l'affectation de ressources considérables à leur pérennisation, notamment par l'achat massif d'armes. On peut affirmer qu'il existe une relation positive entre les ressources orientées vers la défense et la part du butin conquise dans la répartition des revenus. La portion des richesses naturelles, notamment l'exploitation des matières premières ou des produits de base, confisquée par le souverain s'accroît en fonction des dispositifs militaires mis en œuvre pour protéger ou sécuriser son patrimoine.

La lutte pour le pouvoir et le partage des ressources naturelles demeurent les points culminants des stratégies adoptées par les agents économiques. L'appropriation des plus-values retirées de l'exploitation des matières premières peut être un facteur déterminant dans le tissage des alliances et des coalitions avant le déclenchement des hostilités militaires et au cours de la période des conflits armés. En règle générale, cette variable sera déterminante dans la pérennisation et le maintien de l'intervention militaire et des rébellions. Il convient de rappeler que l'exploitation des ressources naturelles ne constitue pas la raison fondamentale du déclenchement de la plupart des conflits armés. Néanmoins, son implication directe dans la persistance et l'intensification des guerres civiles est indéniable. La logique de guerre ayant prévalu en RD Congo relève de cette pratique.

3. Évidences empiriques et analyse prospective

La dynamique catastrophique observée en RD Congo est, dès lors, la conséquence de plusieurs facteurs dont la prise en compte reste un passage obligé dans le processus de redynamisation et de relance des activités économiques. Les paramètres politiques, notamment la mauvaise gouvernance et l'inadéquation des services étatiques, sont des éléments essentiels à prendre en compte dans l'analyse des conflits armés, au-delà des variables monétaires et financières qui jouent, au demeurant, un rôle majeur dans les mutations de l'économie congolaise. Face au marasme économique, le recours à la violence constitue un rempart pour de nombreux agents économiques dans le cadre de revendications, qu'elles soient légitimes ou non fondées.

Cette réalité sociale peut prendre plusieurs formes, allant des protestations pacifiques aux rébellions armées. Il semble opportun de s'interroger sur la légitimité du pouvoir issu des armes, et surtout sur ses choix politiques et économiques. Les intérêts collectifs sont, dans la plupart des cas, sacrifiés au profit du maintien des privilèges individuels. La persistance des régimes d'accumulation pervers est assurée par la maximisation des intérêts de certaines couches sociales de la population. Ces régimes politiques se caractérisent par l'exploitation systématique des richesses nationales au profit d'une frange infime de la population, en connivence avec des relais au niveau international, alors que la majorité de la population croupit dans la misère.

L'existence d'innombrables ressources minières sur le territoire congolais attise les convoitises. Les velléités d'invasion de la part des pays voisins constituent des menaces permanentes. Par conséquent, la présence des rebelles sur le territoire national bénéficiant, dans la plupart des cas, de la complicité tacite ou implicite des pays limitrophes s'inscrit dans cette logique pernicieuse. Ces forces négatives jouissent, dans certains cas, du soutien matériel et logistique, direct ou indirect, des puissances occidentales.

L'autonomisation de la guerre permet la pérennisation d'une situation conflictuelle caractérisée par l'affaiblissement de l'autorité de l'État et le maintien d'une multiplicité de « chefs de guerre » utilisant la violence comme mode d'expression et d'exploitation des richesses nationales. Les fonctions régaliennes de l'État ne sont plus exercées et le marasme économique observé par la suite va entraîner une paupérisation de plus en plus grande de la population. On assiste, dès lors, à une baisse importante des revenus réels des individus, et la prolifération des maladies endémiques devient une menace permanente.

Il convient d'analyser, dans ce cadre, les mobiles économiques qui sous-tendent les motivations des acteurs engagés dans ce jeu belliqueux aux multiples enjeux. Le maintien de l'économie militarisée assure, dès lors, un nivellement vers le bas de la société dirigée par la puissance des fusils et constitue un obstacle pour les valeurs démocratiques. L'usage de pratiques barbares telles que la torture et les sévices sexuels, notamment les viols, est un élément incontournable de cette nouvelle donne.

Le processus de démocratisation de la RD Congo initié en 1990, qui a abouti à l'organisation d'élections démocratiques au cours de l'année 2006, a été un élément déclencheur primordial dans cette dynamique. Cette période de transition tumultueuse fut caractérisée par un cycle de violences, dont la guerre civile et la partition du pays en plusieurs entités politico-économiques et administratives de 1998 à 2003 constituent le paroxysme. La réconciliation nationale et la constitution d'un pouvoir d'union nationale regroupant les anciens belligérants (à savoir la composante gouvernementale et les anciens seigneurs de la guerre), la société civile et, dans une certaine mesure, l'opposition non armée, à l'exception des forces de l'Union pour la démocratie et le progrès social (UDPS) d'Étienne Tshisekedi, ont abouti à l'organisation d'élections sur toute l'étendue du territoire national. Remarquons néanmoins que cette transition politique conflictuelle a entraîné la décadence du cadre institutionnel, assurant du même coup la dégradation de l'économie nationale.

Les évidences empiriques développées précédemment nous permettent également de tirer quelques enseignements pour l'appréhension de la dérive militaire observée dans ce pays. La prééminence de l'économie militarisée dans ce cadre n'est pas la conséquence univoque des différences institutionnelles liées aux systèmes d'allocation des ressources aux niveaux des secteurs formel et informel. Les prémices de la première guerre observée en RD Congo (1996-1997) furent la résultante d'un concours de circonstances réel basé sur la formation d'un nouvel ordre mondial à la suite de la fin de la guerre froide et de l'émergence de nouveaux acteurs sur le plan international.

Cette situation a favorisé la composition d'une coalition hétéroclite associant à la fois des envahisseurs externes, à savoir le Rwanda, l'Ouganda et le Burundi, et des acteurs au niveau national animés par des relents identitaires (Banyamulenge), ainsi que des anciens révolutionnaires marxistes, tel Laurent-Désiré Kabila. La détérioration de l'économie congolaise, l'affaiblissement du rôle de l'État et le retrait du « parapluie occidental » furent des paramètres déterminants dans le déclenchement des hostilités. Par conséquent, cette situation s'est traduite par l'incapacité des dispositifs militaires et la léthargie des systèmes étatiques de défense.

L'exploitation systématique des ressources naturelles de la RD Congo par les pays limitrophes dans l'engrenage des conflits armés a abouti à la confrontation directe entre les deux principaux pays instigateurs de l'intervention militaire en RD Congo, à savoir le Rwanda et l'Ouganda, pour le contrôle et l'exploitation des ressources naturelles (or et diamant) à Kisangani (chef-lieu de la Province-Orientale). Ces pays, bien que ne disposant pas de gisements naturels, vont devenir des acteurs importants dans la commercialisation des matières premières en provenance de la RD Congo.

En témoignent les tableaux 2.1 et 2.2. Nous avons sélectionné quelques produits miniers pour illustrer cette situation dommageable pour l'économie congolaise, du fait du manque à gagner qui en résulte.

Tableau 2.1. Évolution de la production minière du Rwanda de 1995 à 2000

	1995	1996	1997	1998	1999	2000
Or (en kg)	1	1	10	17	10	10
Cassitérite (en tonnes)	247	330	327	330	309	437
Coltan (en tonnes)	54	97	224	224	122	83

Source : Conseil de sécurité des Nations unies 2001a.

Tableau 2.2. Évolution de la production minière de l'Ouganda de 1994 à 2000

	1994	1995	1996	1997	1998	1999	2000
Or (en kg)	0,22	3,09	5,07	6,82	5,03	11,45	10,83
Cassitérite (en tonnes)	-	-	-	2,57	18,57	69,5	-

Source : Conseil de sécurité des Nations unies 2001a.

La province du Nord-Kivu, par exemple, constitue le centre par excellence d'un système anarchique d'exploitation des ressources minières en dehors des instances gouvernementales, compte tenu de la vivacité des réseaux mafieux et des filières parallèles transitant notamment par les pays voisins. Les chiffres officiels sur les exportations de la cassitérite et du coltan avancés dans le tableau 2.3 nous permettent d'estimer l'ampleur de ce phénomène et de faire des projections sur la quantité approximative de matières premières découlant de ce commerce illicite.

Tableau 2.3. Exportations de la cassitérite et du coltan du Nord-Kivu de 2003 à 2009

	2003	2004	2005	2006	2007	2008	2009
Cassitérite (volume en tonnes)	938	4 672	3 599	2 904	10 175	13 311	10 543
Coltan (volume en tonnes)	26	42	26	39	74	85	280
Cassitérite et coltan (USD)	815 400	3 821 600	6 774 200	7 190 100	28 098 181	83 240 574	79 514 538

Source : province du Nord-Kivu, division des Mines.

Le déclenchement de la deuxième guerre civile, en 1998, va viser l'instauration d'un nouvel ordre politique et le renversement du régime du président Laurent-Désiré Kabila, dont la légitimité était contestée non seulement par les anciens parrains, mais aussi par une frange non négligeable de la population au niveau local. Il semble que le système institutionnel mis en place ressemblait à s'y méprendre, à bien des égards, au régime ayant prévalu sous le règne du mobutisme (Callaghy 2001). La gestion personnelle du pouvoir et le manque de valeurs démocratiques constituèrent des facteurs déterminants à la base des velléités bellicistes de certains agents économiques. De même, l'incapacité des nouveaux maîtres de Kinshasa à restaurer le blason terni de l'État et à maintenir une dynamique de paix, notamment à l'Est du pays, fut un motif majeur du retrait du parapluie militaire rwandais et ougandais. Ces derniers leur reprochaient d'être incapables de neutraliser les forces rebelles opérant des attaques nuisibles à partir du territoire congolais.

La relance des activités économiques en RD Congo reste conditionnée également au maintien de deux facteurs majeurs, l'accalmie politique et la stabilité sécuritaire. Le maintien d'un certain compromis politique semble nécessaire pour contenir dans des limites raisonnables les revendications et les protestations liées aux résultats contestés des élections présidentielles et législatives de novembre 2011. Par ailleurs, les rébellions récurrentes, sévissant essentiellement à l'Est de la RD Congo, ont un rôle primordial dans l'amplification des tensions sociopolitiques et dans la dégradation des conditions économiques au niveau local comme à l'échelle nationale. Les bruits de bottes générés récemment par les forces du Mouvement du 23 mars 2009 (M23) se situent dans cette logique pernicieuse, dans la mesure où leurs revendications semblent cacher des agendas inavoués dans lesquels l'appui voilé ou complice du Rwanda est perceptible. Cette rébellion des Tutsi congolais se situe dans la lignée du Congrès national pour la défense du peuple (CNDP), dont les instigateurs reprochent aux autorités congolaises le non-respect des accords conclus pour leur intégration au sein de la société congolaise dans le cadre d'un partage équitable du pouvoir. Il convient de rappeler que le CNDP s'est illustré, à partir de 2004, par sa lutte contre le Gouvernement de transition instauré en RD Congo en 2002. La signature des accords de paix n'a pas empêché, par la suite, la prolifération des rébellions armées, à l'instar de ce mouvement pro-rwandais formé essentiellement d'ex-officiers du Rassemblement congolais pour la démocratie (RCD-Goma).

Au-delà de la guerre, il convient de réfléchir aux mécanismes visant à assurer un climat de paix durable au niveau de la région des Grands Lacs, afin de garantir l'expansion économique de cet espace. La coopération entre les nations peut, en effet, créer des synergies favorables et promouvoir, par conséquent, le bien-être commun des individus (Jacquemot 2010).

La région des Grands Lacs africains reste une zone de turbulence politique marquée par des conflits armés récurrents dont les populations des provinces du Nord-Kivu et du Sud-Kivu (RD Congo), du Rwanda et du Burundi sont les victimes depuis plus de quatre décennies. Par ailleurs, la situation géographique de cette région présente également des contraintes majeures qu'il faut prendre en compte lorsque l'on veut faire une analyse exhaustive de sa situation.

Cette région constitue une zone structurellement enclavée, du fait de la vétusté de ses moyens de communication, qui semble compromettre son décollage économique. La RD Congo est le seul pays de la région des Grands Lacs disposant d'un accès à l'océan (25 km environ). Mais l'immensité du territoire ne permet pas la fluidité du transport des personnes et des biens au niveau de l'espace national. Le commerce des marchandises peut se faire par le canal des ports maritimes de Boma et Matadi, à condition d'en minimiser les coûts. Au Burundi, par exemple, les coûts de transport sont de l'ordre de 30 à 40 % de la valeur des produits. Précisons que la notion d'enclavement économique demeure ambiguë pour de nombreux opérateurs économiques. Selon notre acception, les caractéristiques d'une économie enclavée peuvent être évaluées à l'aune des coûts de transport exorbitants qu'elle dégage (Mahieu 1992).

Les activités économiques des pays des Grands Lacs africains sont essentiellement confinées dans la monoproduction agricole pour le Burundi et le Rwanda, alors que la RD Congo est un État-rentier minier. L'agriculture constitue la principale source pourvoyeuse de devises au Rwanda et au Burundi. Le café, par exemple, assure environ 80 % des recettes en devises du Gouvernement burundais. Cependant, le développement de ces monoproductions agricoles et minières se déroule généralement en dehors des instances officielles. Ces activités échappent, en effet, dans la plupart des cas au contrôle de l'État, ce qui entraîne un manque à gagner considérable pour les recettes fiscales. La prise en compte du secteur informel et des échanges parallèles semble indispensable, car ces systèmes procurent des rémunérations substantielles aux populations démunies de cette région.

Si les interventions des institutions de Bretton Woods en RD Congo dans le cadre des programmes d'ajustement structurel ont débuté dès la fin des années 1970[7], il convient de remarquer que la mise en œuvre de ces politiques s'est faite également, par la suite, au Burundi (1986) et au Rwanda (1989). En effet, le risque pays lié à la pauvreté de ces États et à leur enclavement

---

[7] Les premières interventions du FMI et de la Banque mondiale en RD Congo ont débuté en 1976.

constitue un facteur non négligeable dans cette dynamique. La chute des recettes agricoles a entraîné une accentuation du déficit de la balance des paiements, provoquant un besoin intense de devises. La programmation des dépenses publiques est, dès lors, devenue aléatoire et le recours à l'ajustement structurel a constitué une voie alternative. Néanmoins, l'endettement externe de ces pays, cités plus haut, demeure essentiellement public, contrairement au processus d'autonomisation de la dette de la RD Congo, dans lequel les circuits financiers d'origine privée ont joué un rôle prépondérant.

La transition politique conflictuelle des années 1990 va déstabiliser davantage les économies de la région des Grands Lacs africains, en allongeant les circuits d'approvisionnement et de commercialisation traditionnels. En effet, les voies d'accès habituelles deviennent précaires et aléatoires. Signalons également que la dépendance énergétique demeure très forte pour les petits États comme le Burundi, dont les besoins en énergie sont essentiellement pourvus par des importations. La situation de la RD Congo semble, quant à elle, mitigée, dans la mesure où, si elle souffre bien d'un déficit en hydrocarbures, la production d'énergie électrique y est prédominante.

La réalisation de la Communauté économique des pays des Grands Lacs constitue, dès lors, un pari difficile à tenir, compte tenu du contexte socio-économique existant dans cette région. L'instabilité sociopolitique née des conflits récurrents entre les différentes ethnies, notamment les violences attisées par les rivalités entre les Hutu et les Tutsi, a freiné de manière déterminante l'essor de cette institution. Dans les années 1970 et 1980, la RD Congo (l'ex-Zaïre) voulait s'affirmer comme une puissance régionale, en raison de son hégémonie sur les plans économique et militaire à l'époque. Cependant, le rôle des autorités congolaises est resté ambigu dans leurs tentatives de réconciliation des différentes factions en conflit et dans leurs interventions militaires, notamment au Rwanda. La pérennisation de la guerre civile ouverte au Rwanda et au Burundi ne permet pas le maintien d'une offre stable en cultures de café et de thé sur le marché. De même, la confusion politique en RD Congo a entraîné l'effondrement de la production du cuivre au cours d'une certaine période et l'exploitation des ressources minérales, telles que le diamant, a constitué par la suite une voie alternative, notamment dans le processus de financement de la guerre par les forces gouvernementales.

Dans les années 1990, le déplacement de la rente stratégique s'est fait au détriment de la RD Congo, lorsque le Rwanda et l'Ouganda devinrent les figures de proue de la diplomatie américaine en Afrique. Leur rôle sur l'échiquier international fut, dès lors, renforcé pour des raisons stratégiques. La montée en puissance de ces États disposant désormais de visées expansionnistes, voire hégémoniques, ne fut pas de nature à favoriser le maintien d'un élan de pacification et de stabilisation au niveau régional. Le bénéfice de cette rente internationale a permis à ces « nouvelles puissances » d'assurer leur suprématie militaire au niveau de la région, ainsi que le maintien et la pérennisation des pratiques de prédation, sous l'égide des pouvoirs d'États qui favorisent l'essor d'économies militarisées.

La coopération régionale peut constituer un rempart à l'enclavement de la région des Grands Lacs, si tous les pays de cet espace conjuguent leurs efforts dans le cadre des réformes économiques à mettre en place dans la concertation. Le désenclavement de la région peut se faire de manière progressive et l'utilisation des voies de sortie maritime par le canal de l'océan Indien constitue une courroie non négligeable d'acheminement des marchandises vers d'autres continents. Par ailleurs, la mise en œuvre de projets d'investissement communs dans l'exploitation des matières premières peut aider à éliminer progressivement les appétits belliqueux de certains États en substituant une logique de paix à une logique de guerre. Cette dynamique suppose que l'intégrité territoriale des États soit respectée et que la communauté internationale puisse peser de tout son poids pour soutenir des programmes ambitieux visant à inverser la tendance ayant prévalu dans le passé. Il s'agit d'éliminer les filières parallèles assurant l'exploitation illégale des ressources naturelles, en orientant les fonds vers les secteurs formels afin de promouvoir un développement endogène.

Conclusions

La guerre demeure un processus social dont les bénéficiaires peuvent se situer à plusieurs niveaux des sociétés impliquées dans le conflit armé. Les ressources mises en œuvre et les pratiques prédatrices consécutives ne sont pas toujours le fait des groupes armés rebelles de manière univoque. Cette dynamique peut également s'inscrire dans une réalité antérieure au conflit. Dans ce contexte, les forces rebelles tendent à reproduire à leur niveau des comportements mimétiques qui sont le prolongement des attitudes gouvernementales, notamment en période préconflit.

La conquête du pouvoir par les armes constitue, dès lors, un mobile essentiel dans l'établissement d'un nouvel ordre visant à assurer la stabilisation d'un mode de répartition des richesses. De même, le recours à la force reste un rempart pour l'occupation par la suite des responsabilités politiques et un tremplin pour conserver l'impunité dans certains cas. Cette situation a été observée dans les cas ivoirien et congolais en 2002, dans lesquels le partage du pouvoir entre les responsables étatiques et les forces rebelles a permis l'arrêt des hostilités militaires ainsi que la formation des gouvernements de transition et d'union nationale.

La compréhension de la logique de ces guerres doit donc s'inscrire dans le cadre de l'analyse des guerres inter/trans-étatiques dont les prémices trouvent leurs justifications dans les injustices et les régionalismes ayant prévalu avant le déclenchement des conflits armés. Les ressorts de la guerre civile jouent un rôle majeur dans l'origine, et surtout dans le maintien de ce système pernicieux. Dans le cas de la RD Congo, « l'exportation » de la guerre en provenance du Rwanda à l'issue du génocide a trouvé un terreau favorable dans ce pays, en raison des faiblesses du régime politique en vigueur, liées notamment à la transition démocratique manquée et à la pérennisation du marasme économique caractérisé par la dynamique de l'hyperinflation. Cette situation désastreuse reste à la base de la décomposition de l'armée républicaine, dont la force de frappe est incapable d'assurer la défense des intérêts nationaux.

Dans le cadre de ce chapitre, nous avons essayé d'analyser les raisons majeures qui poussent les agents économiques à s'engager dans la rébellion et la guerre civile en nous basant généralement sur l'expérience récente des pays en développement, et de la RD Congo en particulier. Plusieurs raisons sont à la base d'une telle démarche. En effet, la légitimation de la violence assure le maintien de régimes fantoches qui entretiennent généralement un système de partage inéquitable des richesses nationales dans le cadre de régimes excluants. Les gouvernements établis dans ce cadre ne jouissent pas d'assises populaires, dans la mesure où ils ne proviennent pas de ressorts démocratiques. Ils sont, dès lors, dans la plupart des cas, au service d'une minorité de la population, voire d'une tribu spécifique.

Par ailleurs, l'exploitation des richesses nationales constitue un élément fondamental de pérennisation et d'autonomisation du système. Ce régime pervers assure l'exploitation et la commercialisation des matières premières et des produits de base au profit des classes dirigeantes et de leurs relais aux niveaux national et international, tout en marginalisant la majeure partie de la population. L'existence d'un partage inéquitable des richesses nationales demeure un facteur primordial dans le déclenchement des conflits armés. Les velléités ségrégationnistes et belliqueuses de la population y trouvent dès lors un terreau favorable. L'usage d'un dispositif de défense adéquat peut assurer le maintien des régimes autocratiques sur une période plus ou moins longue. Cette dynamique dépend, dans une certaine mesure, de la part des ressources allouées à l'acquisition d'équipements de défense et à la formation du personnel militaire.

Les éléments analytiques développés ci-dessus permettent d'expliquer le déclenchement et la pérennisation des deux guerres observées en RD Congo en 1996-1997 et au cours de la période allant de 1998 à 2002. Selon de nombreux analystes, ces conflits armés restent essentiellement ancrés dans cette mouvance. Néanmoins, l'amplification et la pérennisation de la dynamique de guerre demeurent conditionnées pour une large part par l'exploitation systématique des ressources naturelles pléthoriques dont dispose ce pays. La commercialisation des richesses nationales est un élément fondamental du processus de financement de l'effort de guerre. Cette réalité sociale reste l'apanage, non seulement des autorités gouvernementales, mais aussi des forces rebelles, qui s'approprient l'exploitation des ressources nationales au sein des territoires conquis.

Chapitre 3

Réforme financière et croissance économique

Introduction

Selon de nombreux analystes (King & Levine 1993 ; Fry 1988 ; Arestis & Demetriades 1998 ; Levine *et al.* 2000), le développement du système financier constitue la pierre angulaire de la dynamique de développement, dans la mesure où il permet la mise en place des conditions idéales visant à assurer la croissance économique à long terme. Dans ce contexte, l'intermédiation financière constitue un facteur déterminant dans la relance des activités économiques et dans le processus de création d'emplois (Gross 2002). Par conséquent, son rôle est crucial dans le processus de développement économique. Les éléments analytiques avancés par Hicks (1973) confirment cette tendance en certifiant la thèse d'une finance fonctionnelle censée assurer le maintien d'une corrélation positive entre, d'une part, l'organisation monétaire et financière et, d'autre part, la dynamique d'industrialisation et de développement.

Le développement financier devrait donc constituer une priorité majeure des pays les moins avancés (PMA) ou des pays à revenus intermédiaires, afin de renverser la tendance y existant et de mener leur économie vers une croissance endogène. Il s'agit de poser les jalons de programmes économiques viables permettant d'éliminer progressivement les effets pervers des mécanismes de la répression financière. Cette théorie, développée notamment par McKinnon (1973) et Shaw (1973), demeure un passage obligé dans l'analyse du processus de transmission des effets des politiques monétaires et financières au secteur réel dans les PMA. Par conséquent, l'amélioration des circuits financiers, en favorisant l'allocation des fonds au profit des populations exclues de la finance institutionnelle, constitue un levier primordial dans la dynamique du développement économique (Gross 2002).

La libéralisation financière constitue, dès lors, une voie de sortie salutaire, face au marasme économique et aux multiples contraintes que rencontrent de nombreux pays en développement. La plupart d'entre eux ont initié, sous le contrôle des institutions de Bretton Woods, des réformes monétaires et financières, dans le cadre des programmes d'ajustement structurel (PAS), à partir des années 1980. Il est légitime de s'interroger sur la pertinence de ces mesures en essayant d'analyser leurs retombées économiques et sociales, alors que ces pays ont déjà fêté le jubilé d'or de leurs indépendances. Notre ambition est d'analyser les réformes monétaires et financières mises en œuvre en RD Congo, afin de déceler leur impact sur la croissance économique et sur la réduction de la pauvreté de la population.

Ce chapitre est articulé autour de trois étapes. Dans un premier temps, nous essayerons de dresser le cadre théorique en étudiant la liaison existant entre le développement financier et la croissance économique. Cette démarche nous permettra également de relever, dans un deuxième temps, quelques faits stylisés sur l'évolution de l'économie congolaise. Enfin, nous essayerons de conclure notre analyse et de formuler certaines recommandations à la lumière des nombreux programmes économiques mis en place en RD Congo, en nous appuyant particulièrement sur l'adoption du Document de la stratégie de croissance et de la réduction de la pauvreté (DSCRP).

1. La liaison entre le développement financier et la croissance économique

Selon notre acception, l'appréhension du développement financier englobe à la fois l'analyse du système bancaire et celle des marchés financiers, au-delà des différences structurelles existant entre ces deux entités. Dans le cadre des pays en développement en général, et des pays africains en particulier, cette démarche concerne essentiellement l'étude des circuits bancaires formels, compte tenu de l'inexistence ou de la faiblesse des marchés boursiers. L'étroitesse des marchés des capitaux dans les PMA ne leur permet pas d'enclencher une dynamique de croissance régulière. Leur structure reste, en effet, caractérisée par le dualisme financier, la répression financière et l'inexistence de marchés boursiers (Germidis *et al.* 1991).

Par conséquent, la libéralisation financière constitue le meilleur moyen d'assurer la promotion de la croissance économique. En règle générale, l'existence des marchés financiers permet la diversification du portefeuille de l'investisseur, et elle reste donc un levier puissant dans le processus de financement de projets risqués à long terme et également plus rentables. Dans l'optique de la théorie de la croissance endogène, le système financier peut jouer un rôle déterminant dans la promotion et le maintien de taux de croissance substantiels à travers les canaux de transmission suivants : l'amélioration de la productivité moyenne du capital, le financement de l'entrepreneuriat et la mobilisation de l'épargne (Pagano 1993).

Il existe donc une relation directe et positive entre le développement financier et la croissance économique. Selon Pagano, plusieurs facteurs demeurent à la base de cette assertion. En effet, la présence d'un système financier efficient constitue le meilleur rempart contre le risque et sa propagation. Il assure également une allocation optimale des ressources ; il facilite un contrôle efficace des dirigeants et de l'entreprise par les actionnaires et il permet aussi de drainer les ressources vers les instances financières formelles en mobilisant davantage l'épargne domestique. Le maintien d'un système financier développé est de nature à favoriser la prolifération de l'échange des biens et services (Levine 2005).

Cependant, le développement de la sphère financière esquissé par McKinnon (1973) et par Shaw (1973) comme la condition *sine qua non* du développement économique présente également des limites, dans la mesure où l'établissement d'un sens univoque de la causalité ne semble pas toujours vérifié. Certains analystes préconisent même l'existence d'une liaison inverse, pour tenir compte des réalités locales. Pagano (1993) estime que le développement financier, quoique généralement favorable à la croissance, peut aussi être néfaste, compte tenu de la baisse éventuelle des capacités de mobilisation de l'épargne. Cette dynamique constitue, dès lors, une pesanteur substantielle pour la promotion de l'investissement productif. Une telle situation est envisageable lorsque les agents économiques considèrent que la baisse de l'épargne constitue la meilleure attitude pour contourner le risque offert par les intermédiaires et les marchés financiers.

Par ailleurs, l'allocation de crédits aux individus peut accentuer leur propension à consommer, assurant du même coup une diminution de leur épargne. Cependant, la réalité de nombreux pays d'Afrique subsaharienne, caractérisée par l'existence de faibles revenus par habitant, nous invite à la prudence par rapport à cette thèse. La mobilisation de l'épargne demeure une priorité majeure pour déclencher la dynamique du développement, compte tenu de l'importance des ressources financières circulant en dehors des instances monétaires et bancaires formelles et de la faiblesse du dispositif de captation de ces dernières (Germidis *et al.* 1991 ; Sumata 2001).

Il convient de supposer *a priori* une relation de causalité allant du système financier vers la sphère réelle plutôt que l'inverse. Le modèle de McKinnon rendant compte de l'impact de la libéralisation financière sur le processus d'accumulation du capital dans les pays en développement peut être formulé sous cette forme :

$$(M/P)^d=f(Y/P, I/Y, r-p^a) \qquad (1)$$

ou

$$(M/P)^d=f(Y, r^a, r-p^a) \qquad (2)$$

$$(I/Y)=g(r^a, r-p^a) \qquad (3)$$

Dans les équations précédentes, les variables suivantes p^a, Y, M, r^a, r et P représentent respectivement le taux d'inflation anticipée, le revenu nominal, le stock de monnaie (M), le taux moyen de rendement des actifs physiques, le taux d'intérêt nominal appliqué sur les dépôts bancaires et le niveau de prix.

La variable $(M/P)^d$ représente les encaisses monétaires réelles demandées par les agents économiques. Suivons la reformulation de la fonction de demande de monnaie proposée par Fry, dont l'équation fondamentale se présente de la manière suivante :

$$(S^d/Y)=f[M/P, \Delta(Y/P), S^e/Y, X/Y] \quad (4)$$

Le taux d'épargne au niveau national dépend, dès lors, des encaisses monétaires réelles, des variations du revenu réel, du taux d'épargne en vigueur à l'étranger et du ratio des exportations sur le revenu nominal. Dans cette équation, les variables S^d, Y, M, S^e, X et P représentent respectivement l'épargne domestique, le revenu nominal, le stock de monnaie (M), l'épargne étrangère et les exportations et le niveau des prix.

La thèse de complémentarité adoptée par McKinnon suppose que tous les agents économiques procèdent à l'autofinancement et que l'indivisibilité de l'investissement se maintient. La présence de l'indivisibilité dans les activités d'investissement nous permet d'affirmer l'existence d'un lien direct positif entre l'investissement et la demande de monnaie. Il y a, dès lors, une relation croissante entre le ratio de l'investissement par rapport aux dépenses totales et la fonction de demande de monnaie. Cette dynamique suppose le maintien des conditions suivantes :

$$\partial(M/P)/\,\partial(I/Y)>0$$
$$\partial g/r^a>0 \text{ et } \partial g/\,\partial(r-p^a)>0$$

Ces deux conditions précédentes expriment, dès lors, l'existence d'une dynamique positive entre, d'une part, les encaisses monétaires réelles et le taux d'investissement, et, d'autre part, ce dernier et le taux moyen de rendement des actifs physiques et le taux d'intérêt nominal appliqué sur les dépôts bancaires. Il convient de noter dans ce cadre une relation croissante entre le taux d'intérêt réel et l'épargne.

Selon McKinnon, la faiblesse du niveau initial de l'épargne dans les pays en développement tend à confirmer l'élasticité positive de l'épargne par rapport aux rémunérations des dépôts bancaires. Cette situation est de nature à favoriser l'accroissement du taux d'investissement et le développement économique. Par conséquent, les retombées favorables de ce cercle vertueux peuvent favoriser la pérennisation d'une croissance économique plus importante.

2. Les déterminants de la croissance économique en RD Congo

L'évolution récente de la structure de l'économie congolaise fait ressortir le poids primordial du secteur primaire (agriculture et mines) et du commerce (gros et détail), dont la contribution au PIB demeure plus importante que celle des autres secteurs (voir figure 3.1 et tableau 3.1).

Figure 3.1. Analyse des déterminants de la croissance

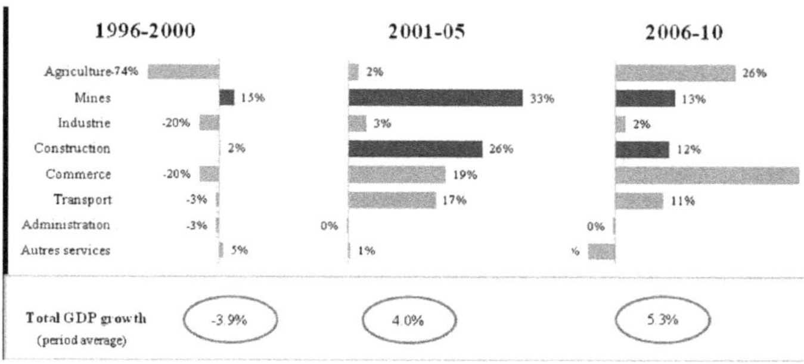

Source : Banque mondiale. Country Economic Memorandum (CEM) 2011.

Par ailleurs, on observe une certaine progression du secteur des services, dont l'impact dans la dynamique de croissance observée récemment demeure palpable. En effet, sa contribution à la formation du PIB est désormais de 31,8 % en 2008, alors qu'elle représentait 26,6 % en 2006 (tableau 3.1).

Tableau 3.1. Structure du PIB de la RD Congo entre 2006 et 2008

Répartition du PIB (%)	2006	2007	2008
Secteur primaire	45,7	42,5	40,2
Secteur manufacturier	27,7	28,4	28,0
Secteur des services	26,6	29,1	31,8

Sources : Banque mondiale ; Banque centrale du Congo 2009a.

Les résultats macroéconomiques désastreux observés en 2009 restent liés à la conjonction de facteurs internes, à savoir la gestion laxiste des finances publiques et le financement monétaire du déficit public, et d'un facteur externe, l'incidence néfaste de la crise financière internationale, qui ont maintenu la croissance économique à 2,7 %. Cette situation entraîne une paupérisation des populations dont les ressources réelles s'amenuisent considérablement, du fait notamment de poussées d'inflation.

Rappelons que le renversement de tendance observé après la fin de la guerre, en 2002, n'a pas permis l'accroissement des revenus réels des ménages. La paupérisation de la population continue de s'accentuer, en dépit de l'augmentation massive de l'aide publique au développement (APD). Cette aide est, en effet, passée de 2 à 3 USD par habitant en 2002 à 101,23 USD par habitant en 2003. Mais cette hausse fulgurante ne s'est pas traduite par des améliorations substantielles des conditions sociales des individus, au cours de la période postconflit. Selon la Banque mondiale (2006), les agents économiques se réfugient désormais dans le secteur informel, qui absorberait environ 90 % de la population active à Kinshasa, par exemple.

L'adoption du DSCRP[8] en RD Congo constitue une avancée significative dans le cadre de la réduction de la pauvreté et de la poursuite des Objectifs du millénaire pour le développement (OMD). Ce document est censé assurer également l'émergence des marchés financiers en s'appuyant, notamment, sur la promotion du secteur privé. Il apparaît dès lors opportun de s'interroger sur les défis de cette dynamique en essayant d'appréhender leur incidence sur la pérennisation de la croissance.

Par ailleurs, la gestion du fardeau de la dette dans les pays à faibles revenus demeure aléatoire, dans la mesure où elle entraîne des coûts prohibitifs et des charges récurrentes excessives liées au processus de surendettement. La poursuite des réformes structurelles et la volonté d'atteindre l'initiative PPTE demeurent une ambition légitime, afin de permettre l'annulation de 90 % de l'encours de la dette. Ce phénomène est de nature à faciliter le déclenchement du cercle vertueux de la croissance économique, permettant du même coup le maintien des stratégies de réduction de la pauvreté.

Il convient d'analyser dans quelle mesure le dynamisme des marchés monétaires et financiers peut garantir le maintien d'une croissance régulière en essayant de mesurer l'impact des variables macroéconomiques pertinentes à la base de ce mouvement, notamment pour la période postachèvement. Cette démarche devrait s'appuyer sur les mécanismes visant à favoriser l'implantation des réformes de deuxième génération censées rendre la croissance effective, à savoir « (i) les réformes du système financier et le développement de marchés financiers ; (ii) les réformes du cadre juridique ; (iii) la rationalisation du dispositif de protection sociale (réformes du régime de retraite, promotion du développement communautaire) ; (iv) la transparence accrue et la bonne gouvernance ; (v) les réformes des institutions[9] ».

---

[8] RD Congo, *Document de la stratégie de croissance et de réduction de la pauvreté*, paru en juillet 2006. Le programme initial couvrait la période 2006-2008. Il a été prolongé par la suite de dix-huit mois, jusqu'à la fin de l'année 2010, à cause de difficultés d'exécution.

[9] Cette seconde génération du DSCRP porte sur la période 2011-2015.

Le développement du secteur privé devrait constituer une priorité majeure des autorités gouvernementales congolaises à l'issue de l'atteinte de l'initiative PPTE, afin de renverser la tendance de leur économie. Signalons que l'accession de la RD Congo à l'initiative PPTE était soumise à l'application de plusieurs conditionnalités représentant ainsi des passages obligés. Le Programme économique du Gouvernement (PEG) adopté pour trois ans (2009-2012) devait apporter des signes positifs au premier trimestre de l'année 2010. Ce programme était censé assurer le maintien d'une croissance moyenne réelle du PIB de 5,5 % et limiter également le taux d'inflation en fin de période à 9 %. De même, des réserves brutes de l'ordre de dix semaines d'importations en dehors de l'aide devaient être mobilisées et le déficit du compte extérieur courant (dons compris) devait être fixé à 2,5 % du PIB en moyenne.

La mise en œuvre de ce plan de stabilisation macroéconomique était censée s'accompagner d'un dispositif favorisant la réforme de la Banque centrale du Congo et l'amélioration du climat des affaires. Il s'agissait d'assurer également un renforcement des mécanismes de mobilisation des recettes intérieures et de gestion des finances publiques. En effet, la mise en place de ce programme prévoyait la création de la TVA en 2012 et le rétablissement de l'indépendance de la Banque centrale du Congo.

La réussite de ce plan était également conditionnée par l'exécution d'une politique monétaire drastique visant à réduire l'inflation à 15 % en 2010, alors qu'elle représentait 48,7 % en 2009. La croissance de la masse monétaire était censée se maintenir à 22 % en 2010, pour répondre aux objectifs de croissance du PIB nominal. Par ailleurs, le recours aux réformes structurelles, au cours de la période 2009-2010, devait renforcer les capacités de l'administration fiscale et douanière, en assainissant la gestion des finances publiques et en facilitant la réforme du secteur financier.

L'allocation des ressources aux secteurs sociaux vitaux constituait une priorité majeure, comme en témoignent la sélection et le choix des déclencheurs du point d'achèvement de l'initiative PPTE. Au-delà des efforts à entreprendre pour le maintien de la stabilité macroéconomique et la gestion rigoureuse des dépenses publiques, l'utilisation des économies budgétaires liées, notamment, à l'allègement du service de la dette au titre de l'initiative PPTE au cours de la période intérimaire devrait couvrir les dépenses visant la réduction de la pauvreté. De même, la gouvernance et la prestation des services par les secteurs prioritaires devaient constituer le socle de ce processus de réduction de la pauvreté. L'allocation et le suivi du budget étaient censés valoriser les dépenses concernant la santé, l'éducation, les infrastructures et le développement rural. Il s'agit également d'améliorer la qualité des services publics connexes en procédant, notamment, à l'évaluation par les prestataires de services des contraintes empêchant le maintien de services efficaces.

Il est difficile de se prononcer de manière positive sur la réussite du volet social de ce plan. En effet, les efforts fournis par les autorités gouvernementales congolaises dans ce domaine restent en deçà des espérances attendues et des efforts supplémentaires doivent être consentis. D'ailleurs, la décision de prolonger le DSCRP jusqu'à la fin de l'année 2010 a été, dans une certaine mesure, le fait de l'absence d'avancées significatives dans les domaines sociaux. Cependant, le FMI a approuvé, le 11 décembre 2009, un nouvel accord au titre de Facilité pour la réduction de la pauvreté et pour la croissance (FRPC) de 551 millions USD au profit de la RD Congo et une aide intérimaire supplémentaire de l'ordre de 72,68 millions USD au titre de l'initiative PPTE.

Les répercussions des mesures économiques adoptées par la RD Congo, notamment dans le cadre de l'initiative PPTE, peuvent être évaluées sur le plan social, en considérant quelques indicateurs des Objectifs du millénaire pour le développement (OMD). Comme on peut s'en rendre compte dans le tableau 3.3, les conditions sociales de la population sont précaires. La RD Congo reste classée parmi les pays les plus pauvres du monde, sur la base de l'IDH établi par le PNUD (168e sur 169 pays en 2010). De même, la corruption qui y sévit demeure aiguë, comme le confirme d'ailleurs le rapport 2011 de Transparency International. Elle occupe la 168e place sur 180 États répertoriés dans ce classement.

Dans ces conditions, le maintien de revenus stables constitue une garantie dans l'optique des stratégies de réduction de la pauvreté. La lutte contre le chômage endémique est de nature à favoriser la redistribution des ressources et à diminuer la bipolarisation sociale. L'offre d'emplois au niveau du secteur formel nous permet d'avoir une indication sur l'ampleur du phénomène. En effet, le taux de chômage a atteint plus de 50 % de la population active en moyenne annuelle sur la période allant de 2000 à 2009, selon la Banque centrale du Congo (2009b).

De même, le secteur de l'éducation ne semble pas constituer la priorité des autorités gouvernementales congolaises, si l'on en juge par la modicité des moyens financiers dont bénéficie ce secteur. On y observe, notamment, la dégradation des infrastructures de base et la baisse du niveau d'instruction depuis plusieurs décennies. Le recul de la scolarisation demeure dès lors un des vecteurs tangibles de la manifestation de la pauvreté. L'objectif d'assurer l'enseignement primaire pour tous reste, dans ces conditions, un pari difficile à réaliser. Le taux net de scolarisation dans le primaire (6-11 ans) était de 61 % en 2007, alors qu'il était de 55,9 % en 1995 (République démocratique du Congo, ministère de la Santé 2007).

Tableau 3.2. Quelques variables macroéconomiques et évolution de l'indice de développement humain de 2000 à 2010

	2000	**2001**	**2002**	**2003**	**2004**	**2005**	2006	**2007**	**2008**	**2009**	**2010**
PIB (*)	297 065,5	1 407 545,0	1 922 200,0	2 298 655,5	2 601 000,0	3 407 940,1	4 66 601,3	5 148 173,0	6 525 982,7	9 026 676,3	nd
Revenu des facteurs du reste du monde	351,0	5457,0	2030,9	26 900,5	76 210,9	102 238,2	121 998,0	154 445,2	195 779,5	270 800,3	nd
Revenu des facteurs au reste du monde	9104,2	118 038,5	110 773,8	99 309,4	226 825,5	297 513,2	355 014,3	449 435,5	569 718,3	788 028,8	nd
RNB (*)	288 312,3	1 294 963,5	1 813 457,0	2 226 246,6	2 450 385,4	3 212 665,1	3 633 585,1	4 853 182,7	6 152 043,9	8 509 447,7	nd
Consommation de capital fixe	8912,0	42 226,4	57 666,0	68 958,7	78 030,0	102 238,2	121 998,0	154 445,2	195 779,5	270 800,3	nd
RNN (*)	279 400,3	1 294 963,5	1 755 791,0	2 157 287,0	2 372 355,4	3 110 426,9	3 711 587,0	4 698 737,5	5 956 264,4	8 238 647,4	nd
Transferts courants du reste du monde	4677,7	164 093,0	218 501,4	212 898,3	257 724,2	340 794,0	406 660,1	514 817,3	652 598,3	902 667,6	nd
Transferts courants au reste du monde	2834,0	33 194,0	53 033,0	-2669,8	10 128,0	13 972,6	16 673,1	21 107,5	26 756,5	37 009,4	nd
RN (*) disponible	281 244,0	302 579,9	1 533 327,6	2 372 855,1	2 619 876,6	3 437 248,4	4 101 574,1	5 192 447,2	6 582 106,2	9 104 305,7	nd
Consommation finale	264 874,0	1 311 025,0	1 688 035,9	2 145 778,1	2 162 758,9	2 665 446,1	3 491 322,9	4 663 108,7	5 745 605,0	7 098 107,0	nd
Épargne nette (*)	16 370,0	-1 008 445,9	-154 708,3	227 077,0	457 138,7	771 802,2	610 251,2	529 338,6	836 501,2	2 006 198,7	nd
Taux de croissance	-6,9	-2,1	3,5	5,8	6,6	7,8	5,6	6,3	6,2	2,8	6,1

Taux de croissance/ hab.	-10,0	-4,7	0,7	3,0	3,8	4,7	2,5	3,2	3,1	-0,2	3,0
Taux d'inflation fin période (*)	511,2	135,1	15,8	4,4	9,2	21,3	18,2	10,0	27,6	53,4	9,8
Taux d'inflation moyenne annuelle (*)	550,0	357,3	25,3	12,8	4,0	21,6	13,1	16,7	18,0	46,1	23,5
Population résidente (en milliers d'habitants)	52 099,0	53 505,7	54 950,3	56 434,0	57 957,7	59 696,4	61 487,3	63 331,9	65 231,9	67 188,9	69 204,5
Taux de croissance de la population résidente	3,4	2,7	2,7	2,7	2,7	3,0	3,0	3,0	3,0	3,0	3,0
Population occupée salariée (en milliers d'habitants)	8790,2	11 383,5	11 567,4	11 972,6	12 380,2	12 688,3	13 093,9	13 303,4	13 037,3	12 733,6	13 175,5
Population active (en milliers)	31 261,4	32 442,4	33 068,6	33 897,5	34 736,8	35 611,3	36 503,8	38 009,7	38 998,0	40 050,9	41 131,3
Rapport population salariée et active (en %)	28,1	35,1	35,0	35,3	35,6	35,6	35,9	35,0	33,4	31,8	32,0
Taux de chômage	66,9	49,0	49,1	48,5	45,4	49,6	48,2	47,2	53,2	60,8	54,0
Indice de l'espérance de vie à la naissance	-	-	0,273	0,302	0,308	0,346	0,305	0,377	-	-	nd
Indice du niveau d'instruction	-	-	0,508	0,511	0,527	0,560	0,555	0,608	-	-	nd
PIB/hab. en pp. A en USD	-	-	0,312	0,324	0,326	0,328	0,381	0,383	-	-	nd
IDH	-	-	0,365	0,385	0,391	0,370	0,371	0,389	-	-	nd

(*) en millions de CDF.

Nd : non disponible.

Sources : BCC 2009 ; PNUD 2010.

Cette progression numérique des effectifs s'est réalisée en dépit de la faiblesse des moyens financiers à la disposition de ce secteur, renforçant du même coup l'évolution à la baisse de la qualité de l'instruction au niveau du cycle d'études primaires. Elle s'accompagne également de fortes disparités entre les sexes à tous les niveaux de l'enseignement primaire et secondaire, dont l'inversion de tendance dans le cadre des OMD ne semble pas garantie à l'horizon de 2015.

Par ailleurs, le domaine de la santé ne semble pas être épargné par cette vague pernicieuse. Ce secteur évolue en dehors d'un régime de faveur, du fait du rétrécissement des moyens mis à sa disposition. La conséquence immédiate de cette évolution défavorable est la baisse sensible de l'espérance de vie des individus, liée notamment à l'accroissement fulgurant de la morbidité et de la mortalité dues au paludisme, ainsi qu'à la prolifération de l'épidémie du VIH/SIDA, en dépit d'une légère diminution ces dernières années, comme en témoignent les tendances des tableaux 3.3 à 3.5.

Tableau 3.3. Évolution de la prévalence du VIH chez les adultes (15-49 ans) en RD Congo, de 2010 à 2012 (en %)

	2010	2011	2012
Prévalence (%)	2,66	2,57	2,48

Source : Programme multisectoriel national de lutte contre le SIDA (2012 : 17).

Tableau 3.4. Évolution de la morbidité et de la mortalité dues au paludisme en RD Congo de 1999 à 2005

Évolution de la morbidité et de la mortalité dans les sites sentinelles de surveillance épidémiologique					
Année	**Population**	**Nombre de nouveaux cas de paludisme**	**% de la population**	**Nombre de décès**	**% du nombre de malades (létalité)**
1999	50 384 000	393 489	0,78	2702	0,28
2000	52 099 000	964 623	1,85	3856	0,18
2001	53 870 000	2 199 247	4,08	11597	0,44
2002	55 702 000	2 640 168	4,74	7553	0,17
2003	57 554 000	4 386 638	7,62	16 498	0,41
2004	59 554 000	4 028 950	6,77	12 999	0,19
2005	61 146 000	6 697 778	10,95	17 103	0,26

Source : RDC, ministère de la Santé (2007).

Tableau 3.5. Évolution de quelques chiffres sur l'épidémie de VIH/SIDA en RD Congo de 2000 à 2007

Année	Personnes infectées par le VIH			Nouvelles infections VIH			Femmes enceintes VIH +
	Population totale	15 ans plus	0-14 ans	Population totale	15 ans plus	0-14 ans	
2000	1 053 168	960 000	97 560	132 280	102 880	29 400	113 390
2001	1 090 112	990 000	101 070	138 470	108 130	30 340	117 030
2002	1 126 401	1 020 000	104 520	140 670	109 590	31 080	119 890
2003	1 163 820	1 060 000	108 110	144 840	112 730	32 110	123 870
2004	1 197 318	1 090 000	104 560	138 650	117 070	21 580	127 360
2005	1 234 392	1 130 000	102 990	142 980	120 600	22 380	132 570
2006	1 276 885	1 170 000	102 150	149 080	126 110	22 970	136 910
2007	1 329 086	1 220 000	110 120	168 530	131 460	37 070	142 970

Source : PNLS (2007b).

Conclusions

À la lumière de ce qui précède, il convient de remarquer que le lien entre le développement de la sphère financière et le maintien d'une croissance économique substantielle n'est pas toujours établi sur le plan analytique. Comme on vient de le démontrer plus haut, certains auteurs pensent que l'essor du système financier est de nature à favoriser le développement économique, alors que d'autres estiment que la croissance économique demeure à la base de l'expansion des circuits financiers.

Par ailleurs, l'expérience récente de nombreux pays en développement démontre que l'incidence positive de la croissance sur la dynamique de réduction de la pauvreté passe généralement par la mise à la disposition des agents économiques de revenus décents. Comme la plupart des individus évoluant dans ce contexte tirent leurs moyens d'existence de leur travail de manière indépendante, au niveau du monde rural, et du secteur informel, dans les zones urbaines, il serait judicieux de concevoir un modèle de développement assurant la promotion de l'emploi en facilitant l'utilisation d'une main-d'œuvre abondante dans le cadre d'une croissance durable à long terme (Banque mondiale 1990).

En ce qui concerne l'économie congolaise, force est de remarquer la nécessité d'articuler les circuits financiers formels et informels. Il s'agit d'attirer dans le système financier formel les ressources pléthoriques qui circulent en dehors des instances officielles. Cette dynamique est de nature à mobiliser davantage de fonds, en vue de les orienter vers les secteurs porteurs de l'économie.

La mobilisation des fonds de la diaspora (« *remittances* ») pourrait également alléger les problèmes récurrents de pénurie des ressources financières et des devises, si des mesures appropriées sont adoptées pour les canaliser vers les instances officielles. Cette dynamique passe par la baisse des coûts des services financiers offerts, notamment, par les banques et les institutions financières formelles, ainsi que l'utilisation des techniques modernes informatiques et des télécommunications.

Par ailleurs, le maintien d'une croissance inclusive reste une nécessité impérieuse. En effet, il convient de rappeler que la croissance économique observée en RD Congo, de 2002 à nos jours, n'a pas entraîné d'avancées significatives sur le plan social. Par conséquent, les défis majeurs auxquels sont confrontées les autorités gouvernementales congolaises concernent désormais la mise en œuvre d'une stratégie de croissance pro-pauvre accordant une attention particulière au processus de création d'emplois et à l'accroissement des revenus des individus.

Deuxième partie
Les déterminants de l'environnement macroéconomique

CHAPITRE 4

LA DÉSTRUCTURATION DU SYSTÈME FINANCIER EN PÉRIODE POSTCONFLIT

Introduction

La déstructuration du système financier a une incidence néfaste sur la situation socio-économique de la RD Congo. Sans pour autant établir un lien direct entre l'effondrement des structures financières et la logique de guerre prévalant dans ce pays, force est de reconnaître la prépondérance de mobiles économiques dans l'amplification du désordre politique. En effet, les luttes pour l'appropriation des ressources naturelles demeurent *de facto* la clé de voûte d'une dynamique impliquant de nombreux acteurs au niveau de l'espace national et de la scène internationale.

Les coûts de la guerre déclenchée à partir du mois d'août 1998 en RD Congo ont pesé lourdement sur les finances publiques de la nation congolaise, exerçant un effet d'éviction sur les dépenses prioritaires de développement. Cependant, ce pays a pu mobiliser, au cours de ces dix dernières années, un important flux de ressources financières en termes d'aide, du fait de la prolifération des dividendes de la paix et de la situation postconflit. L'évolution récente des comptes de l'État fait apparaître la prédominance des dépenses militaires et des obligations d'ordre politique. Par ailleurs, une constance de l'économie congolaise demeure le fait que l'essentiel des ressources reste alloué aux dépenses de consommation courante, au détriment des investissements productifs. Les enjeux économiques de la guerre et l'exploitation systématique des ressources naturelles de la RD Congo par les pays limitrophes impliqués directement dans le conflit ont assuré la prolifération des échanges parallèles et une dollarisation accrue de l'économie. Cette situation a entraîné un manque à gagner considérable pour les recettes fiscales de l'État congolais, du fait de l'amenuisement des échanges des entreprises, dont l'essentiel des transactions dépendait d'une offre et/ou d'une demande en provenance des zones sous occupation rebelle.

L'appréhension des retombées économiques de la Première Guerre mondiale, caractérisée par la déstructuration des économies des pays belligérants, notamment le maintien de l'inflation et les mouvements erratiques des taux de change, demeure un exercice enrichissant pour entreprendre, dans de bonnes conditions, la réhabilitation du système monétaire et financier en période postconflit. Ces problèmes seront donc évoqués par la suite dans le cadre de l'appréhension de la dollarisation de l'économie congolaise. Ce chapitre sera articulé autour de trois points. La première section va porter sur l'analyse de quelques jalons théoriques et de quelques faits stylisés, de façon à nous éclairer sur les expériences passées. La deuxième section sera basée sur l'appréhension du système monétaire et financier en période postconflit en RD Congo. La dernière section nous permettra de cerner les voies et moyens visant la mise en place de mécanismes pour redorer le blason du système financier en période postconflit.

1. Quelques jalons théoriques et quelques faits stylisés

Certains travaux, dont celui de Cukierman, Edwards & Tabellini (1992), affirment que l'instabilité politique tend à augmenter le niveau d'inflation. Par ailleurs, le désordre politique dans les pays en développement peut prendre plusieurs formes, comprenant les conflits pour le partage du pouvoir, l'accentuation des revendications sociales, les troubles liés au processus de démocratisation, la rébellion armée et la guerre civile consécutive. En règle générale, une telle situation peut engendrer, en matière de finances publiques, des comportements de nature à entraîner un mouvement à la hausse du processus d'endettement (Edwards & Tabellini 1991).

Dans la plupart des cas, les propensions au conflit sont considérables dans les pays jouissant d'une légitimité politique relativement restreinte, du fait, notamment, d'une politique de redistribution inégale des ressources. Les gouvernements non démocratiques permettent la prolifération des rentes régaliennes, sans déclencher un processus de développement économique endogène. Les régimes prédateurs tendent à maximiser leur utilité propre, en rapport avec le niveau de consommation des membres du Gouvernement et de leurs soutiens politiques. En règle générale, la faiblesse du système fiscal de ces États et l'importance des échanges parallèles ne leur permettent pas d'emmagasiner des ressources considérables par la taxation. Cette réalité est renforcée en situation d'inflation galopante, du fait du rétrécissement de l'assiette fiscale (phénomène que l'on appelle l'effet Olivera-Tanzi).

Dans ce contexte, la majeure partie des ressources gouvernementales proviendrait du seigneuriage, dans les pays disposant de monnaies inconvertibles, dans la mesure où la politique des taux d'intérêt demeure inefficiente. Dans le cadre de l'économie congolaise, les conséquences inflationnistes de cette situation, en rapport avec l'expansion des circuits parallèles de change, sont considérables. En effet, le lien direct existant entre les fluctuations du taux de change parallèle et la dynamique de l'inflation tend à assurer le renchérissement des prix sur les marchés.

Par ailleurs, les États impliqués dans la guerre supportent le fardeau des dépenses excessives nées du déclenchement des affrontements, un fardeau qui alourdit leurs budgets. La recherche de sources de financement aux niveaux interne ou externe devient impérieuse, compte tenu des déséquilibres potentiels des finances publiques. Les dépenses essentielles peuvent ainsi être délaissées au profit des obligations et des motivations supplémentaires qui caractérisent le contexte de la guerre.

Quelques faits stylisés : les conséquences économiques de la Première Guerre mondiale[10]

L'expérience pernicieuse de la Première Guerre mondiale nous enseigne que les États belligérants d'Europe furent confrontés aux difficultés extrêmes liées au financement de l'effort de guerre, dès le début de l'intervention militaire. La recherche de ressources substantielles devint une priorité essentielle au niveau interne, de même que le recours à l'endettement externe, afin d'assurer le rééquilibrage de leurs balances des paiements déficitaires. Il s'agissait de rechercher les moyens adéquats pour éviter d'épuiser à tout prix leurs réserves. La mise en place des cours forcés apparut dès lors, en juillet 1914, en Allemagne, lorsque furent prises les mesures visant la suspension de la convertibilité en or du mark. Les autres États engagés dans le conflit adoptèrent, par la suite, des politiques similaires. Le recours aux dispositifs restrictifs fut renforcé, dans certains cas, pour assurer le contrôle des mouvements de capitaux en permettant d'éviter les sorties de métal précieux.

Cette dynamique profita, dans une certaine mesure, aux États non engagés directement dans les hostilités armées. Ces derniers furent, en effet, moins affectés par cette nouvelle donne et les bénéfices recueillis purent être comptabilisés par le maintien de balances des paiements excédentaires et l'afflux massif de dépôts en or. Cette situation idéale leur permit de conserver le système de libre convertibilité en or de leurs monnaies respectives. Les conséquences économiques de la Première Guerre mondiale furent une vague d'inflation et des fluctuations des taux de change au niveau mondial. Contrairement aux expériences inflationnistes passées, les retombées négatives furent perceptibles à l'échelle planétaire.

L'évolution des systèmes monétaires à libre convertibilité des billets de banque par rapport au métal étalon, l'or en l'occurrence, est caractérisée par l'émission par la banque centrale de billets dont la valeur reste généralement inférieure à l'encaisse or. Cet équilibre est maintenu lorsque les agents

[10] Pour une analyse exhaustive sur le sujet, voir l'ouvrage de J. Bourget et Y. Zenou (1990).

économiques lui accordent une certaine confiance. En règle générale, un taux de couverture supérieur à 50 % est satisfaisant. Cependant, la rupture de ce « contrat de confiance » s'opère dans certains cas, par exemple lorsque l'État n'arrive plus à assurer la convertibilité des encaisses monétaires par rapport à l'or ; il peut, dès lors, recourir au « cours forcé ». Dans ce contexte, l'émission des billets n'est plus conditionnée par la détention de l'encaisse or et la convertibilité ne peut plus s'exercer dans de bonnes conditions. La rationalité économique pousse, dans la plupart des cas, les agents économiques à la thésaurisation, compte tenu de la loi de Gresham selon laquelle « la mauvaise monnaie chasse la bonne ». Ils procèdent, dès lors, à la thésaurisation des pièces de métal précieux au détriment de la monnaie fiduciaire pléthorique.

Genèse et dynamique de l'inflation

Il convient de signaler que tous les pays belligérants étaient obligés de disposer de ressources supplémentaires pour assurer le financement de l'effort de guerre. En France, le budget de l'année fiscale 1918 dépassait largement celui de l'année 1914, étant approximativement sept fois supérieur au montant de départ. Une situation similaire s'observait au Royaume-Uni où le budget de l'année 1918-1919 atteignait un niveau sept fois supérieur à celui de 1914-1915. Par ailleurs, l'implication des États-Unis dans la guerre entraîna également un accroissement exponentiel de leurs dépenses et la mobilisation de ressources exceptionnelles s'imposa pour y faire face.

Dans cette période de guerre, le maintien du système d'imposition devenait aléatoire, du fait de l'amenuisement des revenus de la population. Aussi la mobilisation des ressources exigea-t-elle le recours aux avances de la Banque centrale. Au niveau des nations qui connaissaient un degré de scripturalisation avancé de leur économie, notamment les pays anglo-saxons, la mise en circulation de bons d'État à court terme rapportant des intérêts permit au Trésor public d'emmagasiner des ressources non négligeables. Ces pays belligérants disposèrent ainsi de la latitude de régler par virement une partie de leurs dépenses. De même, l'émission de chèques assura la couverture de dépenses au profit de créanciers en passant par leurs comptes. Les banques commerciales, où étaient logés ces comptes, bénéficièrent d'un afflux important de dépôts. Cette surliquidité des ressources leur permit d'acheter des bons d'État qui favorisèrent l'accroissement de la monnaie scripturale, tout en limitant la circulation de la monnaie fiduciaire.

Au Royaume-Uni, par exemple, la réglementation restrictive à l'émission monétaire (Banking Act de 1844) fut relativement assouplie. Par ailleurs, l'usage de la monnaie scripturale permit de limiter la circulation excessive de monnaie fiduciaire. Cependant, au cours de la période allant de 1914 à 1918, les autorités gouvernementales procédèrent à la mise en place de billets gagés sur des bons à court terme (« *currency notes* »), provoquant l'accroissement de la masse monétaire : des encaisses monétaires, représentant une valeur de 443 millions de livres, furent ainsi mises en circulation.

Au niveau des autres États, le financement monétaire du déficit budgétaire assura le maintien d'une quantité pléthorique de billets de banque, lorsque les entrées d'or ne parvenaient pas à compenser ces émissions. La persistance de balances des paiements négatives devint, dès lors, une réalité difficile à gérer. La marge de manœuvre des autorités gouvernementales se rétrécit et le recours aux avances permit l'établissement des cours forcés des monnaies. En France, par exemple, le relèvement du plafond d'émission de la Banque de France s'opéra par la loi du 5 août 1914 qui assurait le maintien du cours forcé des billets. La création monétaire permit la mise en circulation de 12 milliards de francs, alors que le montant initial s'élevait à 6,8 milliards de francs. La stratégie adoptée par la suite tendit à privilégier la mise en place de billets à valeur faciale peu élevée pour remplacer progressivement les pièces, que les agents économiques avaient une propension importante à thésauriser, du fait des risques liés à la guerre.

Les pays belligérants recoururent également à l'endettement externe pour disposer de ressources financières importantes, notamment à l'usage de la dette à court terme, en l'occurrence les bons à vue ou remboursables en quelques mois. Ce mode de financement permet à l'État de subvenir aux besoins urgents et de mobiliser des fonds par rapport à une échéance courte. L'acquisition de cette dette « flottante » réduit l'autonomie financière de l'État, dans la mesure où il doit disposer de réserves en permanence pour faire face aux demandes de remboursement immédiat. De même, les emprunts à moyen et à long termes, à savoir l'usage de titres à plus ou moins long terme, constituent un moyen privilégié utilisé par les États dans le cadre de la dette « consolidée ». Cette pratique leur permet de se procurer des valeurs sûres par rapport à une échéance longue, de l'ordre de plusieurs années, voire de plusieurs décennies. Cependant, les bons émis peuvent être souscrits à court terme, mais en bénéficiant de taux d'intérêt élevés.

Ce mode d'endettement permet de ponctionner une partie essentielle de la masse monétaire excessive en circulation et de réduire les tensions inflationnistes. Il permet d'ajuster les encaisses monétaires par rapport aux besoins réels de l'économie, et par conséquent il élargit la marge de manœuvre des autorités gouvernementales dans la conduite de la politique économique. En France, par exemple, le Gouvernement procéda, à partir de septembre 1914, à la mise en circulation de bons de la Défense nationale, payables selon des échéances très courtes. Le lancement d'emprunts à long terme permit également aux autorités gouvernementales françaises d'attirer une part non négligeable de fonds pour consolider la dette flottante. Cette politique d'endettement accrut les capacités financières de l'État, puisqu'elle lui permit d'emmagasiner plus de 55 milliards de francs.

L'adoption d'une politique monétaire laxiste par les pays belligérants se traduisit par l'usage persistant d'avances octroyées par les banques centrales aux autorités gouvernementales. Cette situation désastreuse entraîna, par la suite, un accroissement vertigineux de la masse monétaire, assurant, du même coup, des changements fondamentaux dans sa composition. En Italie, par exemple, le volume de l'encaisse or se maintint à un niveau plus ou moins stable, mais la monnaie fiduciaire s'accrut de manière fulgurante, son volume étant même multiplié par huit. Au Royaume-Uni, le recours généralisé à l'impôt et l'usage de la monnaie scripturale permirent, dans une certaine mesure, de freiner la prolifération des tensions inflationnistes. Cependant, la masse monétaire progressa de manière exponentielle, alors que la place occupée par les monnaies métalliques se rétrécissait dans des proportions considérables. En Allemagne, les effets pervers de la guerre se manifestèrent également de manière virulente au cours de la période d'après-guerre. L'enlisement de l'économie allemande peut être jugé à l'aune de l'augmentation vertigineuse de la monnaie fiduciaire observée dès l'année 1919. La valeur de ces encaisses monétaires représentait environ vingt-cinq fois le niveau ayant prévalu au cours de la période précédant le déclenchement des hostilités.

En règle générale, les monnaies nationales s'effondrèrent et le taux de couverture des billets de banque par l'encaisse or devint aléatoire. Par conséquent, la prolifération des tensions inflationnistes s'intensifia, compte tenu de l'accroissement fulgurant de la demande face à l'étroitesse de l'offre disponible et des restrictions liées à l'effort de guerre. De même, l'instabilité politique consécutive accentua cette tendance chaotique. Par ailleurs, la pénurie observée par la suite sur le marché exacerba l'environnement international. Cette situation constitua un terreau favorable à la pérennisation et à l'expansion des anticipations pessimistes des agents économiques. Ce mouvement de renchérissement des prix s'accompagna également de la baisse généralisée du pouvoir d'achat. En mars 1920, par exemple, les indices de prix de gros (base 100, 1914) de la France et du Royaume-Uni se maintenaient respectivement à 513 et 310.

Le maintien du système des cours forcés mis en place avant la guerre devint aléatoire, car les règles rigides visant à maintenir les fluctuations des taux de change dans des marges précises ne pouvaient plus s'appliquer lorsque l'une des monnaies restait inconvertible. L'afflux de lettres de change à un lieu déterminé favorisa, par conséquent, un mouvement à la baisse du cours de la monnaie excédentaire. La fixation des taux de change resta désormais régie par les forces du marché liées à l'offre et à la demande des devises, ainsi qu'aux anticipations des agents économiques. La spéculation devint un vecteur prépondérant dans le processus d'établissement des parités entre les monnaies.

2. La déliquescence des circuits financiers et l'essor des échanges parallèles

La désorganisation du système bancaire congolais est une réalité depuis des décennies. La déliquescence des circuits financiers formels n'est, en effet, pas le fait direct de la guerre, mais d'un système de prédation initié dans un contexte de corruption généralisée et de pillage systématique des ressources de l'État, au cours de la période préconflit. La prédominance des rentes régaliennes, associée au clientélisme politique, a assuré la déstructuration des instances financières formelles, en facilitant l'évasion des capitaux et la prolifération du marché parallèle des changes.

L'expansion de la masse monétaire en dehors des instances officielles constitue une réalité flagrante dans la dynamique catastrophique dans laquelle l'économie congolaise se maintient. La désintermédiation bancaire, constatée principalement dans les années 1980, va s'accélérer par la suite, du fait de la guerre. L'ensemble des dépôts du système bancaire, qui s'élevait à 53,3 % de la masse monétaire en 1985, ne représente plus que 25 % en 1999. De même, les fonds propres du secteur bancaire formel ont subi une baisse très importante. Ces ressources ne représentent plus que 8,6 millions USD, alors qu'elles s'élevaient à 46,4 millions en 1985. Le marasme économique a entraîné une baisse du PIB de l'ordre de 11,3 % en 2000, favorisant une paupérisation croissante de la population.

Les circuits parallèles de change tendent à s'accentuer, en accord avec la prédominance du commerce du diamant, de l'or, du coltan et du bois, dont les exportations transitent pour l'essentiel par des filières frauduleuses. Il semblerait que plus de 700 millions USD passent par ce système financier informel, alors que le secteur bancaire officiel connaît une pénurie alarmante de devises. Le refus de la monnaie nationale s'extériorise, dans le comportement des individus, par l'utilisation massive des devises dont la légitimité découle d'une garantie étatique étrangère. La sensibilité profonde des circuits de change permet le maintien des fluctuations régulières du taux parallèle de change dont le cours représente, dans ce contexte, la variable déterminante dont l'impact sur les autres indicateurs macroéconomiques demeure significatif, en particulier sur l'évolution des prix (Sumata 2001).

La réforme monétaire demeure au centre du dispositif visant à assurer la réhabilitation des structures économiques en période postconflit. Celle-ci peut prendre plusieurs formes. Il peut s'agir de l'introduction d'une nouvelle monnaie, dans le cadre de la création des nouveaux États, du remplacement d'une monnaie existante par une nouvelle, de la légalisation de la circulation parallèle des devises, et enfin du remplacement d'une monnaie nationale par une devise donnée (Brück 2001).

Si le remplacement *stricto sensu* d'une monnaie par une devise pose le problème de la souveraineté et de la perte de seigneuriage pour les autorités gouvernementales, cette mesure peut constituer une solution ultime en période postconflit, du fait des effets pervers de la dollarisation. La monnaie représente un mode de socialisation, dans la mesure où elle assure une certaine interdépendance entre les agents économiques. Les pratiques monétaires véhiculent, dès lors, l'expression d'une contradiction centrale, à la base de conflits potentiels dans la société.

La déstructuration du système financier formel a été accentuée du fait de la guerre et la scission du pays en plusieurs entités plus ou moins autonomes a freiné de manière tangible les échanges intra et/ou interrégionaux. La nécessité de procéder aux réformes structurelles de ce secteur s'impose, afin de lui permettre d'assurer son rôle d'intermédiation financière. La crise économique constitue un facteur déterminant dans la mise en œuvre du processus de démocratisation graduelle inauguré par les autorités congolaises au début des années 1990. La situation conflictuelle observée par la suite a joué un rôle prépondérant dans le déclenchement des hostilités militaires. Le rétrécissement des prérogatives des autorités congolaises a confiné la Banque centrale du Congo à exercer ses compétences effectives sur une portion congrue de l'espace national. Les provinces sous tutelle gouvernementale représentaient environ 55 % du territoire congolais à l'époque où le conflit armé s'était intensifié.

La monnaie légitime en usage au niveau de cet espace demeurait le franc congolais, même si le recours aux devises s'était généralisé par la suite, compte tenu de la dollarisation de l'économie congolaise. En effet, les velléités gouvernementales visant à interdire l'utilisation courante des signes monétaires étrangers n'ont pas eu les effets escomptés, notamment en 1999-2000. La pénurie de devises au sein des instances financières officielles et l'incapacité de l'État à assurer ses prérogatives demeurent des éléments déterminants dans le maintien d'une situation désastreuse à terme. Les mesures prises en 2001, visant à assurer la libéralisation du système du régime de change et du commerce des matières premières, restent des faits marquants dans la mise en œuvre des réformes économiques.

L'implication des puissances régionales dans la guerre a entraîné une plus grande dépendance des différentes parties rebelles vis-à-vis des pays limitrophes. Le commerce licite et illicite par l'entremise de ces États a accentué l'existence d'échanges plus ou moins étroits sous l'égide des circuits financiers formels de ces pays voisins. Dans ce contexte, l'usage de la monnaie congolaise s'est maintenu dans les transactions courantes, en concomitance avec l'usage des devises.

La réhabilitation du système bancaire formel passe également par une maîtrise des flux financiers transitant par les circuits parallèles de change. Des actions appropriées, pour réduire l'impact des filières de faux monnayage, par exemple, peuvent assurer une plus grande articulation entre les circuits financiers formel et informel. L'implication directe des seigneurs de la guerre dans l'exploitation illégale des ressources naturelles du Congo leur a permis, par la suite, de s'impliquer dans des filières de fabrication de fausse monnaie congolaise. Le maintien d'un cercle infernal assurant la liaison de ces deux activités illicites dans un processus de fuite en avant de l'économie au détriment des populations locales devenait inévitable.

La province de l'Équateur, sous le contrôle des forces rebelles parrainées par l'Ouganda, fut inondée de faux billets de 100 francs congolais en 1999, selon le rapport de l'ONU sur l'exploitation des ressources naturelles de la RD Congo. Suite à la situation catastrophique et au processus hyperinflationniste qui en découlèrent, les responsables du mouvement rebelle en charge de cette région furent obligés de renoncer à cette politique de création monétaire excessive.

Les structures financières des zones sous le joug de la rébellion, à savoir les banques et les compagnies d'assurances, opéraient sous le contrôle direct des parrains ougandais et rwandais. Des ressources importantes auraient été collectées dans le cadre d'un système de perception d'impôts directs et indirects afin de procéder au financement de l'effort de guerre. L'expertise des banques opérant dans les zones occupées était indéniable, la plupart de ces institutions s'y étant établies avant le déclenchement des hostilités militaires. L'exploitation des ressources naturelles (diamant, bois, café, par exemple) se faisait pour l'essentiel par le canal des réseaux financiers en empruntant les circuits des maisons mères établies à Kinshasa.

La logique de guerre avait, dès lors, déplacé les centres de décision au profit des capitales rwandaise et ougandaise. Il convient de mentionner, par exemple, les cas d'institutions financières comme l'Union des banques congolaises, la Banque commerciale du Congo, la BCDI (Banque de commerce, de développement et d'industrie) et la BCD (Banque de commerce et de développement), dont les activités se pérennisaient sous l'égide des structures financières établies à Kigali, la capitale du Rwanda. Le fractionnement de l'espace économique du fait de la guerre se maintenait, à cause de l'exploitation illégale des ressources naturelles de la RD Congo au profit des pays limitrophes, assurant le maintien de la partition du système bancaire et la prolifération des circuits financiers parallèles.

3. La réhabilitation du système financier en période postconflit

La mise en œuvre des réformes visant à assurer la reconstruction économique ne suppose pas le rétablissement de l'accalmie complète sur le plan national. Il ne s'agit pas d'une condition *sine qua non*, dans la mesure où des foyers de tension subsistent dans la plupart des cas en période postconflit. Par ailleurs, la redynamisation des structures économiques est souvent perçue comme un processus de réhabilitation des infrastructures (banques, immeubles, routes, etc.), selon certains clichés du développement. Par contre, la situation désastreuse née de la guerre exige souvent la mise en place d'un projet de société cohérent, de grande envergure, impliquant un changement d'institutions et d'individus au niveau du pouvoir central (Addison 2000).

Le problème du leadership se pose également de manière cruciale, si l'on veut doter le pays de structures formelles solides, dans le cadre du processus visant la revalorisation des circuits financiers au cours de cette période. La définition cohérente des objectifs de politique monétaire et financière dans le cadre des projets de développement endogène constitue aussi une priorité. De même, l'établissement d'un système efficient permettant la réalisation effective des jalons posés constitue un impératif majeur dans la réussite de cette stratégie. Les théories modernes de croissance économique abondent dans ce sens, mettant en lumière la nécessité de choisir un diagnostic approprié afin de stimuler une dynamique de développement adéquat (Sachs 2005 ; Rodrick 2008).

Par ailleurs, l'unification des centres de décision en matière financière et monétaire s'impose, afin d'assurer l'établissement des synergies positives en accentuant les flux des échanges entre les zones sous occupation et les régions aux mains des forces rebelles. Le maintien du franc congolais sur l'espace national constitue un gage majeur du processus de rétablissement du lien social en période postconflit. Dans un premier temps, le recours généralisé aux devises est censé assurer une plus grande stabilité dans la structure des prix relatifs en éliminant les distorsions en matière d'offre et de demande des signes monétaires au niveau des différentes zones.

Il est également nécessaire de mobiliser les ressources internes circulant en dehors des instances officielles, de manière à constituer une épargne substantielle qui puisse être orientée vers des secteurs porteurs. La pierre angulaire de toute réforme visant à renforcer les capacités de captation des circuits financiers formels passe, en conséquence, par une formalisation autant que possible du système informel. Cette situation est censée réduire l'impact de ce secteur, afin de le placer sous la supervision des autorités de la Banque nationale. La capitalisation du système bancaire formel est une priorité majeure des réformes à établir en période postconflit, dans la mesure où certaines ressources à caractère militaire et politique peuvent être réduites.

Cependant, la réussite d'une telle opération suppose souvent l'application d'une politique fiscale appropriée, de manière à mobiliser les fonds substantiels qui transitent, dans la plupart des cas, par les canaux des circuits parallèles. La réorganisation des services d'offre et de demande de crédit s'impose pour assurer une plus grande promotion de l'entrepreneuriat, notamment à l'échelle des PME/PMI. Il s'agit de lutter contre les effets pervers du dualisme financier, en associant une part importante de la population évoluant en marge de la finance formelle aux efforts de réhabilitation des infrastructures. De même, des structures appropriées doivent être mises en place pour assurer la promotion effective des investissements productifs à moyen et long termes.

La guerre, en procédant à la partition *de facto* du pays, tend à créer un nombre croissant d'emprunteurs insolvables parmi les entreprises existantes, du fait des pertes de marchés et/ou de la destruction des équipements. Mentionnons, par exemple, le cas de la société pétrolière AGIP (Azienda Generale Italiana Petroli), disposant d'un capital à majorité étatique, dont une part substantielle des clients étaient établis en zone sous occupation rebelle dans les provinces de l'Est de la RD Congo. La réduction très forte des ressources financières des compagnies pétrolières est, en règle générale, le fait des pillages des années 1991-1993 et des aléas consécutifs à l'engrenage de la guerre. Il semble que les capacités financières de ces compagnies ne dépassent pas un dixième de leurs potentialités réelles.

Par ailleurs, la disparition des personnes physiques et l'émigration croissante du personnel qualifié du système bancaire formel constituent également un manque à gagner considérable en termes de savoir-faire, dont le remplacement demeure aléatoire en période postconflit. De même, les problèmes liés à la propriété des biens se posent avec une acuité particulière, car ils diffèrent, dans une certaine mesure, la réouverture à grande échelle des circuits bancaire et financier traditionnels.

À la lumière de ce qui précède, force est de reconnaître la nécessité impérieuse de procéder aux réformes structurelles dans le domaine financier en RD Congo en période postconflit. Les mesures classiques à mettre en place concernent notamment la libéralisation du système financier, en accord avec les instances financières internationales, à savoir la Banque mondiale et le FMI. Par conséquent, de nombreux analystes accordent une attention particulière à l'adoption d'une politique macrofinancière plus libérale, qui assure une plus grande libéralisation des taux d'intérêt, de manière à canaliser les ressources considérables circulant en dehors des instances officielles. La répression financière ne constitue pas l'unique goulet d'étranglement des économies des pays en développement. L'adoption de mesures appropriées est censée assurer une gestion rationnelle des instances financières (Germidis, Kessler & Meghir 1991 ; Stiglitz 1988).

En ce qui concerne l'économie congolaise, une politique macroéconomique d'envergure doit prendre en compte les problèmes liés à l'émission monétaire, à la dynamique de l'inflation et aux politiques fiscales et des changes. La reconstruction économique en période postconflit suppose également une attitude positive des autorités gouvernementales visant à orienter l'essentiel des ressources disponibles vers les secteurs productifs. La mise en œuvre des réformes structurelles doit donc permettre le maintien d'un climat de confiance au sein du système financier institutionnel par le biais d'une articulation accrue des circuits formel et informel.

La réorganisation du système fiscal congolais s'impose pour mobiliser des ressources considérables en simplifiant, par exemple, les sources de perception de l'impôt direct et indirect. Au niveau du marché des changes, les actions entreprises devraient limiter la portée des circuits parallèles pour canaliser des ressources importantes en devises vers les circuits officiels. L'accroissement du volume des devises disponibles pour les opérateurs économiques constitue un préalable majeur.

La réorganisation du système bancaire formel est censée assurer à terme la mise en place de banques commerciales viables, en éliminant progressivement la présence néfaste des canards boiteux. La BCC a adopté récemment une série de mesures pour s'aligner sur les standards internationaux en matière de gestion financière.

Dans cette optique, la réforme du plan comptable général et l'application d'un nouveau dispositif de contrôle des banques commerciales, des IMF et des ONG sont censées se mettre en place progressivement au cours des prochaines années. La BCC a renouvelé ses équipements informatiques en s'octroyant un logiciel de gestion pour améliorer son système de supervision et de traçabilité des opérations des institutions financières (BAFS, OCDE, PNUD & CEA 2012).

Le contexte macroéconomique actuel de la RD Congo

La situation économique postconflit en RD Congo se caractérise par une croissance régulière atteignant même 6,3 % en 2007 (tableau 4.1), la maîtrise de l'inflation, et l'ancrage du taux de change à un niveau satisfaisant. Le taux de dépréciation du franc congolais par rapport au dollar était de 9,8 % en 2007, ce qui a limité les effets pervers de la prolifération du marché parallèle des changes et de l'inflation[11]. Ce cercle vertueux de l'économie congolaise est la conséquence de la « prime » postconflit liée à la fin des hostilités militaires et de l'application de programmes économiques efficaces par le Gouvernement congolais.

Tableau 4.1. Taux de croissance économique de la RD Congo de 1960 à 2011

(en %)

1960-1970	1974-1980	1981-1988	1989-1993	1994-1999	2002-2005	2006	2007	2008	2009	2010	2011
3,5	-2,2	2,4	-4,2	-6	5,6	5,6	6,3	6,2	2,7	7,2	6,5

Sources : Banque centrale du Congo 2002-2003 et 2009 ; RDC, ministère de l'Économie 1960 à 1969 ; Coalition mondiale pour l'Afrique 1995.

L'évolution récente de la situation économique de la RD Congo présente certaines lueurs d'espoir, compte tenu de l'amélioration de la plupart des variables macroéconomiques, comme en témoignent les chiffres présentés dans les tableaux 4.1 et 4.2. La croissance observée au cours de la période récente constitue un renversement de tendance par rapport à la période antérieure (figure 4.1). Cependant, cette croissance reste faible, étant donné l'augmentation massive de la population.

Figure 4.1. Évolution du taux de croissance économique de 1990 à 2010

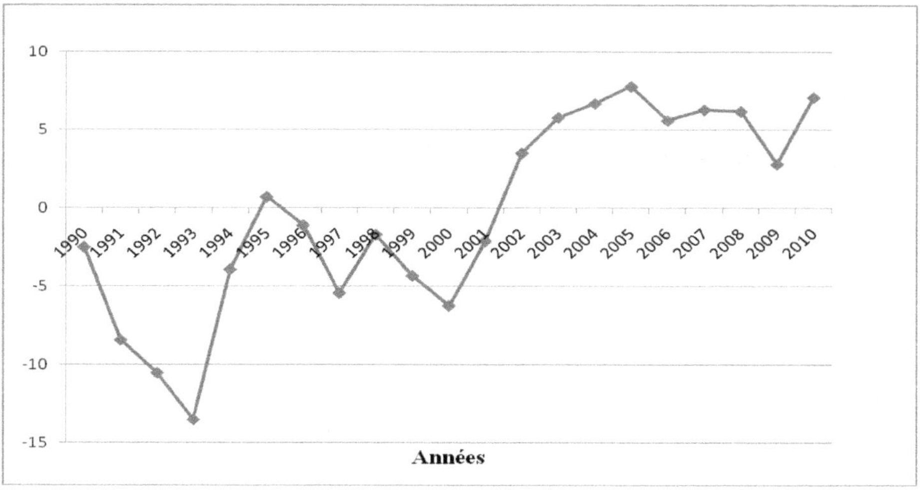

Source : élaboré avec des données de la Banque centrale du Congo.

[11] Pour une analyse approfondie sur la question, voir Sumata (2001).

L'appui financier des partenaires externes a permis de renverser la tendance, en assurant le rééquilibrage du budget de l'État. Le déficit fiscal a pu être contenu dans des limites raisonnables, en raison du mode de financement approprié des déséquilibres budgétaires adopté dans ce contexte. La gestion du fardeau de la dette publique extérieure demeure, cependant, un problème crucial, en dépit de certaines facilités de paiement récompensant les efforts entrepris dans le cadre du point d'achèvement au titre de l'initiative PPTE[12]. Il convient de remarquer que le pays a pu accéder au stade suprême du processus en 2010, marquant la bonne exécution du programme intégral avec les bailleurs de fonds internationaux.

Tableau 4.2. Indicateurs macroéconomiques 2006-2009

	2006	**2007**	**2008**	**2009**
PIB par habitant (en dollars)	140,2	155,6	162,9	163,5
Inflation (Variation en pourcentage)	13,2	16,7	18,0	45,1
Solde budgétaire (% du PIB)	-8,9	-4,7	-4,1	-3,3
Solde des transactions courantes (% du PIB)	-9,9	-9,0	-24,2	-16,3
Dette extérieure totale (% du PIB)	127,2	116,9	102,5	113,9
Service de la dette (% des exportations)	7,6	5,7	4,1	5,3
Réserves (semaines d'importations)	1,5	1,5	1,0	6,0

Sources : FMI, Banque mondiale et Banque centrale du Congo.

L'optimisme affiché par rapport à l'embellie économique de la RD Congo a été tempéré, notamment du fait des retombées néfastes de la crise financière internationale. Il a fallu, en effet, revoir à la baisse les prévisions relatives aux principaux indicateurs macroéconomiques. Le taux d'inflation a atteint 45,1 % (tableau 4.2) et la dépréciation de la monnaie nationale s'est maintenue à 29,2 % à la fin de l'année 2009, selon les statistiques de la Banque centrale du Congo.

Il convient de remarquer les faiblesses structurelles du système bancaire congolais, dont les capacités de captation demeurent minimales, en dépit d'un certain renversement de tendance observé récemment, comme en témoigne le tableau suivant. Le bilan agrégé du système bancaire présente une évolution à la hausse des ressources dont le montant est passé de 25 millions USD, à

[12] Le poids du service de la dette extérieure a représenté environ 36 % des recettes du Gouvernement congolais, au cours de la période allant de 2003 à 2006.

la fin de l'année 2005, à 1,9 milliard USD à la fin de l'année 2009, selon la Banque centrale du Congo (tableau 4.3).

Le taux de bancarisation de la RD Congo demeure faible, malgré une augmentation sensible du nombre de banques, ces dernières années. Il existe vingt-trois banques commerciales, qui opèrent essentiellement dans les centres urbains, et principalement à Kinshasa et à Lubumbashi[13]. La majeure partie de la population reste ainsi exclue des services bancaires formels. Les actifs des banques commerciales ne représentent que 13 % du PIB et les dépôts mobilisés dans ce cadre sont évalués à 12 % du PIB en 2010.

Dans ces conditions, le volume de crédits octroyés se maintient à 7 % du PIB. Ce ratio demeure un des plus faibles au monde. Par ailleurs, l'horizon temporel des dépôts et des prêts est essentiellement le court terme, une réalité qui concerne, respectivement, 85 % des dépôts et 88 % des prêts.

Tableau 4.3. Évolution récente du bilan des banques
(chiffres audités en USD)

Actifs	2005	2006	2007	2008	2009
Disponible et réalisable					
Caisse, Banque centrale du Congo	3 511 658	5 220 600	8 451 758	11 230 400	15 786 543
Banques	22 687 059	29 782 581	34 605 079	50 392 521	76 654 876
Portefeuille-effets publics et semi-publics	0	1 542 376,8	0	2 352 876,8	3 458 676
Portefeuille-titres	0	14 059 900	0	20 055 670	-
Valeurs à recevoir	176 857	230 313,4	270 887,90	602 313,44	895 546
Clients débiteurs	4 438 765,8	8 530 640,3	11 478 125	20 560 720	28 985 356
Divers actifs	316 839,24	728 241,24	926 334,74	1 768 741,9	2 456 816
Total disponible et réalisable	31 131 181	60 094 652	55 732 186	100 147 174	128 237 813
Immobilisés					
Immobilisations incorporelles	156 673	205 435	295 357,3	228 174,61	307 567
Immobilisations corporelles	1 451 512,5	1 833 196,5	2 121 812,5	3 695 146,5	4 045 352
Total immobilisés	1 608 185,5	2 038 631,5	2 417 169,9	3 923 321,2	4 352 919
Total actif	58 149 356,2	104 070 495	58 149 356,2	104 070 495	132 590 732

[13] Ces vingt-trois banques commerciales couvrent moins de 2 % de la population, soit 1,4 million de comptes pour une population de 70 millions d'habitants.

Passif exigible	**2005**	**2006**	**2007**	**2008**	**2009**
Banque	822,489364	957	1 122,48936	1 756	2 134
Créanciers privilégiés	115 597,13	154 952,38	192 527,14	164 992,37	224 567
Dépôts et comptes courants à vue	17 931 919,2	32 328 976,5	47 634 619,1	82 398 376,5	113 764 234
Dépôts à terme	320 712,039	924 661,444	1 390 992,06	10 294 161,4	19 654 785
Créditeurs divers	7 397,3721	16 685,245	36 367,371	126 685,24	189 342
Divers passifs	986 367,29	1 235 656,4	1 926 587,4	2 236 686,4	2 789 543
Total exigible	19 362 815,5	34 661 888,9	51 182 215,7	95 220 901,9	136 624 605
Provision générale	203 011,107	298 342	348 901,20	510 343,08	743 865
Non exigible					
Capital	4 532 025,33	3 532 442,35	4 532 025,33	3 532 442,35	5 123 642
Plus-value de réévaluation	937 91,721	115 917,09	230 095,92	676 727,09	834 146
Provision pour reconstitution de capital social	198 031,37	260 234,36	361 054,75	790 830,56	990 532
Total non exigible	4 823 848,43	3 908 593,81	5 123 176,01	5 000 000,01	6 948 320
Comptes de résultat					
Report à nouveau	1 149,5613	5 372,13453	26 149,5419	116 5312,19	2 134 675
Profit de l'exercice	930 216,472	1 123 635,52	1 468 913,77	2 173 938,23	2 998 453
Total résultats	931 366,034	1 129 007,66	1 495 063,31	3 339 250,42	5 133 128
Total passif	25 321 041,1	39 997 832,4	58 149 356,2	104 070 495	149 449 918

Source : BCC.

Cette situation traduit, par conséquent, la faiblesse du système de mobilisation et d'allocation des fonds au profit des emplois longs. Le maintien de cet état pernicieux ne favorise pas le financement des investissements à moyen et long termes.

Les conséquences de la dollarisation

La maîtrise des variables monétaires a échappé aux autorités gouvernementales congolaises, entraînant l'enracinement de la dollarisation au sein de l'économie depuis plusieurs années, en dépit des avancées significatives obtenues à l'issue de la guerre. On observe, en effet, une certaine embellie économique à partir de l'année 2002, caractérisée notamment par le retour de la croissance et le maintien de la stabilité de la monnaie au niveau interne comme au niveau externe. Quant au taux d'inflation, il se maintient à des niveaux soutenables. La dollarisation se pérennise cependant, malgré les mesures mises en place par l'État congolais.

Selon certains analystes, ce phénomène est mesurable à l'aune du montant des encaisses monétaires étrangères détenues par les opérateurs économiques nationaux par rapport à l'ensemble des moyens de paiement. Cet indicateur demeure élevé, et sa valeur a même subi un net accroissement au cours de la période récente. Le taux de dollarisation serait passé de 83 %, en 2002, à 89 %, en 2009. De même, l'extraversion de l'économie nationale reste palpable, si l'on considère le ratio des dépôts bancaires en devises sur la masse monétaire, qui se maintient à un niveau élevé, de l'ordre de 60 % en moyenne au deuxième trimestre de l'année 2009. La dollarisation assure la prédominance de l'épargne en devises au niveau du portefeuille des agents économiques, qui continuent à manifester une préférence pour les actifs financiers étrangers. Les dépôts en devises représentent environ 90 % de la valeur de l'épargne institutionnelle en juin 2008.

Le maintien d'une politique monétaire efficiente reste aléatoire, car le phénomène de thésaurisation en devises s'accentue, en raison de la prolifération des tensions inflationnistes et de la dépréciation systématique de la monnaie nationale. Le contrôle de la base monétaire est hasardeux, dans la mesure où la part des moyens de paiement en monnaie nationale par rapport à l'ensemble des transactions est faible. De même, l'usage des devises se généralise dans les échanges courants, atteignant même un taux de couverture supérieur à celui de la monnaie locale. Il est donc légitime de s'interroger sur les problèmes liés à la pérennisation de la dollarisation, en dépit d'un certain renversement de tendance observé, notamment dans les domaines de la croissance et de l'inflation.

Le maintien de la stabilité du niveau général des prix se pose, dès lors, avec acuité, dans la mesure où les anticipations des agents économiques restent basées, à la fois, sur la maîtrise de l'inflation et sur la baisse des mouvements erratiques des prix. Par ailleurs, la restauration de la confiance à l'égard du système financier formel demeure également la condition *sine qua non* du recul de la dollarisation et de l'élimination progressive des pratiques de thésaurisation. En effet, cette dynamique peut être à la base de la redynamisation des capacités de captation des circuits financiers formels, en termes de drainage des potentialités d'épargne. La diversification de la gamme des produits disponibles constitue un passage obligé. De même, la couverture spatiale du territoire national est une priorité majeure, dans le cadre des réformes à entreprendre. Cette situation idyllique passe nécessairement par le développement intégral des marchés de capitaux offrant des services de proximité. Il convient de déplorer, par exemple, la prééminence d'un titre de créance unique émis par la Banque centrale du Congo, le billet de trésorerie, trônant en situation de quasi-monopole sur le marché financier congolais.

La réorganisation du marché monétaire est de nature à assurer l'élimination des canards boiteux et le maintien des marchés interbancaires et des titres de créances négociables viables. La mise en place d'un marché des changes efficient relève de cette politique vertueuse. La mise en œuvre, à terme, des marchés boursiers est également la clé de voûte de cette dynamique, ainsi que le développement des marchés de produits dérivés compétitifs. Sans négliger les risques relatifs aux fluctuations du niveau général des prix dans les décisions de portefeuille des agents économiques, force est de constater que leurs motivations s'enracinent dans les pratiques et les habitudes acquises graduellement, face aux programmes économiques douteux mis successivement en place par les autorités gouvernementales. Le maintien de la thésaurisation en devises, consécutive à l'amplification de la dollarisation, demeure le prolongement des phénomènes d'épargne observés dans le passé, lorsque la monnaie nationale disposait d'une certaine valeur intrinsèque par rapport aux devises[14].

Le recours systématique aux moyens traditionnels de paiement, notamment l'usage excessif des espèces, est encore trop important dans la plupart des transactions. Cette situation est la conséquence immédiate de la sous-bancarisation de l'économie congolaise et du déficit observé, en termes de monnaie scripturale. L'usage des chèques reste sporadique et confiné à certaines opérations spécifiques au niveau des agents économiques opérant, pour l'essentiel, dans les centres urbains. Une des innovations majeures mises en place récemment, en 2008, au sein du système monétaire congolais est l'établissement de cartes bancaires de crédit et de débit avec l'installation concomitante de distributeurs automatiques de billets de banque. Deux banques commerciales, la Rawbank et la Biac, sont les instigatrices de cette avancée, alors que la mise en œuvre des premiers distributeurs est le fait d'une institution de microcrédit internationale, Procrédit.

L'extraversion de l'économie congolaise la rend très vulnérable aux chocs exogènes. Le poids dominant du commerce international affaiblit la portée des politiques économiques de relance au niveau interne. En effet, la mondialisation permet la pérennisation d'un système inégal où les relents inflationnistes et l'amplitude de leurs fluctuations varient selon les pays. La première courroie de transmission des effets pervers de la dépréciation de la monnaie nationale au niveau des marchés des changes est liée à la présence d'une inflation importante au niveau national par rapport à celles des pays

[14] L'un des travaux pionniers réalisés sur la thésaurisation en RD Congo demeure, à notre connaissance, l'article de Tshiunza Mbiye et Kabuya Kalala, « Thésaurisation ? Ou développement d'une circulation parallèle des billets de banque au Zaïre », paru en 1979.

voisins. Dans ce contexte, l'érosion du pouvoir d'achat des différentes monnaies demeure inégale, facilitant du même coup le maintien d'incidences différentes sur les mouvements de taux de change. Par conséquent, l'évolution à la baisse de la monnaie sur le marché des changes reste tributaire de l'érosion du pouvoir d'achat.

La deuxième courroie de transmission de cette dynamique demeure la prééminence des déséquilibres de la balance des paiements, favorisant la pérennisation d'une offre de monnaie nationale supérieure à la demande sur les marchés des changes. Par conséquent, l'évolution à la baisse du taux de change de la monnaie du pays déficitaire se creuse en fonction de l'importance du solde négatif de cette balance. La coexistence de ces deux effets pervers est à la base de la dégradation des économies de nombreux pays en développement. La dépréciation de la monnaie nationale, découlant de la persistance de l'inflation et du maintien des déséquilibres de la balance des paiements, constitue la partie visible de l'iceberg permettant la dérive de cette monnaie.

Les politiques gouvernementales de dédollarisation

L'injection, en juillet 2012, de billets à valeur faciale élevée pour lutter contre la dollarisation n'a pas généré de situation chaotique, contrairement aux inquiétudes émanant de certains milieux. Cela est dû, dans une certaine mesure, à la stabilité macroéconomique observée au cours de cette dernière décennie, aux mesures d'encadrement prises par les autorités gouvernementales, notamment la mise en œuvre des campagnes de vulgarisation, et à l'injection limitée de ces coupures par le canal des banques commerciales. Le Trésor public de la RD Congo a, dès lors, pu maintenir un solde excédentaire cumulé de l'ordre de 224 milliards de francs congolais à la fin du mois d'août 2012. De même, les réserves de change se sont maintenues à un niveau confortable de 1,475 milliard de francs congolais, représentant huit semaines d'importations.

Cependant, nous ne disposons pas du recul nécessaire pour juger de la portée de ces mesures. Il convient, néanmoins, de mentionner que l'extinction de la dollarisation suppose un changement des mentalités propice au renversement des anticipations des agents économiques. L'expérience de la RD Congo de ces dernières années nous enseigne que ce changement n'est toujours pas acquis, en dépit des avancées plutôt significatives sur le plan du cadrage macroéconomique. En effet, l'enracinement de la dollarisation demeure, malgré des progrès indéniables en termes de lutte contre l'inflation et de stabilité des taux de change.

La volonté du Gouvernement congolais d'effectuer la paie des fonctionnaires en monnaie nationale et de maintenir l'affichage des prix des biens et services sur toute l'étendue de la RD Congo en francs congolais à partir de 2013 est de nature à favoriser le recul de la dollarisation. Cette tendance devrait se concrétiser davantage, si les directives visant à libeller les offres sur les marchés publics sont effectivement appliquées. Cependant, la portée de ces mesures risque d'être annihilée, si une attention particulière n'est pas accordée aux problèmes liés à la prolifération des circuits parallèles et informels par où transitent des quantités très élevées de biens et services, ainsi que des encaisses monétaires.

L'injection « timide » de billets de banque à valeur faciale élevée reste dès lors une stratégie louable, qui devrait se maintenir, si l'on veut éviter des dérapages. En effet, il faudra faciliter la circulation massive de petites coupures (100 FC, 200 FC et 1000 FC) et limiter celle des billets à valeur faciale élevée, en confinant ces derniers aux transactions de grande envergure. Cette dynamique suppose l'appréciation de la monnaie congolaise, le maintien d'une faible inflation et l'accroissement du pouvoir d'achat des agents économiques. Ces conditions constituent le gage d'un renversement de mentalités, espéré dans le cadre d'un retournement de leurs anticipations. Cette réalité sociale suppose le retour de la confiance envers la monnaie nationale soutenue par le maintien d'institutions financières viables.

Conclusions

La reconstruction du système financier de la RD Congo en période postconflit est une opération complexe, étant donné l'état de délabrement avancé des institutions et le fractionnement de l'espace économique. De même, l'étroitesse des circuits financiers ne permet pas une mobilisation accrue de l'épargne. Les fonds mobilisés par le système bancaire formel sont très faibles. Les problèmes majeurs dans les régions sous contrôle gouvernemental sont l'engrenage inflationniste et la prolifération des circuits parallèles de change. Par ailleurs, l'exploitation systématique des richesses nationales, au profit des forces rebelles et de leurs alliés régionaux, a constitué un manque à gagner considérable pour les finances publiques.

Le problème de l'unification des centres d'intérêt se pose avec une acuité particulière, de manière à renforcer les capacités financières des instances officielles, en essayant de réduire l'impact des échanges parallèles transitant, pour l'essentiel, par les pays limitrophes. La reprise de la coopération structurelle avec les institutions de Bretton Woods est de nature à assurer un concours financier externe plus important.

En règle générale, la cohésion sociopolitique tend à stimuler une ambiance favorable à l'épanouissement économique, en encourageant une mobilisation accrue de l'épargne et de l'investissement. La logique de guerre et la pérennisation des troubles sociaux confèrent une prime de risque élevée au capital, en drainant l'épargne existante vers des investissements improductifs ou à taux de rentabilité rapide. De même, la persistance d'un climat d'instabilité politique favorise l'évasion des capitaux et la détention des valeurs refuges. Les conséquences directes de cette situation affectent, dès lors, le niveau de l'épargne nationale, qui évolue désormais à la baisse.

L'expérience de la Première Guerre mondiale nous enseigne que l'instabilité politique, la contraction de l'offre sur le marché des biens et services, ainsi que les restrictions liées à l'effort de guerre n'ont pas permis le maintien du système de convertibilité des encaisses monétaires par rapport à l'étalon-or. Les fluctuations des taux de change se généralisent et l'usage des cours forcés constitue, désormais, une réalité flagrante pour garantir la parité des monnaies. Les effets pervers des hostilités militaires sur les économies des pays belligérants, notamment au cours de la période d'après-guerre, demeurent tangibles au niveau de la prolifération des tensions inflationnistes et de la baisse très importante du pouvoir d'achat.

À la lumière de ce qui précède, force est de remarquer que trois points majeurs doivent être au centre du débat sur la mise en œuvre des réformes monétaires au cours de la période postconflit. D'abord s'impose l'analyse de la monnaie en tant que source de légitimité et force de réhabilitation économique. La mise en circulation d'une monnaie peut être à la base de contestations virulentes si elle n'est pas acceptée au niveau local. Cette dynamique constitue une barrière tangible à la formation d'un lien social par la monnaie. La réforme monétaire est censée assurer une plus grande fluidité des échanges au sein de l'espace national en limitant les effets de la segmentation monétaire.

Ensuite, la réhabilitation du système bancaire doit permettre une plus grande articulation des circuits financiers formel et informel, en favorisant une dynamique positive visant à favoriser le maintien du rôle de prêteur en dernier ressort de la Banque centrale. Il s'agit, en effet, d'inverser la courbe des anticipations pessimistes des agents, en apportant une nouvelle dynamique au niveau des circuits financiers formels.

Enfin, une attention particulière doit être accordée au financement des unités de production et des unités commerciales à petite échelle, œuvrant pour la plupart des cas dans les circuits informels. Il s'agit de lutter contre les effets pervers de la répression financière, en assurant une allocation optimale des ressources aux secteurs prioritaires.

Chapitre 5

Les défis de l'environnement international

Introduction

L'éclatement de la crise financière au niveau international, à la fin de l'année 2008, a déstabilisé très fortement la plupart des économies à l'échelle planétaire. Cette dynamique a mis en lumière l'incapacité du système monétaire international et les limites des mécanismes régissant les marchés financiers, face à l'amplification de la crise économique. Dans ces conditions, il est légitime d'analyser les répercussions de cette nouvelle donne sur les pays en développement, en général, et sur les pays africains, en particulier. En effet, la remise en cause du système capitaliste par certains analystes a permis la réhabilitation des thèses keynésiennes ou socialistes prônant une part plus active de l'État dans la régulation de la vie économique. Par contre, les défenseurs invétérés de l'économie de marché continuent d'affirmer qu'il n'existe pas de salut en dehors de la doctrine du libre-échange. Un tel point de vue a également transpiré lors de la réunion du G20 organisée à Washington, le 15 novembre 2008. Bien entendu, il existe une voie intermédiaire salutaire entre ces deux extrêmes, dans laquelle la croissance vertueuse est censée s'insérer.

L'amplification de la crise financière a assuré le maintien d'un climat généralisé de méfiance et de défiance, dont les manifestations demeurent perceptibles dans la plupart des pays. En règle générale, la montée en puissance de la financiarisation au niveau international et le recul de l'économie réelle ont fragilisé tant l'emprise que le rôle des États-nations, en procurant aux détenteurs de la finance internationale des pouvoirs financiers exorbitants. La remise en cause de ce système, à la suite de la crise financière internationale et des retombées économiques que celle-ci a eues sur la croissance mondiale, nous interpelle. En effet, le marasme économique propulsé par les circuits financiers américains, notamment sous l'impulsion de la crise immobilière observée aux États-Unis, a montré les limites des règles prudentielles appliquées dans l'octroi des prêts immobiliers. Le risque de système consécutif a ébranlé la confiance de nombreux opérateurs économiques, en mettant en lumière les limites de la globalisation financière.

Le recours à l'aide au développement demeure une voie de sortie salutaire face aux contraintes financières que subissent les pays en développement. Cependant, ces ressources complémentaires doivent s'additionner aux fonds disponibles sur le plan national pour mettre en place une politique de développement endogène. Dans le cadre de l'économie congolaise, cette situation est censée s'insérer dans un programme économique d'envergure tenant compte des priorités vitales de la population et des secteurs prioritaires de développement, dans l'optique d'une politique de lutte contre la pauvreté.

Dans ce chapitre, nous nous proposons d'élucider les ambiguïtés des politiques d'aide au développement. Il s'agit de porter un regard pertinent sur l'engagement des puissances occidentales en RD Congo, en appréhendant de manière générale leurs stratégies et les dynamiques qui sous-tendent les flux financiers ainsi mis en exergue. Notre réflexion sera basée sur trois points forts. D'abord, nous étudierons l'évolution de l'aide publique au développement en faveur des pays en développement. Dans un deuxième temps, nous analyserons les déterminants de la politique d'intégration économique en Afrique subsaharienne en général, et dans la région des Grands Lacs en particulier. Enfin, nous considérerons les péripéties de la mondialisation, à travers les effets de la crise financière internationale sur l'économie de la RD Congo.

1. L'évolution à la baisse de l'aide publique au développement (APD)

Il existe une forte dépendance des pays africains à l'égard de l'APD, malgré une baisse considérable, en termes réels, de son flux. On assiste, en effet, depuis 1991, à un rétrécissement significatif du ratio APD/PNB, de l'ordre de 3 % pour les pays du Comité d'aide au développement de l'OCDE. Cette dynamique est renforcée également par la conjonction de deux faits majeurs : d'une part, les pays donateurs de l'OPEP ont fortement réduit le volume de leurs concours financiers, suite à la dégradation de leur situation économique ; d'autre part, les capitaux en provenance des pays d'Europe de l'Est, confrontés à des bouleversements socio-économiques intenses, se sont taris, du fait de l'effondrement du mur de Berlin et de l'adoption d'une nouvelle donne politique.

De manière générale, la réduction en termes réels de l'APD des pays développés est liée directement aux mesures de rigueur adoptées pour équilibrer leurs finances publiques. Cependant, la part de l'Afrique dans l'aide publique au développement est passée de 25,1 %, au cours de la période 1980-1981, à 34,2 %, entre 1988 et 1989. Ces apports financiers ne reflètent, néanmoins, qu'une réalité parcellaire, dans la mesure où les fonds alloués directement au développement économique demeurent dérisoires. En effet, les obligations liées au service de la dette absorbent, dans la plupart des cas, une part non négligeable de cette aide, du fait de l'autonomisation de l'endettement.

En RD Congo, il convient de remarquer qu'un renversement de tendance s'est opéré, il y a environ une décennie : l'aide publique au développement y a enregistré un mouvement à la hausse, du fait de la reprise de la coopération structurelle avec les partenaires multilatéraux et bilatéraux. Le souci d'ouverture manifesté par les autorités politiques de Kinshasa a, en effet, permis la fin des hostilités militaires et la formation d'un gouvernement d'union nationale, comme on l'a précisé plus haut. Au cours de la période allant de 2002 à 2008, la recrudescence du volume de l'APD au profit de la RD Congo a favorisé la construction et la réhabilitation des infrastructures. Cette APD aurait atteint 2,354 milliards USD en 2009, selon l'OCDE. Ce montant représente 23,5 % du produit national brut. Les principaux bailleurs de fonds ont été la Banque mondiale, l'Union européenne, les États-Unis, le Royaume-Uni et la Belgique (OCDE 2011).

La dynamique de l'influence occidentale en Afrique subsaharienne

La pérennisation de la crise économique dans la plupart des pays occidentaux et les effets pervers des programmes d'ajustement structurel en Afrique subsaharienne ont entraîné une distanciation des relations économiques entre les ex-colonies et les anciennes puissances coloniales. La coopération bilatérale (les ressources sont mises directement à la disposition des États bénéficiaires) a progressivement cédé le pas à un système multilatéral d'aide publique au développement des pays européens par le biais de l'Union européenne et des institutions de Bretton Woods (Fonds monétaire international et Banque mondiale).

Les anciennes métropoles assurent essentiellement le rôle de catalyseur entre les États africains et les instances financières internationales. Les engagements adoptés, par exemple, en Côte d'Ivoire (la « Déclaration d'Abidjan »), en janvier 1994, conditionnaient le concours financier de la France à la conclusion préalable d'accords avec le Fonds monétaire international. Par ailleurs, la dévaluation du franc CFA de 50 %, en janvier 1994, a permis à certains pays d'Afrique subsaharienne d'équilibrer les grands agrégats macroéconomiques et de retrouver la croissance (6 %, en moyenne, dans les pays de la zone CFA de l'Afrique de l'Ouest, en 1995).

La mise en œuvre des programmes d'ajustement structurel en concertation avec les institutions de Bretton Woods a favorisé dans ce cadre le recul de l'« afropessimisme » ambiant. Cette expérience positive nous conforte dans l'idée selon laquelle une réorganisation macroéconomique peut impulser une dynamique de croissance.

Par ailleurs, si les pays africains francophones semblent constituer les principaux bénéficiaires de la coopération française, on assiste, cependant, à l'élargissement du champ d'action de celle-ci aux pays signataires de la convention de Lomé, afin d'assurer une plus grande adéquation des projets français de développement aux programmes entrepris dans le cadre de l'Union européenne.

Il convient de remarquer que les rivalités occidentales demeurent flagrantes dans la plupart des pays africains. En effet, la conquête de parts de marché par les gouvernements des pays du Nord s'y présente sous plusieurs facettes. Dans la région des Grands Lacs, la perdition de l'héritage colonial belge, dans les années 1970, a permis à la France de jouer un rôle de premier rang dans la conquête de nouveaux marchés. En ce qui concerne la RD Congo, certains privilèges furent accordés aux milieux d'affaires français pour mettre en œuvre la politique de prestige de l'État congolais par le biais du transfert de technologie. Cependant, la réalisation de projets ambitieux à haute intensité capitalistique eut une incidence mineure sur le développement économique du Congo. Par contre, cette politique permit aux autorités congolaises et à certains entrepreneurs, à l'échelle nationale ainsi qu'au niveau international, de percevoir des rentes faramineuses[15].

Les nouvelles orientations de l'APD en Afrique subsaharienne permettent de dresser plusieurs trajectoires qui s'éloignent davantage des idées préconçues traditionnelles. Au-delà des liens séculaires entretenus par les États-Unis avec les pays anglophones d'Afrique subsaharienne[16], la nouvelle offensive américaine dans cette partie du continent bouscule les données historiques, dans la mesure où elle concerne surtout les pays francophones du pré carré. Cette nouvelle donne politique étend son champ d'action au secteur militaire, dont la gestion était caractérisée essentiellement par la mainmise de la France et, dans une certaine mesure, par l'influence de la Belgique.

La visite du secrétaire d'État américain James Baker en Afrique du Sud, en RD Congo et en Namibie, en mars 1990, constitue un tournant décisif dans la stratégie globale des Américains en Afrique subsaharienne. Cette percée diplomatique va s'accentuer par la suite, lors de la tournée entreprise, en octobre 1996, par le secrétaire américain Warren Christopher au Mali, en Éthiopie, en Tanzanie, en Angola et en Afrique du Sud. On assiste, désormais,

[15] Pour de plus amples informations sur cette question, voir le livre de l'auteur, *L'Économie parallèle de la RDC : taux de change et dynamique de l'hyperinflation au Congo* (2001).

[16] En 1822, les États-Unis ont procédé au rapatriement de milliers de descendants d'anciens esclaves noirs en Sierra Leone et au Liberia. Des relations privilégiées vont unir, par la suite, ce pays avec les pays anglophones africains, à l'issue de la période coloniale.

à la fin de la subdivision draconienne et hermétique de l'Afrique selon les sphères d'influence traditionnelles. L'Afrique subsaharienne francophone n'est plus le domaine réservé de la puissance coloniale française.

L'intensification de la crise économique en France et l'incapacité des autorités gouvernementales à insuffler une dynamique de croissance génératrice d'emplois ont accentué des relents protectionnistes, voire racistes, à l'encontre des ressortissants africains[17]. Cette situation inaugure une ère nouvelle, marquée par la fin des privilèges dans les relations franco-africaines face à l'amplification de l'afropessimisme au sein de l'Hexagone. Signalons que l'offensive diplomatique américaine dans le cadre de la mission de M. Christopher comporte un volet économique non négligeable, caractérisé par un concours financier substantiel de l'ordre de 290 millions USD, en faveur des pays visités. De manière générale, l'aide publique américaine en Afrique subsaharienne a subi une progression exponentielle de l'ordre de 20 %, au cours de l'année 1995, soit un montant de 824 millions USD. L'augmentation du flux de l'aide publique américaine va s'opérer, notamment, sous l'impulsion des lobbys d'Afro-Américains[18].

L'évolution de l'aide publique de la Belgique au Congo

Les péripéties du contentieux belgo-congolais et les tensions politiques successives ont entraîné une distanciation des relations économiques entre la Belgique et la RD Congo. La coopération bilatérale entre les deux pays a, alors, cédé le pas à un système multilatéral d'aide de la Belgique par le biais de l'Union européenne et des institutions de Bretton Woods (Banque mondiale et FMI).

Cette dynamique était censée, d'une part, permettre une plus grande adéquation des projets belges de développement aux programmes entrepris dans le cadre de l'Union européenne. Dans les années 1990, l'aide économique indirecte a, désormais, constitué le fer de lance de la coopération économique belgo-congolaise. L'aide humanitaire entreprise, dans ce cadre, à travers les ONG visait à soulager la détresse de la population congolaise, en privilégiant les secteurs de développement considérés comme prioritaires, à savoir les secteurs de la santé, de l'éducation et des transports.

Par ailleurs, la Belgique a également joué le rôle de catalyseur, assurant la fluidité des négociations économiques entre le Gouvernement congolais et

[17] Cette réalité se reflète dans l'expression, devenue célèbre, de l'ancien Premier ministre socialiste français Michel Rocard, selon laquelle « La France ne peut pas accueillir toute la misère du monde ».

[18] Parmi les organisations afro-américaines les plus influentes, citons le Corporate Council on Africa, l'African-American Institute, l'African Development Foundation, l'International United Black Fund et le Global Coalition for Africa.

les institutions financières internationales. Son expertise et son expérience de la vie politique congolaise lui conféraient, en effet, une position stratégique dans le cadre des programmes économiques opérés sous l'égide de la Banque mondiale et du Fonds monétaire international.

La contribution des ONG à la dynamique de l'APD

Face à l'échec de l'État-providence et du système d'implantation d'« éléphants blancs », principalement dans les années 1970, une attention accrue fut désormais accordée aux unités de production et aux activités commerciales de taille modeste, dans l'optique de la nouvelle politique de la Banque mondiale et du Fonds monétaire international. Les ONG purent jouer un rôle primordial dans le processus de redressement économique à entreprendre en Afrique subsaharienne, suite à l'échec des projets de développement à haute intensité capitalistique. La mise en œuvre de structures à dimension humaine dans les domaines prioritaires (agriculture par exemple) était censée se faire par le biais d'unités autonomes et indépendantes, dans le cadre de la promotion du secteur privé.

La réussite de ce programme était conditionnée, dans une certaine mesure, à l'utilisation massive de main-d'œuvre locale et à une allocation adéquate de ressources financières. L'expérience récente dans la plupart des pays en développement a démontré que les retombées économiques d'un tel projet peuvent être considérables, compte tenu des moyens mis en œuvre. Certaines ONG ont, en effet, prouvé leur habileté à canaliser leur énergie dans l'optique d'un développement endogène et autocentré au profit des populations démunies. Leur savoir-faire et leurs connaissances technologiques permettent de maintenir une nouvelle dynamique de progrès social par des actions de proximité ciblées dans des secteurs prioritaires.

La plupart des ONG internationales se sont, de nos jours, implantées dans les zones de conflits. La mise en œuvre de projets d'aide aux réfugiés et aux déplacés de guerre assure le déploiement de ressources considérables, tant humaines que financières. Les provinces congolaises du Kivu, par exemple, connaissent l'affluence de ces organismes dont les fonds permettent le maintien d'une certaine embellie économique. L'injection de ressources au profit de l'économie locale rend possible la mise en place de projets de développement dans la dynamique de débellicisation progressive et de délégitimation de la violence excessive.

Il convient de rappeler que l'exploitation des richesses naturelles demeure le moteur de la guerre, sous le joug des seigneurs de la guerre et des autorités gouvernementales. La persistance de cette situation résulte du support indéniable de certaines firmes multinationales, qui n'hésitent pas à déverser des ressources financières énormes dans l'extraction et la commercialisation des « minerais de sang ». La détérioration de la société angolaise, du fait de la pérennisation de la guerre civile, relève de ce schéma chaotique. En effet, l'exploitation systématique des ressources du sous-sol, à la fois par les autorités gouvernementales et les forces rebelles, constitue un élément majeur de cette dynamique. L'attribution de pots-de-vin considérables aux membres du Gouvernement angolais lors de la signature de nombreux contrats commerciaux, notamment dans les années 1990, relève de cette pratique.

De même, la connivence des dirigeants des mouvements armés avec les trafiquants véreux au niveau international constituait la pierre angulaire de ce système dans lequel l'allocation des rentes régaliennes se faisait au détriment de la majeure partie de la population. La responsabilité de l'État ne doit pas être sous-estimée dans la prédation organisée en situation de conflit et de postconflit. L'implication des États dans la criminalité économique constitue également un élément majeur dans le déclenchement ou le maintien des conflits armés contemporains dans la plupart des PMA. Cette situation demeure à la base de l'éclosion de plusieurs insurrections ayant abouti à diverses rébellions.

Le maintien des opérations de paix et la mise en œuvre des dispositifs humanitaires constituent des vecteurs non négligeables de l'aide au développement. Il est évident que le mandat onusien en RD Congo, à mi-chemin dans le cadre de la Monuc, affiche un bilan mitigé, en 2009. La présence de cette force a permis de redonner confiance à l'armée nationale congolaise et aux populations locales, sans pour autant empêcher les forces rebelles ou les pays envahisseurs de continuer les hostilités, à certaines époques, et de garder une mainmise sur une partie du territoire congolais. La segmentation de l'espace national en plusieurs entités politico-économiques a, en effet, connu une étape ultime lors du fractionnement monétaire observé par la suite (Kabuya & Matata 1999).

2. Les sources de la crise financière internationale

Les phénomènes de contagion jouent un rôle majeur dans la formation des bulles spéculatives et dans le processus de volatilité excessive des marchés financiers. L'usage rationnel des indicateurs de prix par les agents économiques à la recherche d'informations supplémentaires est un facteur primordial de la dynamique de contagion des opinions. Si les agents économiques disposent d'un degré de confiance mineur par rapport aux méthodes d'évaluation fondamentale, on assiste à la formation de bulles spéculatives sur les marchés financiers (Orléan 1992).

Les paniques monétaires et boursières constituent un espace privilégié où s'exercent les mécanismes de contagion. De nombreux auteurs (Galbraith 1992 ; Orléan 1992) corroborent cette pensée, insistant sur le rôle prépondérant des engouements collectifs dans la phase euphorique de la bulle spéculative et dans son éclatement consécutif. Les influences interpersonnelles exercent une incidence majeure sur la dynamique des marchés financiers. Cette interaction est, ainsi, à la base de la naissance des bulles spéculatives et du maintien d'une volatilité intense des cours par rapport aux fondamentaux.

La dynamique des marchés financiers est régie par une fonction de demande excédentaire nette regroupant les différentes catégories de comportement à des degrés divers. Elle ne peut donc être ni monotone en fonction du niveau de prix ni stable par rapport au temps. Ce qui renvoie, dès lors, à la possibilité de l'existence d'équilibres multiples. Une autre conséquence de cette dynamique est la volatilité excessive des prix par rapport à la tendance naturelle du marché. Cette situation peut favoriser la formation d'un krach et le maintien d'un nouveau régime dynamique caractérisé par la persistance de l'instabilité (Aglietta 1995).

Depuis les années 1990, l'exacerbation des crises des marchés des changes tient à l'incapacité à rentabiliser les actifs financiers et au manque de liquidités, dans la mesure où la création de devises ne constitue pas une prérogative des banques centrales locales. Le mouvement de défection consécutif entraîne une dynamique collective de retrait. Les conséquences de celui-ci se manifestent, au niveau des systèmes financiers, par des ventes massives et une baisse importante des prix, au-delà des perturbations enregistrées sur le marché d'origine de la catastrophe financière.

L'interdépendance des marchés assure le financement des positions spéculatives grâce au crédit bancaire, notamment par l'intermédiaire des produits dérivés. Le maintien de chocs au niveau des banques de certains pays a tendance à déséquilibrer davantage le marché interbancaire international. Les pays développés, comme les pays émergents, ont été les principales cibles de cette situation, caractérisée par des attaques spéculatives, la détresse bancaire et la méfiance généralisée. Cette tendance pernicieuse a touché également, par la suite, le reste du monde, en raison de la mondialisation et de la globalisation financière. Les économies des PMA ont subi la panique, notamment par l'entremise du secteur réel, en raison des liens commerciaux et des flux d'aide (Aglietta & Orléan 2002).

La persistance de la crise de liquidité dans un marché est la résultante du désordre ambiant au sein de son système. Cette situation est la conséquence immédiate du dysfonctionnement de sa coordination. Les méthodes de gestion du risque individuel subissent, dès lors, les effets pervers de cette dynamique. La composition des portefeuilles des individus est également perturbée. Il convient de rappeler que les titres constituent une part non négligeable du patrimoine des agents économiques. Leurs comportements de défection consécutifs se traduisent, dans ces conditions, par la panique généralisée et leurs réactions deviennent strictement autoréférentielles. Par conséquent, la contagion s'intensifie, atteignant son point culminant lorsque les opérateurs économiques délaissent les marchés peu porteurs pour confiner leurs activités d'achat sur les marchés refuges. On observe dans ce cadre la formation et le renforcement de la liquidité de certains marchés au détriment d'autres. Le fractionnement des systèmes financiers devient inévitable. Cette situation constitue l'archétype des situations de crise financière, telle la crise financière de 2009.

3. L'éclatement des bulles spéculatives : la manifestation de la crise en RD Congo

La crise financière propulsée par les circuits financiers américains s'est propagée par la suite, en temps réel, aux pays émergents, en passant par l'Union européenne. La défection des marchés financiers au niveau international constitue désormais une réalité incontournable. La chute brutale des valeurs boursières et l'effondrement de l'ossature économique de nombreux établissements financiers ont exigé, dans la plupart des démocraties occidentales, le recours au concours financier massif des gouvernements, représentant plusieurs centaines de milliards de dollars, afin de rétablir le prestige de nombreux canards boiteux victimes de la crise, et ce, à l'encontre du dogme ambiant du libéralisme économique et des lois du marché en vigueur.

Certains analystes ont saisi cette opportunité pour affirmer qu'il existait un filet de sécurité pour les économies africaines, du fait notamment de la vétusté de leurs marchés financiers qui leur permettrait de mieux résister aux aléas de la conjoncture. Selon eux, l'Afrique serait ainsi épargnée par la vague financière déstabilisatrice propulsée par les bulles spéculatives en provenance des États-Unis. Les tenants de cette école semblent prétendre à demi-mot que l'inexistence des bourses financières constituerait un parapluie face aux attaques spéculatives et à la crise financière qui a suivi en Afrique.

L'interdépendance et l'intégration croissantes des économies nous invitent à la prudence par rapport à ces assertions. Les retombées de la crise financière sur la croissance économique des pays en développement en général, et de l'Afrique en particulier, peuvent, en effet, se manifester dans ce contexte selon trois axes majeurs.

D'abord, les effets de contagion liés à l'éclatement des bulles spéculatives constituent un danger permanent pour les finances publiques des pays africains, du fait notamment du rétrécissement éventuel du montant de l'aide publique des pays développés. Signalons que ces pays sont censés accorder 0,7 % de leurs PIB aux pays en développement en termes d'aide publique. Cependant, la matérialisation de cette volonté demeure un vœu pieux, en raison du manque de volonté politique et de la pérennisation des problèmes économiques qui paralysent la plupart des économies des pays développés. Remarquons que la RD Congo bénéficie d'un concours financier substantiel des partenaires externes pour assurer l'équilibre de son budget : environ 40 % des fonds nécessaires au rééquilibrage des finances publiques proviendraient de sources de financement externes.

Ensuite, l'existence de liens commerciaux séculaires entre, d'une part, les pays subissant directement les conséquences de la crise, à savoir les pays développés, les pays émergents et les économies du golfe Persique, et, d'autre part, les pays africains, demeure un vecteur primordial de transmission des effets néfastes du marasme économique. La balance commerciale de l'Afrique risque de subir de plein fouet les conséquences dévastatrices de la baisse de compétitivité des principaux partenaires commerciaux. Cela peut se traduire, dans un horizon temporel relativement court, par le maintien des déséquilibres des échanges commerciaux au détriment des économies africaines. Il convient de rappeler, dans ce contexte, que la Chine, à l'instar de nombreux pays développés, a revu à la baisse ses prévisions de croissance économique pour l'année 2008.

Par ailleurs, de nombreux pays africains sont confrontés au risque majeur de réduction de leurs recettes d'exportation, du fait de leur dépendance par rapport aux produits de base. L'effondrement dramatique du prix des matières premières telles que le coton et le cuivre est une menace permanente, alors que la chute du prix du pétrole constitue une bouffée d'oxygène qui permet aux économies africaines de desserrer leurs contraintes en termes d'importations. Il convient de signaler que la RD Congo a subi de plein fouet les retombées de cette crise financière. La mise en œuvre du programme des « Cinq chantiers de la République » a été perturbée, compte tenu de la remise en cause de certains projets de développement économique. L'exploitation du cuivre du Katanga, par exemple, va connaître une baisse importante des activités, à cause des effets pervers de la conjoncture internationale, et la fermeture des usines demeure le paroxysme de l'asphyxie du système d'investissements élaboré dans ce contexte. De même, les licenciements consécutifs constituent un passage obligé dans le cadre de ce mouvement à la baisse des activités économiques. Le prix du cuivre a connu une forte baisse du fait de la crise financière internationale, passant de 8000 USD à 3000 USD la tonne en quelques jours, perturbant de manière substantielle les prévisions des investisseurs étrangers.

Enfin, les suppressions d'emplois observées, notamment, dans de nombreux pays développés sont de nature à influencer, à contre-courant, le flux positif des transferts de fonds des émigrés dont bénéficient leurs pays d'origine. Les difficultés rencontrées, notamment, par les constructeurs d'automobiles aux États-Unis (General Motors, Chrysler et Ford) et en Europe nécessitent, de plus en plus, l'intervention de l'État pour juguler la crise et arrêter l'hémorragie liée aux pertes d'emplois. De même, l'opérateur de télécommunications anglais BT a annoncé le licenciement de 10 000 agents, en raison de la morosité de la conjoncture économique et du maintien de la récession. Dans ces conditions, la dégradation des conditions de vie des travailleurs en Occident, en général, et des migrants africains, en particulier, est un élément non négligeable à prendre en compte dans l'évaluation des retombées de la crise financière. Par ailleurs, les transferts de fonds des émigrés africains, dont le montant ne cesse de croître, représentent des ressources financières considérables, de l'ordre de plusieurs milliards de dollars, alors que le volume de l'aide publique au développement tend à décroître. Certains pays africains tels que le Mali, le Sénégal et le Maroc ont réussi à canaliser ces transferts de fonds vers les circuits officiels, notamment par la création des banques de la diaspora. Ces ressources représentent, dès lors, une part importante des réserves de change officielles et jouent également un rôle crucial dans l'équilibre de leur balance des paiements.

Au-delà de la crise financière internationale : les avatars de la mondialisation

La conférence internationale sur la crise financière internationale du G20 aux États-Unis, en novembre 2008, a mis en lumière deux faits majeurs pour l'avenir du continent africain : d'une part, la perte d'influence de l'Afrique au niveau des instances financières internationales, et, d'autre part, la prise en compte du cercle des pays émergents, dont l'Afrique du Sud est la figure de proue sur le continent africain. La faible représentativité de l'Afrique s'explique, dans une certaine mesure, par la baisse de sa sphère d'influence dans le cadre de la nouvelle division internationale du travail. En effet, cette situation d'exclusion progressive demeure le socle du marasme économique ayant abouti à la mise en œuvre des programmes d'ajustement structurel par le bas, sous l'égide des institutions de Bretton Woods, dans les années 1980. En règle générale, l'instauration de ces mesures drastiques n'a pas assuré le décollage économique de l'Afrique.

Par conséquent, le marasme économique dans lequel la plupart des pays africains se sont enlisés par la suite a contribué à abîmer l'image de l'Afrique au niveau international, assurant le maintien de l'afropessimisme.

La prééminence de conflits armés et la persistance de la famine dans certaines régions ont été également des facteurs déterminants dans la vague de pessimisme ambiant néfaste pour l'épanouissement du continent africain.

Les défis des contrats léonins

Au-delà du maintien de la guerre, la question de la « revisitation » des contrats miniers léonins se pose avec acuité, car la prise en compte des intérêts majeurs de l'État ne semble pas être la priorité fondamentale des acteurs en présence lors de leurs conclusions. Le nouveau Code d'investissement promulgué en 2003 remet, en effet, en cause une donnée essentielle de la souveraineté de l'État congolais, en ce sens que la propriété du sol et du sous-sol ne revient plus *de facto* à l'État. Dans ce contexte, la Constitution tend à limiter ses prérogatives et ses attributions exclusives dans l'exploitation et la possession du sol et du sous-sol. Il n'est donc plus le seul et unique propriétaire dans ce domaine.

Il convient de signaler, par ailleurs, que le processus d'élaboration du Code minier s'est fait sous l'impulsion des institutions de Bretton Woods. La Banque mondiale constitue le principal bailleur de fonds dont les ressources financières ont permis de rémunérer les techniciens et les experts congolais dans le cadre de l'élaboration de la mouture finale de ce Code minier. Cette situation demeure à la base de leur manque d'objectivité et d'indépendance par rapport à cette institution. Par conséquent, leurs résultats semblent biaisés dans une certaine mesure, car le recours renforcé au credo libéral assure le recul de la présence étatique dans le cadre de ces contrats.

Conclusions

Il est intéressant de remarquer que l'APD n'est pas neutre et univoque. La France, par exemple, bénéficie de « taux de retour » très élevés, sous la forme d'emplois ou d'exportations de biens et de services, dont le volume peut atteindre 2/3 ou plus de la valeur de l'APD accordée. Par ailleurs, l'APD constitue un vecteur majeur de mise en place de nombreux « éléphants blancs » en Afrique subsaharienne. Les « safaris technologiques » ont eu des effets destructeurs non négligeables. L'APD a entraîné l'endettement excessif de certains pays en développement, en favorisant l'autonomisation du service de la dette sans générer d'effets positifs en termes de croissance. L'APD favorise le maintien de liens d'inégalité et de dépendance économique. L'apparence de neutralité de la coopération bilatérale demeure une illusion, et le transfert de technologie constitue le lieu par excellence où s'exerce le gonflement des rentes régaliennes.

À la lumière de ce qui précède, force est de constater que les prévisions de croissance économique de la plupart des pays africains doivent être revues à la baisse, compte tenu des courroies de transmission potentielles des effets pervers de la crise internationale. Tous les acteurs économiques, à savoir les décideurs politiques et les éclaireurs d'opinion, doivent prendre en compte la mesure exacte de ce cataclysme économique en portant un regard objectif sur ses enjeux réels. Cette situation est de nature à assurer le nivellement vers le haut du débat, de façon à permettre la recherche de solutions durables aux problèmes posés dans ce contexte et de rechercher les chemins vertueux de la croissance dans le cadre d'un développement durable et endogène en Afrique. Le processus de décentralisation entrepris dans la plupart des pays africains à partir des années 1980 constitue un atout primordial pour la pérennisation de cette stratégie à moyen et long termes.

Par ailleurs, de nombreux décideurs politiques et la plupart des analystes s'accordent pour dénoncer les conditions ayant prévalu à l'éclosion de cette dynamique catastrophique. Ils mettent également en exergue la nécessité d'une gestion concertée de la crise sous la houlette d'une nouvelle structure financière internationale, appelée à combler les défaillances des institutions de Bretton Woods. Dans ces conditions, l'élaboration des mécanismes de surveillance des circuits monétaires et financiers est capitale pour éviter le risque de système et assurer la revitalisation du système monétaire international.

Chapitre 6

La prééminence des réseaux d'assurance mutuelle et informelle

Introduction

De nombreux pays en développement connaissent une inadéquation des circuits financiers formels dont les rigidités ne leur permettent pas d'octroyer des services appropriés d'épargne et de crédit à l'ensemble de la population. Cette réalité accentue la prolifération du système financier informel, les agents économiques essayant de diversifier leurs actifs financiers par ce biais. Dans ce contexte, la particularité majeure du système de protection sociale est qu'il dispose d'une composante informelle importante. Les institutions formelles de protection sociale drainent, en effet, une part infime de la population et couvrent, généralement, les domaines suivants : la maternité, les allocations familiales, la maladie, les accidents de travail et les pensions de retraite. En RD Congo, le système de protection sociale n'existe pratiquement pas, alors que la pauvreté touche environ 70 % de la population.

Les réseaux d'assurance mutuelle et informelle subissent l'influence des agents économiques, dont les motivations oscillent entre l'égoïsme pur et l'altruisme au sens strict. Il convient de mettre en exergue les mécanismes de réciprocité à la base de la pérennisation des liens de solidarité. En minimisant l'incidence de la contrainte sociale et communautaire, on peut mettre en évidence le fait que les individus tentent surtout de maximiser leur utilité. Par ailleurs, la volonté de partage du risque amène souvent les agents économiques à diversifier leur portefeuille en période d'instabilité politique et de crise socio-économique. Dans la plupart des cas, l'affiliation à ces réseaux relève d'une activité professionnelle, car les cotisations sur les revenus salariaux des individus et les charges patronales constituent la base du financement de ces régimes. Cette attitude confine les activités de ces institutions aux travailleurs salariés des circuits formels urbains.

Dans ces conditions, la couverture de la population reste faible, d'autant que la majeure partie d'entre elle évolue au sein du secteur rural. Par conséquent, les contrats d'assurance informels jouissent généralement de relations de proximité et de confiance mutuelle. Il semble que la réciprocité constitue la pierre angulaire de ces institutions basées sur la solidarité. Les réseaux de solidarité mutuelle fonctionnent dans une dynamique d'ensemble à long terme, sous l'impulsion de leurs membres poursuivant des intérêts propres. Les acteurs en présence trouvent plus leur compte dans le maintien et le renouvellement des structures de solidarité de groupe que dans les conditions individuelles.

En l'absence de marchés de capitaux et d'assurance formels, il existe des alternatives qui se manifestent sous la forme de réseaux d'assurance mutuelle et informelle. De même, la volonté de diversification du portefeuille des actifs des agents économiques peut être à la base du processus de migration d'un ou de plusieurs membres de la famille, notamment en période de conflit ou de postconflit. En règle générale, l'équilibre de ces systèmes se maintient du fait de l'utilité personnelle attendue par les agents, et non de l'obligation morale liée aux liens de solidarité. L'analyse minutieuse des structures familiales africaines permet de montrer que la solidarité et les transferts intracommunautaires consécutifs s'exercent davantage au sein de la famille restreinte. La progéniture et les descendants directs en activité sont censés apporter leur appui matériel aux parents, en leur assurant la couverture sociale, notamment en période de retraite. L'émigré peut envoyer une partie de ses revenus à sa famille dans le cadre d'un don non intéressé.

Dans ces conditions, il éprouve une certaine satisfaction morale à desserrer les contraintes financières et matérielles de sa famille. Cette attitude constitue un cas flagrant d'altruisme pur reflétant un élan de générosité réelle et elle se manifeste par les transferts de fonds. Les familles des migrants jouissent généralement d'un certain prestige au sein de la communauté, en Afrique subsaharienne. Le capital social accumulé représente un atout considérable, en dehors des considérations d'ordre matériel. La migration contribue à élargir le champ des perspectives des individus, y compris celui, incommensurable, de l'espérance en une amélioration, même aléatoire, de ses propres conditions d'existence (Sumata 2004).

1. Les liens de solidarité basés sur la réciprocité

La prédominance de liens de solidarité

Dans la plupart des pays en développement, les liens de solidarité sous-tendent les relations entre les membres d'une famille, d'une tribu ou d'une ethnie. De même, les personnes âgées jouissent généralement d'un statut particulier, en accord avec l'organisation structurelle de la société. En effet, celles-ci et les malades sont censés bénéficier de l'assistance matérielle et morale des actifs. La solidarité traditionnelle se manifeste sous plusieurs formes dans la réalité sociale : assistance en main-d'œuvre, accès au crédit sans intérêt, octroi de terres arables et de semences. Ces mécanismes de solidarité constituent, dès lors, le socle des réseaux d'assurance mutuelle dans les zones rurales, mais aussi dans les centres urbains. Les réseaux d'assurance mutuelle favorisent une répartition plus ou moins équitable des ressources productives en permettant aux plus démunis de bénéficier des transferts d'actifs en provenance des nantis.

Par ailleurs, les orphelins et les enfants dont les parents sont dans l'incapacité de subvenir aux besoins immédiats peuvent être pris en charge par les autres membres de la famille. De même, les individus disposant de ressources substantielles au sein de la communauté sont, dans la plupart des cas, sollicités pour adopter de manière informelle les enfants démunis en bas âge. Les règles demeurent souvent orales au sein des réseaux d'entraide mutuelle. Dans ces conditions, la confiance reste l'élément primordial des contrats implicites d'assurance mutuelle se manifestant par des liens de solidarité réciproque. En effet, le niveau de confiance des membres semble élevé, dans la mesure où les transactions reposent sur des procédures traditionnelles. Ainsi, un individu bénéficiant d'une assistance à une époque donnée s'engage à aider à son tour, dans une certaine mesure, n'importe quel membre de la communauté dans le futur.

Cependant, il n'est pas impossible que certains membres de la communauté tirent profit du groupement sans participer réellement au système d'aide collective selon leurs ressources véritables. Les motivations des agents dans un tel système ne tendent pas toujours vers une coopération volontaire. En effet, certains individus sont tentés de dissimuler leur patrimoine et de cacher leur situation réelle, en faisant porter le poids de leur subsistance sur la communauté. Il se pose, dès lors, un problème de risque moral de la part de ces agents, d'autant que le groupe peut ne pas découvrir leur subterfuge.

La réciprocité : un facteur déterminant de mobilisation des ressources dans l'assurance mutuelle

Dans la plupart des cas, lorsque surviennent des événements imprévus, la nature et le montant du don dépendent du contre-don espéré par les individus. Cette réalité occulte, dans une certaine mesure, la tendance purement altruiste de l'acte, en renforçant l'incidence de la réciprocité[19]. Il convient de mentionner les difficultés à maîtriser les motivations réelles du don dans cette optique. L'octroi du don se fait souvent dans la perspective du contre-don, sur la base d'échange réciproque d'objets ou de services jugés plus ou moins équivalents par les deux parties.

[19] Pour une analyse détaillée du don et du contre-don consécutif dans la relation de réciprocité, voir Mauss (1966).

Dans les pays en développement, en général, et en Afrique subsaharienne, en particulier, l'assistance mutuelle réalisée selon le principe du don/contre-don peut renfermer des ressorts strictement égoïstes. En règle générale, l'esprit d'altruisme ambiant qui se manifeste dans ce cadre n'est pas neutre. Il peut cacher des intérêts particuliers favorisant néanmoins le maintien d'un système d'assistance mutuelle au sein du groupe. Ainsi, la réciprocité représente un mode d'allocation des ressources rares permettant la coopération entre les individus, sinon égoïstes, du moins ne considérant, en dernier ressort, que les conséquences privées de leurs actes.

Dans le cadre de l'appréhension des réseaux d'assurance informelle, il est intéressant de savoir dans quelle mesure la coopération peut naître entre des agents dont les motivations ne sont pas toujours altruistes. En particulier, lorsque les individus sont égoïstes, les deux parties peuvent opter pour la coopération, afin d'éviter une conjonction défavorable pour tout le monde. Enfin, dans la plupart des cas, la durée permet à la coopération d'émerger au sein des groupes *a priori* égoïstes. La théorie des contrats, *via* la théorie des jeux répétés, offre un cadre analytique rendant les contrats d'assurance informels auto-exécutables et permettant aux agents de préférer la coopération, tous les membres du groupe étant censés trouver leur compte dans le respect du contrat.

Selon Axelrod (1981), la coopération à long terme représente un équilibre de Nash plausible[20]. Dans l'optique du dilemme des prisonniers répété, à savoir un système de jeux itératif dans lequel les agents économiques gardent en mémoire l'évolution passée et les expériences précédentes, on débouche sur un jeu de coordination dans lequel chaque joueur choisit l'équilibre adopté par les autres partenaires. Par ailleurs, Leibenstein (1987) considère que les comportements des individus sont motivés, dans ces conditions, par des habitudes qui, tout en conservant leur caractéristique interindividuelle, adoptent des conventions. Les membres d'une organisation se conforment aux normes en vigueur, afin de permettre la stabilité de la convention. Cette attitude mimétique assure la pérennisation d'un climat de confiance mutuelle. Ainsi, la logique du groupe se substitue progressivement aux intérêts partisans des individus. L'altruisme par le biais du don réciproque n'est pas le fait de la contrainte ou du contrat, mais de la convention. Il dépend, dès lors, des relations sociales, des coutumes, etc. (Granovetter 1985).

---

[20] La coopération tend vers l'équilibre de Nash lorsque chaque joueur essaie de maximiser ses propres gains, sans tenir compte des stratégies adoptées par les autres agents. Dans la théorie des jeux, l'équilibre de Nash est un concept de solution dans lequel l'ensemble des choix faits par plusieurs joueurs, connaissant leurs stratégies réciproques, est devenu stable, du fait qu'aucun ne peut modifier seul sa stratégie sans affaiblir sa position personnelle (*Wikipedia* 2014).

Dans la plupart des cas, le système d'assurance mutuelle et informelle progresse de manière fulgurante, compte tenu de l'inexistence ou de l'inadéquation du marché d'assurance formel. De même, l'analphabétisme, le problème d'asymétrie d'information et les contraintes liées à la tradition orale ne permettent pas à une frange importante de la population d'accéder aux services d'assurance formelle. En règle générale, la rationalité des individus leur permet de s'adapter aux changements éventuels, selon les circonstances, dans un univers où l'incertitude tend à se généraliser. Mais l'information détenue par les individus est loin d'être parfaite, car les modalités de son acquisition demeurent coûteuses dans les pays en développement. La prolifération du système d'assurance non institutionnel constitue la conséquence de l'imperfection de l'information dont disposent les opérateurs économiques. Certaines transactions exigeant la fluidité de l'information ne peuvent pas être réalisées.

Cependant, la rationalité des individus et l'adaptabilité des institutions n'impliquent pas que l'économie soit efficiente au sens de Pareto. En effet, l'existence des conditions d'efficience suppose la prééminence d'un ensemble complet de marchés disposant d'une information parfaite, comme l'ont démontré Arrow et Debreu. Dans le cas contraire, l'économie demeure toujours inefficiente au sens de Pareto, compte tenu de la présence de coûts de transaction et d'information. Dans cette optique, le partage des risques s'opère, dès lors, par des mécanismes informels, en dehors des instances officielles (Stiglitz 1988).

Étude d'un modèle altruiste tempéré

Il convient de s'interroger sur les motivations de l'individu, dès lors qu'il contribue au maintien du système d'assurance mutuelle au sein du groupe par sa participation financière. En effet, le don perçu par la communauté sert à garantir l'allocation de prestations sociales aux individus (soins médicaux, par exemple). La collecte de l'aide des agents assure la pérennisation du système de protection sociale et d'assurance. Il semble que la réciprocité de l'échange liée au don soit la résultante de deux faits majeurs : d'une part, l'altruisme pur, à la base de la situation de coopération inconditionnelle ; d'autre part, l'égoïsme pur, provoquant la dynamique catastrophique de l'équilibre de Nash, caractérisée par l'intensification de la rivalité et le renforcement de la concurrence entre les agents économiques. Dans le cadre de l'assurance mutuelle et informelle, la motivation de l'individu se situe entre ces deux extrêmes.

Sa démarche est caractérisée par deux logiques : le don est intéressé, car le donateur espère recevoir une contrepartie valable à son geste, mais le don n'est pas totalement conditionné et le caractère moral de l'action est louable. L'utilité de l'individu Ui est caractérisée par deux parties Ue et Ua représentant respectivement les composantes égoïste et altruiste à la base de son choix dans la pratique du don.

$$Ui(y-x, x) = Ue(Y) + Ua(X)$$
$$U = U(Y, X)$$

Nous supposons que l'aide accordée par l'individu i (i=1 par exemple) est effectivement reçue par le groupe. Y= (y-x) représente la motivation égoïste de l'individu. En exprimant ses dépenses personnelles, cette composante nous donne l'état de son budget propre. X=x constitue, quant à elle, sa motivation altruiste. Deux conditions s'imposent par rapport à la relation précédente :

$$dU/dY>0$$
$$dU/dX>0$$

Dans ce contexte, on peut écrire :

$$Ue(Y)>0 \text{ et } Ua(X) \geq 0$$

L'individu tire une certaine satisfaction de l'amélioration de son sort et du bien-être du groupe du fait de son geste. Si Ua(X)=0, l'individu ne s'intéresse pas aux conséquences de son aide. Ue correspond à l'utilité de i par rapport à Y et Ua représente l'utilité de i par rapport à X. Considérons les différents cas susceptibles de se produire.

Lorsque Ue=0, on est dans le cas de figure où i demeure un altruiste pur. En effet, son acte est guidé essentiellement par le don octroyé, dont il tire d'ailleurs une satisfaction incommensurable.

Lorsque Ue>0, on se trouve dans une situation où i éprouve une certaine satisfaction de ce qu'il conserve pour ses dépenses personnelles. Ainsi, Y représente le volume de son projet domestique.

Lorsque Ua=0, l'individu n'éprouve aucune satisfaction de son geste (du don). Cette situation est difficilement envisageable dans la réalité sociale.

Lorsque Ua>0, i tire une certaine satisfaction du don alloué à la communauté. Cette motivation altruiste est caractérisée par la variable X représentant le montant de l'aide.

Ce modèle simple met en lumière le caractère ambivalent des motivations de l'individu, dont la fonction d'utilité oscille entre l'égoïsme pur et l'altruisme pur. Il convient, dès lors, de mentionner que la détermination des conditions idéales d'optimisation de l'aide peut se faire sur la base du critère de Pareto. Celui-ci considère que chaque individu est caractérisé par l'ophélimité[21] concernant son bien-être personnel, et l'utilité relative à son bien-être et à celui des autres.

2. Les déterminants des réseaux d'assurance mutuelle et informelle

Les adhérents des mutuelles d'assurance doivent cotiser régulièrement un montant fixe pour bénéficier d'une aide financière ou en nature, lors des cérémonies de naissance, de mariage ou de deuil. Ces circonstances constituent, dès lors, des occasions pour exhiber des signes de richesse et les dépenses ostentatoires consécutives manifestent la capacité de consommation des individus. Ainsi, les personnes célèbres ou appréciées par la communauté bénéficient généralement d'un traitement de faveur au cours de ces cérémonies. Cette attitude est à la dimension des services rendus à la collectivité en termes d'assurance mutuelle.

Dans les sociétés africaines, l'accumulation personnelle de richesses n'a de sens que si elle sert, dans une certaine mesure, l'intérêt collectif. Les richesses matérielles des individus sont censées contribuer à la minimisation des risques de la société, notamment en matière d'assurances. En Éthiopie, par exemple, les *idirs* ruraux ou urbains constituent des associations d'entraide mutuelle fonctionnant sur le principe de l'assurance communautaire. Ce système basé sur les liens de résidence, de parenté, d'ethnie et de profession permet aux adhérents de se prémunir contre certains aléas de la vie (vol, incendie...). Cependant, le principal risque couvert reste le décès d'un adhérent ou d'un membre de sa famille. À cette occasion, un soutien financier est prévu pour subvenir aux frais des obsèques[22].

La longévité et la pérennisation du système d'assurance dans le temps sont guidées par la capacité des membres à disposer de richesses. Ainsi, l'accumulation des richesses doit être encouragée au sein de la communauté pour prévenir les risques de défection du système et maintenir le droit de subsistance. Dans la plupart des pays en développement, et en Afrique subsaharienne en particulier, les relations entre les membres de la société (filiation, voisinage, consanguinité) sont guidées par le bon sens collectif. Il convient de rappeler que les réseaux d'assurance mutuelle et informelle sont basés sur la participation volontaire des membres, en dehors d'une dynamique de forces coercitives. La solidarité ne fonctionne pas sous l'emprise directe

---

[21] L'ophélimité est, pour Pareto, l'utilité telle qu'elle est ressentie subjectivement et individuellement. C'est l'utilité subjective que l'on retire de l'utilisation d'un bien (« Ophélimité » 2013).

[22] Pour une analyse exhaustive, voir Germidis *et al.* (1991 : 106-109).

du groupe, contrairement à une idée répandue. Elle évolue d'abord dans le cadre d'un réseau au sein duquel les membres sont liés dans une chaîne de relations interpersonnelles.

L'analyse minutieuse des structures familiales africaines permet de montrer que la solidarité et les transferts intracommunautaires consécutifs s'exercent davantage au sein de la famille restreinte. La progéniture et les descendants directs en activité sont censés apporter leur appui matériel aux parents, en leur assurant une couverture sociale informelle lors de la retraite. Dans un tel système, les individus sont tentés de disposer d'une famille nombreuse pour des motifs économiques. Le taux élevé de mortalité infantile ajoute une nouvelle dimension à cette situation. Les membres des réseaux d'assurance mutuelle ont des droits et des obligations envers la communauté dont ils font partie. Cette situation dépend de leurs ressources et de la place qu'ils occupent dans la hiérarchie sociale. Les règles en vigueur dans ces institutions informelles peuvent être écrites ou orales, mais elles sont généralement respectées.

Il convient de remarquer les limites de la solidarité traditionnelle à un certain niveau. En effet, le maintien du système d'assurance mutuelle suppose l'existence de revenus réguliers et stables des membres du groupe. Lorsque leurs ressources périclitent, on observe un mouvement de distanciation dans les relations perturbant fortement la cohésion et l'esprit de groupe. La situation catastrophique de la RD Congo, caractérisée par la prolifération de la crise économique et le maintien de la logique de guerre, à partir des années 1990, illustre bien ce cas de figure. En effet, certaines familles, notamment à Kinshasa, dans l'impossibilité d'assurer des soins médicaux décents à leurs membres, les abandonnent dans les hôpitaux. De même, les cadavres en décomposition remplissent les morgues des centres médicaux, car la communauté ne dispose plus des ressources suffisantes pour leur accorder une sépulture digne.

Par ailleurs, le clientélisme et la corruption peuvent également se greffer sur le système d'assurance mutuelle, dans la mesure où des membres influents menant des activités illicites (trafic de drogue, par exemple) peuvent continuer à bénéficier d'un certain prestige dans la société. La considération et la sollicitude de la communauté demeurent en rapport avec l'aide accordée au groupe par le canal de l'assurance mutuelle. Cette situation a été observée également en Amérique latine où les barons de la drogue construisaient des écoles, des hôpitaux et des immeubles d'habitation pour les plus démunis.

Dans de nombreux pays en développement, en Afrique subsaharienne en particulier, le système financier informel occupe une place prépondérante dans le financement des activités productives informelles. L'amplification de la crise financière a entraîné une perte de confiance généralisée d'une frange importante de la population dans la capacité des institutions de crédit modernes. On assiste, dès lors, à la prolifération de circuits financiers informels, dont le système de tontines représente l'aspect le plus répandu. Ce phénomène revêt une importance particulière, dans la mesure où certaines économies disposent d'un niveau de captation monétaire passant par les tontines supérieur à celui comptabilisé par les banques.

L'analyse du système financier informel pour appréhender la dynamique d'entraide mutuelle doit s'appesantir davantage sur l'étude des tontines mutuelles. En Afrique, le système tontinier regroupe, dans la plupart des cas, les agents d'une catégorie sociale homogène (fonctionnaires, salariés du secteur privé, étudiants...). Il convient de rappeler que la confiance constitue l'élément fondamental à la base du fonctionnement des tontines mutuelles se déroulant en dehors du cadre juridique formel. Les adhérents se connaissent généralement et bénéficient d'un crédit de confiance mutuelle. Les tontines mutuelles sont, dès lors, régies par un contrat consensuel caractérisé par l'absence de preuves écrites dans l'organisation du système. Par ailleurs, les rapports avec le secteur bancaire formel demeurent souvent aléatoires.

En RD Congo, il existe deux variantes majeures dans le fonctionnement du système des tontines mutuelles : le *likelemba* et le *muziki*[23]. La différenciation entre ces deux formes d'institution se situe au niveau des droits et des obligations des membres. Contrairement au *likelemba*, l'accès au *muziki* constitue un contrat implicite permettant la socialisation des problèmes individuels. Ainsi, il existe, parallèlement aux mises obligatoires pour les levées, un système d'assistance mutuelle dans certaines circonstances particulières (naissance, baptême, décès). Les membres procèdent à des cotisations spéciales et des visites sont également prévues lorsque ces événements interviennent (Sumata 2001 : 53-54).

3. La diversification des risques par la migration

Le phénomène de globalisation et le processus de migration qui l'a suivi ont entraîné des mouvements massifs d'individus, comme en témoigne l'établissement des réseaux de la diaspora à travers le monde. Certains de ces groupes sont bien établis, tandis que d'autres sont la conséquence de turbulences sociopolitiques. La crise économique et la pérennisation des conflits armés accélèrent, en effet, généralement les flux migratoires et demeurent, dans certains cas, des raisons majeures à cet exode des populations.

[23] Le *muziki* est une forme de tontine mutuelle dans laquelle une fête réunit systématiquement les adhérents, à l'initiative du bénéficiaire de la levée des parts. Contrairement à la version classique du *likelemba*, il existe une forte cohésion et une solidarité étroite entre les membres du groupe. De même, la circulation de l'information s'y déroule dans de bonnes conditions, compte tenu de la fréquence des rencontres.

Dans cette section, nous tenterons de favoriser l'émergence d'un débat autour des activités commerciales des entrepreneurs congolais résidant en dehors de leur pays d'origine, notamment en Occident (Europe et Amérique du Nord), pour l'essentiel, et en Afrique du Sud, dans une moindre mesure. Il s'agit d'identifier leurs trajectoires et leurs comportements managériaux, pour étudier dans quel cadre ils peuvent être des agents de codéveloppement. Leur rôle est capital dans l'optique d'une politique d'intégration positive face aux dangers d'exclusion sociale dans un milieu plus ou moins hostile. La création d'entreprises par les immigrés congolais se situe, dès lors, dans le contexte d'une stratégie de diversification des risques et de lutte contre la pauvreté. Dans la plupart des cas, cette situation leur permet de tisser des liens socio-économiques entre leur lieu de résidence et leur pays d'origine.

Nous allons tenter, en prenant le cas de la RD Congo, de cerner les motivations des agents et d'analyser le comportement de partage de risque, en l'absence de marché formel d'assurance. Le processus migratoire constitue une protection contre les perspectives incertaines de revenus, lorsque les marchés financiers sont dysfonctionnels ou inexistants. La volonté de diversification du portefeuille des actifs financiers des agents est alors à la base de la migration d'un ou de plusieurs membres de leur famille. Du fait des ressources supplémentaires qui en sont espérées, l'émigration demeure au centre des préoccupations de la famille directe du migrant. Le phénomène migratoire remplit le rôle primordial de redistribution des ressources et de centre d'impulsion de revenus supplémentaires pour les familles des migrants.

La migration internationale peut avoir une incidence favorable sur l'allégement de la pauvreté de nombreux ménages en RD Congo. Les transferts de ressources des émigrés constituent ainsi une nouvelle forme d'aide « privée ». Ces fonds représentent des flux financiers considérables en direction des pays africains, dans un environnement marqué par la pénurie de ressources au niveau international.

En règle générale, la décision concernant la migration d'un agent économique de la zone rurale vers le centre urbain est adoptée au sein du cercle familial. Le migrant potentiel est censé obtenir l'appui de la famille ou de la communauté. De même, l'aide de la communauté est également cruciale dans le cadre de la migration internationale, notamment lorsque le candidat à l'émigration envisage de s'installer en Occident. Le concours financier de la famille reste primordial pour le migrant en période de recherche d'emploi. Les membres de la famille ou de la communauté ayant relativement réussi leur intégration dans les pays d'accueil jouent un rôle particulier dans ce contexte.

Sous certaines conditions, la migration peut constituer un moyen de se soustraire à la contrainte communautaire et sociale, dans les pays en développement. La démarche adoptée par le candidat à l'émigration peut alors être solitaire et se faire en dehors du soutien de la famille.

La migration internationale peut contribuer dans une certaine mesure à améliorer le bien-être socio-économique des pays d'origine des migrants. Au niveau du pays d'accueil, ce phénomène constitue, dès lors, un levier considérable pour améliorer les revenus des individus, du fait des perspectives de trouver un emploi ou de poursuivre des études afin d'obtenir éventuellement des qualifications. Les transferts consécutifs de fonds et de biens matériels, opérés par les migrants au profit des membres de leurs familles dans leurs pays d'origine, permettent à ces derniers de disposer de ressources supplémentaires non négligeables. La conséquence directe de cette situation est que la plupart de ces ménages deviennent de plus en plus dépendants des transferts pour leurs dépenses courantes.

La migration internationale constitue, dans ces conditions, un refuge pour de nombreux ménages en Afrique subsaharienne, où son impact sur l'allégement de la pauvreté reste globalement positif. L'allocation des transferts aux secteurs économiques prioritaires a permis, dans certains cas, de stimuler les motivations entrepreneuriales des agents au niveau local. Les émigrés vivant en Occident agissent, dans une certaine mesure, comme des pourvoyeurs de ressources en dernier ressort, du fait de l'effondrement des marchés financiers formels. Par ailleurs, leurs transferts transitent souvent par des circuits parallèles des changes, ayant une incidence majeure sur l'évolution des marchés financiers.

Migration Sud-Sud : la République sud-africaine (RSA) serait-elle un espace de transit pour les migrants congolais ?

Les performances de l'économie sud-africaine et son degré de développement exercent un attrait important sur les populations démunies d'Afrique subsaharienne. Le PIB par habitant en dollars (valeur parité du pouvoir d'achat/PPA) de la RSA était de l'ordre de 11 000 USD en 2011 (World Factbook 2012/CIA). Le processus d'émigration s'est, dès lors, inévitablement accentué pour de nombreux agents à la recherche d'une espérance de vie meilleure. Cette tendance s'est considérablement accélérée dans les années 1990, en raison de la fin de l'apartheid, marquée par l'arrivée au pouvoir du président Mandela, et du démantèlement des régimes totalitaires à l'échelle planétaire.

Les ressortissants congolais constituent la majeure partie des nouveaux migrants francophones en dehors des immigrés traditionnels en provenance de l'Afrique australe, en particulier du Mozambique. Ce phénomène serait dû à la détérioration du climat sociopolitique en RD Congo, conjuguée à l'effondrement du tissu économique. Les mesures coercitives prises en

Occident et le manque de perspectives d'ascension sociale sur le plan national conditionnent par ailleurs aussi la démarche de nombreux opérateurs.

L'Afrique du Sud présente une structure ambivalente disposant d'un secteur moderne substantiel qui cohabite avec une économie de subsistance non négligeable. La prolifération du secteur informel permet aux nombreux agents démunis de survivre ou d'obtenir des revenus relativement stables, face à l'augmentation inexorable du chômage. Dans ce contexte, la contribution de l'entrepreneuriat congolais est surtout perceptible au niveau du secteur informel.

L'appréhension des stratégies entrepreneuriales des migrants congolais dans le secteur informel sud-africain peut être cernée en trois étapes. D'abord, nous identifierons leur trajectoire en rapport avec le nouveau contexte socio-économique. Ensuite, une analyse de l'économie informelle de la RSA nous permettra de voir dans quelle mesure l'insertion des migrants peut s'y effectuer. Nous pourrons, alors, porter un regard pertinent sur les phénomènes de redéploiement spatial et de recomposition sociale favorisant l'essor des activités informelles.

L'immigration en Afrique du Sud des Africains francophones, en général, et des Congolais, en particulier, s'est déroulée en trois étapes distinctes, en rapport avec une certaine forme de stratification sociale.

La première vague migratoire, dans la période avant 1991, fut surtout marquée par l'exode des autorités politiques (les barons de l'ancien régime de Mobutu) et d'autres agents, dont les mobiles fondamentaux étaient d'ordre économique. Ensuite, le mouvement s'accentua par la migration de personnes qualifiées jouissant d'une formation leur permettant d'être opérationnelles dans des secteurs prioritaires de l'économie sud-africaine. Enfin, la tendance s'amplifia à partir de 1994, donnant naissance à une immigration populaire composée essentiellement de personnes susceptibles d'occuper des emplois informels.

Deux vagues majeures semblent avoir caractérisé la trajectoire des immigrés congolais en RSA. Le premier flux d'immigrés arriva principalement en 1989, profitant des mesures de libéralisation mises en œuvre. L'aggravation de la crise sociopolitique congolaise entraîna, par la suite, une intensification du processus en 1991 et 1993, du fait des mouvements de pillages observés au niveau de certaines villes de la RD Congo. De manière générale, l'effondrement de la Gécamines avait provoqué une situation désastreuse, notamment dans la province du Katanga. La situation catastrophique qui en avait résulté avait entraîné la fermeture des principales universités et la dégradation massive des infrastructures de transport et de santé. L'accumulation de ces facteurs négatifs fut à la base de ce processus de migration Sud-Sud.

On assista, dès lors, à l'accentuation d'une immigration populaire constituant une main-d'œuvre propice et disponible pour le secteur informel. Cette immigration fut facilitée, d'abord, par la souplesse du système d'octroi des visas dont jouissaient les ressortissants congolais à cette époque. Il n'existait pas de contraintes de visas et l'implantation des sujets congolais en Afrique du Sud se faisait sans heurts majeurs.

Il convient aussi de mettre à l'actif de ce processus de migration Sud-Sud une fuite des compétences et des cadres (médecins, ingénieurs, professeurs d'universités, pasteurs), bardés généralement de diplômes. Leur insertion professionnelle se réalisa, dans un premier temps, dans de bonnes conditions. De même, certains étudiants congolais saisirent l'aubaine de la proximité géographique pour aller étudier en RSA. Les universités sud-africaines constituèrent un cadre idéal d'épanouissement pour de nombreux agents, face au durcissement de la politique d'immigration en Occident. La souplesse des conditions de séjour et l'octroi de bourses d'études furent également des facteurs incitatifs substantiels dans ce processus.

Cependant, l'exode massif des opérateurs économiques s'accompagna d'une fuite substantielle de capitaux. Les politiciens véreux à la recherche de nouvelles opportunités économiques, du fait du risque politique, purent réaliser des placements fiables dans la nouvelle configuration sud-africaine. Ils s'établirent généralement dans les quartiers huppés du nord de Johannesburg et dans la région du Cap. Le financement des investissements s'opéra essentiellement dans les secteurs du commerce, de l'immobilier, de l'import-export et de l'industrie minière.

La décennie 1990 fut caractérisée par des bouleversements considérables sur le plan sociopolitique dans la plupart des pays en développement. En Afrique du Sud, l'abandon de l'apartheid s'accompagna d'un assouplissement tangible du cadre juridique et législatif, qui se traduisit par un processus d'insertion urbaine sans précédent des populations noires. Ce redéploiement spatial et la recomposition sociale consécutive assurèrent, dès lors, la prééminence des activités informelles. Il convient néanmoins de différencier les activités de survie (commerce de rue à petite échelle) et les micro-entreprises du secteur informel, notamment dans le domaine du transport, dont les capacités d'accumulation sont substantielles.

S'il ne faut pas formaliser à tout prix ce qui par essence est informel, il semble que la politique de soutien et d'encadrement du secteur informel s'impose. En effet, l'expansion des activités informelles, à la lumière de l'évolution de la métropole sud-africaine au cours de cette période, présente des dangers au niveau de l'environnement social, voire économique. L'attention des autorités gouvernementales peut porter sur la mise en œuvre de moyens financiers substantiels et sur la formation adéquate aux nouvelles méthodes de gestion. De même, l'aménagement de l'espace urbain, tenant compte des exigences des activités informelles, est de nature à assurer de réelles synergies entre les activités formelles et informelles. Cette dynamique est censée atténuer les décalages flagrants de niveaux de vie au sein de la population sud-africaine. Des résultats positifs peuvent être enregistrés dans la lutte contre la pauvreté urbaine frappant fortement les populations noires.

La nouvelle configuration économique sud-africaine a fait l'objet de nombreuses études portant sur le processus d'insertion urbaine des Noirs, mettant en exergue l'incidence grandissante des activités commerciales informelles, du marché parallèle et de la contrebande[24]. Ce mouvement s'est déroulé, dans une certaine mesure, au détriment de la population blanche obligée de s'accommoder de cette nouvelle donne ou de se retirer dans les zones périphériques résidentielles. Deux faits majeurs tendirent à accentuer cette situation. D'une part, les *townships* libérèrent une frange non négligeable de leurs habitants au profit des métropoles jadis blanches. D'autre part, les immigrés en provenance d'Afrique subsaharienne, attirés par des perspectives d'emploi prometteuses, se joignirent aux Sud-Africains noirs dans la conquête des agglomérations urbaines. Les travailleurs migrants traditionnels des pays limitrophes furent, en effet, rejoints par les flux migratoires incontrôlés en provenance des pays africains francophones. La population congolaise est un échantillon non négligeable de ce nouveau dispositif.

Conclusions

À la lumière de ce qui précède, force est de constater que les mutuelles d'assurance informelle bénéficient généralement des chaînes d'information liées aux relations de proximité temporelle, spatiale et sociale. En effet, la distance n'est pas seulement mesurable (court terme, champs d'activité), mais elle suppose également la probabilité d'une proximité relationnelle caractérisée par la confiance, la crédibilité et la réputation. Dans la plupart des cas, les membres sont recrutés sur un espace homogène au niveau du village, de la résidence ou du cercle professionnel. En règle générale, les liens sociaux et résidentiels permettent d'assurer un contrat permanent entre les membres, de manière à faciliter la fluidité des informations.

Les réseaux d'assurance mutuelle et informelle sont généralement régis par la participation financière effective des membres, notamment par des cotisations obligatoires. Le bénéfice des prestations est, dès lors, conditionné par l'adhésion volontaire des individus. Par ailleurs, la pérennisation du système d'assurance mutuelle suppose l'existence d'acteurs ayant une vision dynamique de la vie en rapport avec l'évolution d'au moins une génération.

[24] Une étude a été réalisée dans ce cadre à Hillbrow (Johannesburg) par Alain Morris (1996).

La réciprocité née de l'action bienfaisante d'un individu peut, dans ces conditions, se répercuter sur ses descendants et sur sa progéniture.

Les migrants recourent également au système d'assistance mutuelle, notamment en période de conflits récurrents ou de calamités naturelles (famine, par exemple). Les personnes susceptibles de migrer bénéficient généralement de l'appui matériel de la famille. Cette dynamique place, dès lors, le processus de migration au centre des préoccupations de la communauté. L'altruisme tempéré semble pertinent pour cerner les motivations des agents dans l'optique de l'assurance mutuelle et informelle. Dans ce cas de figure, la situation idéale demeure celle où les parties en présence (l'individu et le groupe) révèlent leurs intentions réelles. En effet, l'individu apporte son aide à la communauté en fonction de ses capacités financières. Cependant, il n'est pas toujours disposé à se sacrifier pour le groupe. Il existe, dès lors, un compromis entre la satisfaction de l'intérêt personnel de l'individu et l'utilité collective. L'agent doit satisfaire un intérêt personnel en incitant le groupe à coopérer dans la négociation.

La mobilisation des transferts des migrants pour la promotion du secteur privé et de l'entrepreneuriat au niveau familial en Afrique subsaharienne peut être appréhendée à deux stades. Il faut, en effet, différencier deux étapes dans le processus de mise en œuvre des unités de production ou commerciales. La première se situe au niveau du démarrage des activités et concerne les ressources financières nécessaires et/ou des équipements adéquats. La seconde porte sur le renforcement des activités au cours du cycle de promotion et/ou de diversification. Les activités financées par la diaspora demeurent, dans la plupart des cas, regroupées dans le secteur commercial et dans le domaine des services. La part allouée au secteur productif reste dérisoire, l'appât du gain immédiat constituant le motif primordial à la base de la dynamique de l'entrepreneuriat. Les entrepreneurs africains éprouvent une certaine aversion par rapport au risque et privilégient le court terme au détriment des investissements à long terme.

Par ailleurs, le processus de migration n'est pas univoque et les mouvements de retour des migrants sont bien réels. La communauté des migrants congolais en Afrique du Sud comporte, en effet, certains agents en provenance d'Occident. Les déçus d'Europe fuyant l'instabilité politique et économique en RD Congo peuvent, en effet, trouver, en Afrique du Sud, par exemple, un espace d'épanouissement. De même, le changement de régime politique observé au Congo, en mai 1998, a constitué un tournant décisif dans ce processus de migration : certains barons de l'ancien régime, ainsi que leurs proches, se sont installés en RSA pour des motifs politiques et des raisons sécuritaires.

Troisième partie
Les stratégies de sortie de crise : les perspectives d'avenir

Chapitre 7

Les « Cinq chantiers » et la coopération entre le FMI et la RD Congo

Introduction

Lors de son meeting du 27 octobre 2006, le président congolais Joseph Kabila présenta les prémices d'un programme de développement économique ambitieux, censé renverser la tendance et apporter une lueur d'espoir aux populations congolaises, meurtries par une longue période de marasme économique et de conflits armés. La logique de guerre civile ayant prévalu sur le territoire national pendant plusieurs années a joué un rôle néfaste dans la déstructuration des fondements économiques du pays. Il convient de remarquer l'opportunité d'un tel discours, au moment où la majeure partie des 68 millions de Congolais croupit dans la misère la plus noire. Cependant, certains analystes ont émis des réserves sur les capacités réelles des autorités gouvernementales congolaises à mettre en place des réformes structurelles dans le cadre du programme économique de 2008 et du plan social de 2010, arguant que la mise en œuvre des « Cinq chantiers » relevait essentiellement de la propagande pure (Trefon 2011).

Il est donc légitime de s'interroger sur les potentialités réelles dont disposent les autorités congolaises et sur leurs chances d'atteindre leurs objectifs dans un délai raisonnable. L'ambition de ce chapitre est de montrer les limites d'une telle stratégie, en essayant d'explorer, par la suite, quelques pistes de sortie permettant d'assurer la mise en œuvre d'un développement économique durable et endogène en RD Congo.

L'évolution récente du commerce international fait ressortir le poids de plus en plus important des pays émergents, dont la Chine, l'Inde et le Brésil constituent les figures de proue. Les échanges à l'échelle planétaire se sont accrus, sous la houlette de ces nouveaux partenaires majeurs, dont la position sur l'échiquier des nations est devenue prépondérante. Par ailleurs, la recherche de débouchés potentiels et la nécessité de disposer de sources intarissables d'approvisionnement en matières premières demeurent les raisons fondamentales du développement des échanges commerciaux entre les pays émergents et les pays africains.

Remarquons que l'aide au développement de l'Occident au bénéfice des pays du Sud n'a, dans la plupart des cas, pas généré d'effets positifs. La remise en cause des politiques d'ajustement structurel par le bas et la prolifération des « éléphants blancs » ont constitué des faits saillants de cette dynamique. L'assèchement des capitaux observé par la suite a alors favorisé l'émergence de nouveaux acteurs au niveau de la sphère financière internationale. La mise en œuvre de la coopération Sud-Sud est censée assurer le maintien d'une nouvelle forme de partenariat, dans laquelle les pays émergents jouent un rôle de plus en plus prééminent, de même que les pays pétroliers du golfe Persique, tels l'Arabie Saoudite, les Émirats arabes unis et le Koweït. La recherche de sources de financement adéquates a amené les autorités congolaises à recourir au concours financier de la Chine, dans le cadre du programme de reconstruction nationale des « Cinq chantiers », à partir de 2008.

1. Les déterminants des « Cinq chantiers »

Le renversement de tendance économique observé en RD Congo, au début de ce millénaire, découle de la conjonction d'une multiplicité de facteurs. La fin de la guerre et la réunification du pays ont été des éléments déterminants de la croissance en période postconflit. De même, la mise en œuvre de mesures économiques rigoureuses par le Gouvernement congolais, en partenariat avec la communauté internationale, a permis le maintien de taux de croissance positifs, après plusieurs décennies de marasme économique. L'instauration de la démocratie a facilité l'adoption de mesures visant à assurer le transfert de compétences et de ressources du pouvoir central vers les collectivités locales, dans le cadre de la décentralisation.

Le maintien de cette dynamique positive à court et moyen termes dépend de trois facteurs essentiels. D'abord, la politique de reconstruction nationale, notamment par le biais du programme des « Cinq chantiers de la République », peut constituer un cadre idéal pour la relance des activités économiques en améliorant, par exemple, le système d'approvisionnement en eau et en électricité. Signalons que la contribution de ce secteur serait de l'ordre de -1,8 % en 2008, alors qu'il atteignait 1,8 % en 2007. La gestion catastrophique de ce secteur entraîne des effets pervers, dont l'impact sur l'épanouissement de l'entrepreneuriat est énorme au Congo.

Ensuite, le maintien des investissements dans le secteur minier et la tendance à la hausse des cours des matières premières, le cuivre et le cobalt en l'occurrence, demeurent des facteurs non négligeables dans le décollage économique de la RD Congo. De même, la promotion du secteur des bâtiments et des travaux publics reste, *a priori*, un axe majeur du processus de développement économique, notamment dans le cadre de la politique de reconstruction nationale à travers les « Cinq chantiers de la République ».

Enfin, la mise en œuvre des réformes relatives à la décentralisation devra se faire de manière graduelle, en recherchant le consensus, dans la mesure du possible, afin d'éviter les dysfonctionnements systémiques générateurs de conflits socio-économiques. La situation de l'administration territoriale et de la Fonction publique reste préoccupante, du fait de la déliquescence des institutions depuis plusieurs décennies. Le délabrement des infrastructures est flagrant au niveau des centres urbains, alors qu'elles demeurent souvent inexistantes dans les zones rurales. Les bâtiments et les équipements sont, en effet, généralement obsolètes au niveau du secteur public.

De même, les revenus réels des agents de l'État demeurent dérisoires par rapport au coût de la vie. La qualité du service public tend, dès lors, à baisser fortement, dans la mesure où les individus ne sont pas motivés dans l'exercice de leurs fonctions, étant donné la modicité de leurs salaires. La corruption et le clientélisme constituent, de ce fait, des pratiques courantes au sein de l'administration territoriale et de la Fonction publique. L'instauration d'un système judiciaire approprié et impartial s'impose dans la lutte contre la corruption et pour le maintien de l'État de droit. Cette démarche doit permettre l'application des sanctions adéquates, afin d'assurer le recul de l'impunité et des pratiques arbitraires.

Par ailleurs, le maintien d'effectifs pléthoriques au niveau de la Fonction publique constitue un fardeau difficile à gérer pour les finances publiques. La réforme de la Fonction publique entreprise par le Gouvernement central, en partenariat avec la communauté internationale, est censée assurer une baisse drastique des charges salariales du Gouvernement congolais. Il s'agit de mettre en place des structures adéquates visant à supprimer la multiplicité des agents fictifs, et à assurer, du même coup, l'allocation de salaires décents aux travailleurs. Cette dynamique suppose, par ailleurs, la mise en œuvre d'un recensement effectif de tous les agents du secteur public.

Les domaines prioritaires des réformes

Les infrastructures

La RD Congo connaît un délabrement important de ses infrastructures depuis des décennies. Les équipements des sociétés étatiques sont obsolètes, en raison de l'inexistence de frais d'amortissement disponibles pour leur renouvellement. Les bâtiments administratifs sont dans un état de vétusté prononcé. La destruction des réseaux de transport et de télécommunications empêche la fluidité des échanges commerciaux entre les différentes régions du pays. Les réseaux de téléphonie fixe sont pratiquement inexistants au sein de l'espace national, alors que le système de téléphonie mobile connaît un essor fulgurant.

La création d'emplois

La création d'emplois au niveau du secteur formel connaît un recul considérable, alors que le dynamisme de l'économie informelle permet d'assurer certaines ressources aux populations démunies. La crise de l'État-providence, dans les années 1980, a créé un vide considérable en matière de création d'emplois formels. Cette dynamique s'explique, dans une certaine mesure, par le manque d'un tissu d'entrepreneurs locaux capables de mobiliser les ressources dans ce contexte.

L'éducation

Le secteur éducatif du Congo bénéficie généralement de ressources peu importantes par rapport aux objectifs assignés. L'éducation constitue l'un des parents pauvres de l'économie congolaise, compte tenu des moyens financiers limités qui lui sont alloués, en dépit de quelques améliorations ces dernières années. Il convient de signaler, par exemple, qu'un montant de 15 % du budget national a été mis à la disposition du ministère en charge de l'Éducation en 2013. Cette somme n'est pas significative, étant donné la modicité du budget. Il semble que cette portion pourrait atteindre 17 % en 2014. Cependant, certains syndicats d'enseignants réclament qu'elle puisse atteindre 30 %.

L'eau et l'électricité

Les difficultés d'approvisionnement en eau et en électricité perturbent fortement la vie quotidienne des Congolais, alors que le pays dispose de sources intarissables de ces ressources naturelles. Les interruptions intempestives de livraison d'eau sont fréquentes, notamment au niveau de la capitale congolaise. Le problème majeur demeure la maintenance des circuits d'approvisionnement hérités, pour la plupart, de la colonisation et la création de nouveaux centres de distribution en accord avec la croissance de la population.

La santé

Les secteurs prioritaires de l'économie, comme on l'a mentionné pour le secteur de l'éducation, sont délaissés au profit des dépenses politiques. Le secteur de la santé subit le même sort : il bénéficie également de la portion congrue des recettes budgétaires de l'État congolais. Des ressources de l'ordre de 7,5 % et 11,9 % du budget, lui ont été assignées respectivement en 2010 et 2011. Dans ces conditions, le principe de « santé pour tous » lancé par l'OMS ne représente plus qu'un mirage, dans la mesure où les indices de qualité de vie et de bien-être ont baissé considérablement au cours des deux dernières décennies.

La prolifération des maladies endémiques telles que la malaria, la tuberculose, la fièvre typhoïde, et la pandémie du SIDA demeurent l'un des éléments clés de la baisse de productivité au niveau de l'emploi et de la déstabilisation des ménages. Dans certains cas, les patients sont abandonnés à leur propre sort et succombent, face à la maladie, par manque de soins appropriés et/ou de ressources. Il convient de signaler, par exemple, que la prévalence du VIH est estimée à 2,57 % de la population totale et de 3,5 % pour les femmes enceintes, selon le rapport d'estimation du Programme national de lutte contre le sida (PNLS 2012).

La mobilisation des ressources et le maintien d'un leadership éclairé

Il serait judicieux de rationaliser l'exploitation des ressources naturelles de la RD Congo et de réduire le poids des dépenses à caractère politique. Ces dépenses représentent environ 80 % du budget congolais. Le recours à l'endettement peut constituer une stratégie appropriée de sortie de crise, si les ressources emmagasinées sont utilisées à bon escient dans le cadre de projets de développement appropriés. La mobilisation des transferts de fonds de la diaspora peut également constituer une alternative, face à la pénurie de ressources financières au niveau des instances officielles.

Le projet de *mobile banking* a été officiellement lancé le 20 mars 2012, dans le cadre d'un partenariat entre le Gouvernement congolais, à travers la BCC, et la société internationale privée de télécommunications Airtel. Cette compagnie a obtenu l'autorisation de procéder aux opérations financières, notamment les transferts d'argent et les paiements des factures, par le biais des téléphones portables au niveau du territoire national de la RD Congo. La réalisation de ce projet s'inscrit dans le cadre de la stratégie de modernisation du système national de paiement entreprise par les autorités gouvernementales.

Selon l'ancien gouverneur de la BCC, Jean-Claude Masangu, cette innovation devrait assurer une mobilisation plus importante des ressources au niveau du système monétaire et financier formel, de l'ordre de 15 millions de comptes bancaires, dans un horizon temporel de deux ans, soit une multiplication par dix par rapport à la période actuelle. Dans ce contexte, le taux de bancarisation est censé atteindre 22 %, alors qu'il ne représente que 1 % aujourd'hui, selon les chiffres en provenance de la BCC.

Par ailleurs, la relance des activités économiques en RD Congo passe obligatoirement par l'amélioration du leadership et le maintien de la bonne gouvernance. Il s'agit de restaurer le respect du bien-être collectif en assurant la formation de gestionnaires intégrés capables de mettre en place des réformes structurelles. C'est peut-être le plus difficile à réaliser, car cette dynamique suppose un changement radical des mentalités. L'imaginaire collectif congolais a, en effet, tendance à privilégier la logique du « se servir d'abord » avant celle de « servir l'État ». Cette situation renvoie à la persistance de la politique du ventre, pour reprendre l'expression de Jean-François Bayard.

La nécessité de restaurer les moyens de transport et le système des télécommunications

Il s'agit de mettre en place des structures appropriées visant à mobiliser des ressources financières au service du secteur des transports, pour faciliter les échanges au niveau de l'espace national. Cette stratégie vise à encourager, par exemple, le lien entre les zones à production alimentaire excédentaire et celles où la demande demeure exorbitante. Il faudra également assurer la maintenance des infrastructures existantes, qui connaissent un état de délabrement avancé.

L'accès au marché constitue un facteur non négligeable dans la promotion de l'agriculture et l'accélération du développement rural. Le financement des investissements dans le domaine des infrastructures a un impact considérable sur l'accès au marché, et cette dynamique tend à générer des synergies favorables en facilitant l'accroissement de la production agricole et la réduction de la pauvreté. La réhabilitation des voies de communication pour assurer l'accès aux débouchés des centres urbains est, par conséquent, nécessaire. Des résultats probants peuvent être obtenus, lorsque cette stratégie est accompagnée d'un plan adéquat de construction et de réhabilitation des ports (Ulimwengu *et al.* 2009).

Cette vision met en exergue la prépondérance du fleuve Congo et de ses affluents comme voies d'évacuation des produits agricoles et de relance des activités agricoles en RD Congo. La revalorisation des routes de desserte agricole peut desserrer, dans une certaine mesure, l'étau de la crise alimentaire sévissant dans certaines régions du Congo, notamment au niveau de la capitale, Kinshasa, et dans certaines zones minières. Par ailleurs, la maîtrise de la technologie moderne s'impose également pour adopter des techniques adéquates et accroître le rythme de production.

Le système d'exploitation des réseaux de téléphones mobiles par des compagnies privées étrangères s'est considérablement développé, et l'embellie économique observée au début de ce millénaire dépend, pour une large part, du dynamisme de ce secteur. Mais le coût d'utilisation des téléphones mobiles demeure élevé par rapport au faible pouvoir d'achat des individus. Dans ce contexte, la restauration et le rétablissement du système de téléphonie fixe demeurent une nécessité impérieuse.

Les structures de l'économie congolaise restent fragiles et vulnérables, dans la mesure où ses fondements reposent sur un système d'échange extraverti et basé essentiellement sur la commercialisation de quelques produits de base. Les recettes emmagasinées sont aléatoires, compte tenu de la structure du marché et de la demande. De même, les incertitudes liées aux conditions climatiques peuvent jouer un rôle dévastateur sur l'offre de produits disponibles. Par ailleurs, l'importance des circuits parallèles empêche les autorités congolaises de collecter des ressources substantielles. Les principaux produits commercialisés sont les suivants : le cuivre du Katanga, le diamant du Kasaï, le cobalt, le café et le coltan. Cependant, ces matières premières, comme la plupart des produits exportés par le Congo, sont négociées à l'état brut. Elles sont, dès lors, bien loin d'être des sources intarissables de richesse capables de maintenir une croissance durable et de permettre la mise en place d'une stratégie de réduction de la pauvreté efficiente. Les ressources liées aux exportations demeurent insuffisantes et la balance commerciale reste déficitaire.

2. L'émergence de la coopération sino-congolaise

La prééminence des nouveaux partenaires au niveau international : le redéploiement de la Chine en RD Congo

La signature de deux accords, ou conventions *ad hoc*, le lundi 28 janvier 2008, entre les autorités congolaises et leurs partenaires chinois était de nature à poser les premiers jalons du processus de mise en œuvre des grands travaux de relance économique. La délégation chinoise était représentée par des opérateurs économiques privés, alors que le ministre des Travaux publics et de la Reconstruction et celui en charge des Finances constituaient les interlocuteurs de la RD Congo. La conclusion de ces conventions fut la concrétisation du protocole d'accord mis en œuvre le 17 septembre 2007 ayant facilité, dans un premier temps, le consentement d'un prêt de 6,5 milliards USD au profit du Gouvernement congolais. Dans un second temps, un prêt plus important de l'ordre de 11 milliards USD devait être alloué.

L'Exim Bank of China devrait permettre le financement de projets visant la réhabilitation et la construction d'infrastructures, par l'octroi de prêts préférentiels à la RD Congo. Par ailleurs, la relance des activités minières du Congo est un volet primordial des avancées obtenues à la suite des négociations initiées en septembre 2007. La création d'une plateforme regroupant un consortium d'entreprises chinoises[25] et la Gécamines était censée redynamiser l'exploitation minière de celle-ci.

L'accord établi le 17 septembre 2007 portait sur une répartition plus ou moins équitable des gains financiers à percevoir entre les deux partenaires, dans le cadre d'un jeu à somme positive dans lequel chacun des protagonistes en présence trouvait son compte. En effet, les priorités essentielles de cette situation positive résident dans l'allocation des ressources pour la promotion des secteurs suivants : la promotion et le transfert de technologies en faveur de la RD Congo, la création d'emplois, la prise en compte des normes environnementales, le développement de la sous-traitance au profit des entreprises congolaises et la prise en compte du volet social dans le cadre de la stratégie de réduction de la pauvreté. Les entreprises chinoises devraient bénéficier de ressources naturelles et minières congolaises pour assurer l'épanouissement et le développement de leurs industries, dont les besoins en matières premières sont énormes.

L'émergence de la coopération sino-congolaise, dans le cadre du programme de reconstruction économique des « Cinq chantiers de la République », relève d'une nouvelle forme de partenariat gagnant-gagnant, selon les protagonistes de ces accords. Cette dynamique est censée renverser la tendance désastreuse du système de coopération en vigueur dans la plupart des pays, en insufflant un nouvel état d'esprit dans lequel tous les partenaires jouissent d'un gain équitable. Les partenaires doivent bénéficier des retombées de cette coopération en apportant un développement économique plus ou moins endogène.

Les entreprises chinoises auraient accès aux innombrables richesses minières de la RD Congo, alors que cette dernière bénéficierait des ressources

[25] À savoir Exim Bank (l'établissement financier chinois utilisé dans le cadre de la coopération au développement), Sino Hydro (la société étatique chinoise spécialisée dans la construction hydroélectrique) et Crec (China Railway Engineering Corporation), évoluant dans le domaine de la contsruction ferroviaire.

financières chinoises dans le processus de promotion des infrastructures et des équipements. Une telle situation est de nature à accentuer l'endettement de la RD Congo, selon les pays occidentaux et les bailleurs de fonds internationaux.

Il convient d'analyser, dans ce cadre, les tenants et les aboutissants d'une telle stratégie, en essayant d'évaluer la nature réelle des contrats chinois (Marysse & Geenen 2008).

Les fonds mobilisés par la Chine sont gagés sur les ressources minières de la RD Congo, dont l'exploitation serait confiée aux investisseurs chinois sur une période plus ou moins longue. La promotion des projets économiques d'envergure dans les domaines des transports, de l'éducation et de la santé devrait permettre la relance de l'économie congolaise, assurant du même coup la réduction de la pauvreté. La construction des routes de desserte nationale demeure une priorité majeure. Il est judicieux de remarquer, dans ce cadre, la mise en œuvre d'un programme ambitieux assurant la réalisation de 3000 kilomètres de routes, sur un total de 143 000. Les partenaires traditionnels de la RD Congo disposeraient, dès lors, d'une marge de manœuvre importante et contribueraient également à l'édification de voies de communication supplémentaires.

Cependant, cette nouvelle donne constitue un terreau fertile pour le maintien d'une situation conflictuelle et antagonique, compte tenu de l'apparition des intérêts divergents de la part de divers partenaires de la RD Congo. Les bailleurs de fonds occidentaux se montrent lésés et désarçonnés par l'implication massive des entreprises chinoises. Cette situation est la conséquence de l'incapacité de la coopération Nord-Sud, qui prévalut durant plusieurs décennies, à renverser la tendance désastreuse dans laquelle s'était confinée l'économie congolaise. Néanmoins, les arguments stipulant que les Chinois seraient en train de chasser les bailleurs de fonds traditionnels de leurs terrains de prédilection présentent certaines limites. La relance économique de la RD Congo exige le maintien d'une mobilisation accrue d'un nombre important de partenaires dans le cadre d'un programme efficient de reconstruction nationale.

Les vicissitudes de la coopération occidentale au Congo : le malheur des uns fait le bonheur des autres

La présence chinoise et l'arrivée de nouveaux partenaires en RD Congo semblent constituer une certaine menace pour les intérêts de ses alliés traditionnels, comme on l'a mentionné plus haut. Cette crainte ne semble cependant pas fondée, dans la mesure où le développement de la RD Congo exige une mobilisation importante de ressources. En fait, les gouvernements occidentaux et les bailleurs de fonds internationaux redoutent que la mise en œuvre de la coopération sino-congolaise accentue l'endettement du Congo. En effet, la Gécamines pourrait bénéficier d'un prêt considérable des partenaires chinois pour assurer la relance de ses activités d'exploitation, dans le cadre d'une gestion commune des ressources naturelles.

De même, afin de mobiliser les fonds destinés à la mise en place des travaux de reconstruction nationale, est envisagée la création d'une *joint-venture* devant servir à récolter les ressources financières destinées au financement des projets de développement économique visant la réduction de la pauvreté sur l'espace national. Ainsi, les mécanismes appropriés seront mis en œuvre pour que les remboursements de la dette puissent s'effectuer par le biais des recettes en provenance de la commercialisation des matières premières.

Selon les autorités congolaises, la dette publique de la RD Congo ne va pas s'alourdir davantage, dans la mesure où l'État congolais ne serait pas redevable de dettes contractées par cette société mixte. Il convient de remarquer que le développement intégral de la RD Congo exige la mise en œuvre d'un programme ambitieux, concernant la valorisation de tous les secteurs clés de l'économie nationale, allant de l'exploitation des ressources naturelles à la promotion du tourisme, en passant par le décollage industriel. Comme des efforts supplémentaires doivent être conjugués pour favoriser l'essor de l'agriculture, un investisseur chinois aurait entrepris l'exploitation d'une plantation de 300 000 hectares pour la culture de palmeraies. La construction d'un port en eau profonde constitue également une priorité majeure du programme de coopération sino-congolaise.

Durant plusieurs décennies, la coopération occidentale en RD Congo n'a entraîné ni de renversement de tendance ni de développement endogène, malgré la mise en œuvre de programmes économiques sous la houlette des institutions de Bretton Woods. La dette extérieure de la RD Congo, dont le montant a atteint 14 milliards USD avant l'atteinte de l'initiative PPTE, en est un signe tangible. Cette dette a fragilisé davantage l'équilibre des finances publiques, son poids ayant atteint 135 % du PIB.

Il convient de resituer la présence chinoise en RD Congo dans une perspective globale, mettant en œuvre la volonté de ce pays d'assurer la promotion de ses exportations à travers le monde. La percée chinoise en Angola, par exemple, s'est opérée de manière analogue, gageant notamment les revenus relatifs à l'exploitation des ressources pétrolières.

L'octroi d'un prêt de 2 milliards USD au Gouvernement angolais était conditionné par l'attribution de 70 % des contrats pétroliers aux entreprises chinoises. La Chine s'engageait à financer de grands travaux d'infrastructure, à savoir la construction de trois lignes ferroviaires, d'un grand aéroport et de ports.

Les capacités financières colossales de la Chine, conjuguées à l'existence d'un marché considérable de 1,4 milliard d'individus, semblent faire basculer la nouvelle donne internationale au profit de ce pays. Le géant asiatique disposerait d'environ 1300 milliards de ressources financières en réserves pouvant influencer l'équilibre des échanges internationaux. Ce qui relativise les inquiétudes des partenaires traditionnels de la RD Congo, car la présence des entreprises chinoises dans ce pays se situe également dans les prolongements des accords établis il y a plusieurs années.

Ainsi la Société générale d'ingénierie d'outre-mer de Chine, la Covec, maintient un accord de partenariat avec la Gécamines depuis l'année 2006, accord censé favoriser le renforcement des capacités d'exploitation des gisements de Luishia[26]. Les liens tissés entre la société chinoise, la China National Machinery and Equipment Important Export, et la Miba (Société minière de Bakwanga) sont de nature à stimuler la production de cuivre, d'or, de nickel et de fer de ce conglomérat minier congolais, initialement spécialisé dans l'exploitation du diamant. L'octroi d'un prêt de 75 millions USD devrait permettre le renouvellement des équipements et la relance de la production du diamant, afin d'atteindre environ 8 millions de carats par an, alors que le rythme de production actuel serait de l'ordre de 6 millions.

Au-delà de la coopération sino-congolaise : la question de la révision des contrats léonins

La révision des contrats conclus dans des conditions douteuses constitue, désormais, une équation cruciale à résoudre pour les autorités congolaises. Une soixantaine de *joint-ventures* établies depuis une décennie pourraient faire l'objet d'un audit spécial. Dans la plupart des cas, l'acquisition des sites et l'octroi des licences d'exportation ou d'exploitation ne respectent pas les normes internationales en vigueur. Y feraient exception de grandes sociétés, comme le géant mondial BHP Billiton dans le secteur minier, la compagnie américaine Phelps Dodge, les sociétés sud-africaines Anglo Gold Ashanti et De Beers, mais d'autres entreprises peu recommandables, misant essentiellement sur la valorisation boursière de leurs licences, pourraient être confrontées aux conséquences fâcheuses d'une révision éventuelle des contrats conclus dans des conditions douteuses.

La présence chinoise en RD Congo est censée redynamiser le secteur de la poste, dont la gestion étatique a été catastrophique. En effet, la vétusté

[26] Cette localité est située à 78 km de Lubumbashi sur l'axe reliant Lubumbashi à Likasi, ville située à 120 km au nord de Lubumbashi.

de l'outil de production et les méthodes défaillantes de gestion s'ajoutent aux problèmes à résoudre. Il a fallu l'allocation d'un prêt préférentiel de 35 millions USD pour relancer les activités de l'entreprise étatique, l'OCPT (Office congolais des postes et télécommunications). La coopération sino-congolaise serait de nature à faciliter le transfert des technologies de la Chine vers la RD Congo, en permettant également la création d'emplois, dans le cadre d'une politique générale visant la réduction de la pauvreté. La mise en œuvre de cette stratégie est censée assurer l'accroissement des revenus des individus.

Les accords conclus entre les deux parties portent également sur la construction d'une ligne de chemin de fer de 3000 kilomètres qui reliera la province du Katanga (Sakania) à la province du Bas-Congo (Matadi), en vue d'assurer l'écoulement des minerais. Les investissements chinois dans le domaine minier portent sur une enveloppe de 8 milliards USD environ, sur un montant global de 14 milliards USD. Ces investissements représentent, dès lors, plus de la moitié des ressources à mettre en valeur dans le cadre de cette coopération.

Les capitaux nécessaires à la mise en œuvre de ce programme ambitieux sont gigantesques, à cause de la faiblesse des ressources financières mobilisées pour le maintien de l'équilibre budgétaire au niveau interne. En 2007, par exemple, le budget de l'État congolais représentait seulement 1,3 milliard USD, dont l'allocation accordée à la couverture de la masse salariale des membres du Gouvernement constitua l'essentiel des dépenses. La gestion du remboursement de la dette demeure, dès lors, une épineuse question, du fait de la faiblesse des ressources financières propres de l'État congolais et du rétrécissement de l'assiette fiscale.

La coopération sino-congolaise est-elle un nouveau modèle de développement économique comme voie de sortie des méandres de la coopération traditionnelle ?

L'idée novatrice mise en exergue dans le cadre de la nouvelle coopération sino-congolaise est celle de la création d'une *joint-venture*, la Socomin (Société congolaise minière), censée investir environ 3 milliards USD dans le secteur minier. Les profits générés serviront au remboursement des prêts consentis dans le cadre du financement des investissements du secteur minier et de la promotion des infrastructures. Dans ce contexte, la Socomin devrait produire environ 10 millions de tonnes de cuivre, sur une période de quinze ans, pour garantir le remboursement de la dette de 12 milliards USD. Dans un premier temps, les recettes perçues devraient assurer le paiement de la dette contractée pour le financement des activités minières.

Par ailleurs, le maintien d'une politique visant à assurer la promotion de l'emploi devrait inverser la courbe désastreuse du chômage. En effet, la mise en œuvre de mécanismes permettant l'établissement d'une clé de répartition d'une proportion d'un Chinois pour 5 travailleurs est de nature à favoriser la création massive d'emplois. En outre, environ 11 % des travaux devraient être sous-traités à des entreprises congolaises. Pour chaque investissement, la moitié de 1 % de la valeur de l'investissement doit être allouée au transfert de technologie et à la formation du personnel autochtone. De même, un montant représentant 1 % de l'investissement devrait être utilisé pour le financement des activités sociales des régions concernées et 3 % pour les dépenses liées à la gestion de l'environnement.

Le Gouvernement congolais est censé assurer la sécurité des investissements et garantir le remboursement intégral des frais consentis pour le financement des travaux. Les conflits éventuels seront réglés par le biais du tribunal de la chambre internationale de commerce de Paris. Ainsi, les autorités gouvernementales congolaises sont censées mettre en place des structures efficaces pour garantir la qualité des travaux réalisés dans le cadre de ce partenariat « gagnant-gagnant ». La mise en œuvre d'un tel programme suppose, bien entendu, le maintien d'une certaine stabilité au niveau politique pour assurer la pérennisation des projets à moyen et long termes.

3. Les péripéties de la coopération structurelle entre le FMI et la RD Congo

Dominique Strauss-Kahn (DSK), alors directeur général du FMI, effectua une visite éclair de quelques jours à Kinshasa, à la fin du mois de mai 2009, pour faire le point sur la coopération structurelle entre le FMI et la RD Congo. Il s'agissait également d'évaluer les possibilités pour la RD Congo de bénéficier des facilités au titre de l'initiative en faveur des Pays pauvres très endettés (PPTE). Il semblait opportun de considérer les chances de ce pays d'atteindre le point d'achèvement de ce programme, mis en place par les institutions de Bretton Woods, dans un avenir plus ou moins proche. D'un point de vue personnel, l'occasion m'était offerte de redécouvrir le visage et la verve oratoire du professeur que j'avais connu lorsque j'étais étudiant à l'Université de Paris X-Nanterre (université de l'ouest parisien), dans les années 1980.

Il mit en relief la nécessité de maintenir les contrats chinois, mais de signer également un accord de partenariat avec le FMI. Les autorités congolaises, dont le Premier ministre de l'époque, Adolphe Muzito, affichèrent des airs d'enfants de chœur prêts à ingurgiter sans atermoiement la « potion magique » du maître. Il s'agissait, en effet, de présenter du FMI l'image idyllique d'un médecin au chevet de son malade, disposant d'une thérapeutique capable de parer à toute éventualité. Cette réalité nous pousse à nous interroger sur les avatars des programmes et des relations tumultueuses récentes entre la RD Congo et les institutions de Bretton Woods, à la lumière de l'initiative PPTE.

La marche vers l'initiative PPTE

Les relations de la RD Congo avec le FMI et la Banque mondiale ont connu des soubresauts depuis l'adoption des programmes d'ajustement structurel des années 1980 et 1990. En règle générale, cette coopération n'a pas généré d'effets positifs. Les dévaluations en cascade opérées dans ce cadre n'ont pas été à la hauteur des espérances. Le recours aux capitaux externes constitue, dès lors, une voie de sortie, afin de maintenir l'équilibre du budget de l'État. En effet, ces soutiens financiers représentent environ 60 % du budget de l'État congolais. L'extraversion de l'économie congolaise persiste, de même que la nécessité de recourir aux capitaux externes pour soutenir l'équilibre des finances publiques.

La mise en place de l'initiative PPTE, en juin 2010, a permis à la RD Congo de bénéficier d'une réduction substantielle de l'encours de sa dette extérieure, de l'ordre de 9 milliards USD. Signalons que le montant global de l'endettement du Congo envers les partenaires bilatéraux et multilatéraux s'élevait à environ 14 milliards USD. Par conséquent, l'allégement de cette dette est de nature à élargir la marge de manœuvre du Gouvernement congolais, en lui octroyant la latitude de disposer de ressources financières substantielles.

Cette bouffée d'oxygène peut assurer le décollage économique du pays, si les fonds dégagés sont orientés vers des secteurs porteurs et prioritaires de l'économie. Il convient de signaler que l'obtention de cette facilité a été tributaire d'avancées significatives en termes de performance économique, notamment le maintien des indicateurs macroéconomiques à un degré soutenable, dans le cadre de la poursuite des Objectifs du millénaire pour le développement (OMD), visant à réduire la pauvreté de moitié à l'horizon de l'année 2015. Par ailleurs, les dividendes de l'atteinte de l'initiative PPTE sont censés assurer la réalisation des avancées sociales, conformément aux accords conclus.

Le FMI et la Banque mondiale préconisent l'adoption, par le pays bénéficiaire, d'un Document de la stratégie de croissance et de la réduction de la pauvreté (DSCRP), relatant les grandes lignes d'un vaste programme participatif (FMI). Remarquons que cette dynamique se situe à deux niveaux essentiels. D'abord, l'aboutissement du point de décision constitue un passage obligé. La RD Congo a franchi, dans un premier temps, cette étape ultime, compte tenu des progrès économiques réalisés, qui lui ont permis de se qualifier à l'admissibilité au bénéfice de l'allégement intérimaire du service de sa dette. La deuxième étape a consisté à atteindre le point d'achèvement assurant l'allégement intégral de la dette, selon les modalités adoptées au niveau du point de décision.

La situation économique de la RD Congo de 2008 à 2012

Les performances économiques de la RD Congo, au cours de l'année 2008, ont été mitigées, du fait de la conjonction de facteurs externes et internes. Les méfaits de la crise financière internationale et la persistance des violences à l'Est du pays et dans le Bas-Congo n'ont, en effet, pas permis le renversement de tendance espéré. De même, la déliquescence des infrastructures de base a exercé une incidence défavorable sur la croissance économique du Congo. Le taux de croissance était de 5,7 %, à la fin 2008, contre 6,3 %, l'année précédente. Par ailleurs, le taux d'inflation atteignait 26,2 %, alors qu'il représentait 16,7 % en 2007. Dans ces conditions, la monnaie congolaise a subi une dépréciation de l'ordre de 29,3 % par rapport au dollar (OCDE 2009).

Par ailleurs, la situation catastrophique des finances publiques et l'absence de gouvernance, ainsi que les conditions douteuses des contrats chinois, ont empêché la RD Congo de bénéficier du programme sur la Facilité pour la réduction de la pauvreté et la croissance (FRPC), en mars 2009. Cette réalité désastreuse a également entraîné l'allongement du délai dans le processus de conclusion de l'accord final de l'initiative PPTE, et la signature du contrat final a été différée à plusieurs reprises.

En 2011, l'économie de la RD Congo a connu une croissance de 6,5 %, alors qu'elle avait atteint 7,2 % en 2010. Cette tendance est due essentiellement aux performances de l'agriculture, des industries extractives, du commerce, ainsi qu'à l'embellie observée au niveau du secteur des bâtiments et des travaux publics. Il convient de relever, dans ce cadre, l'incidence positive de l'accroissement du taux d'investissement, de l'ordre de 29,3 % au cours de l'année 2011. De même, l'augmentation du prix des produits miniers tels que le cuivre et le cobalt a contribué à accentuer cette tendance. En règle générale, les industries extractives ont connu une croissance faible d'environ 0,9 %, mais leur contribution à l'accroissement du PIB, de l'ordre de 13 %, demeure substantielle. La production du cuivre a subi une baisse de 1,6 %, alors que celle du cobalt, du zinc et du diamant a connu respectivement une augmentation de 16,3 %, 120,5 % et 16 % (BAfD, OCDE, PNUD & CEA. 2012).

En 2012, le taux de croissance a été de 7,2 %, alors que le taux d'inflation s'est maintenu à 2,73 %, contre 15,4 % l'année précédente, selon les données récentes en provenance de la Banque centrale du Congo. En 2013, le taux de croissance et le taux d'inflation ont respectivement atteint des niveaux exceptionnels de l'ordre de 8,5 % et de 1,03 %. La croissance peut se renforcer davantage cette année, et l'on devrait même tendre vers un taux de croissance à deux chiffres en 2015. En effet, l'accalmie observée sur le plan sécuritaire, notamment à l'Est de la RD Congo, est de nature à confirmer cette tendance positive. Cette réalité laisse plus de marge de manœuvre aux autorités gouvernementales pour entreprendre des réformes structurelles au niveau social.

Tableau 7.1. Taux de croissance par secteurs de 2008 à 2010

	2008	2009	2010
Secteur primaire			
Agriculture, forêt, chasse et pêche	3,0	3,0	3,1
Industries extractives (mines)	11,4	-10,8	5,6
Secteur secondaire			
Industries manufacturières	2,7	0,8	2,0
Électricité et eau	-4,9	0,0	2,0
Bâtiments et travaux publics	3,6	4,1	6,0
Secteur tertiaire			
Commerce	12,3	8,0	9,0
Transports et communications	8,43	7,0	8,0
Services marchands	4,8	4,4	5,0
Services non marchands	4,2	3,2	3,5
Production imputée aux services bancaires	98,66	6,0	6,0
Croissance globale du PIB	6,2	2,7	5,5

Sources : Comité permanent du cadrage macroéconomique (CPCM), et estimations et projections des services du FMI.

L'analyse du tableau 7.1 met en lumière les effets pervers de la crise financière internationale sur l'économie de la RD Congo, comme en témoigne le taux de croissance négative enregistré dans le domaine des industries extractives au cours de l'année 2009. En effet, l'effondrement du secteur minier s'est manifesté par le maintien d'une baisse importante de la production, affichant un taux de croissance de -10,8 %. La situation s'est néanmoins améliorée par la suite, en 2010, et l'atteinte de l'initiative PPTE constitue l'illustration majeure de cette tendance favorable.

À la lumière de ce qui précède, force est de reconnaître que la contribution de l'agriculture à la croissance économique, de l'ordre de 1,2 %, reste marginale. Les performances mineures obtenues par rapport à 2010 sont liées essentiellement aux programmes mis en œuvre pour améliorer les voies de desserte agricole et assurer l'essor des cultures d'exportation.

Les voies étroites de la visite de DSK

La dernière visite de DSK en RD Congo a suscité des espoirs démesurés de la part des autorités congolaises, qui ont saisi cette opportunité pour essayer d'imprimer une note d'optimisme sur les éventuelles retombées d'une telle opération, en termes de dividendes économiques. En effet, la mise en œuvre des réformes structurelles est censée mettre en place un nouvel ordre économique, caractérisé par le maintien d'une embellie économique, dans un avenir plus ou moins proche. Dans ce contexte, l'aboutissement du point d'achèvement de l'initiative PPTE, en favorisant l'annulation de la dette extérieure de la RD Congo, est une opportunité non négligeable dans la relance des activités économiques et le renversement de tendance espéré dans le cadre d'une croissance inclusive.

Mettons en relief le fait que le fardeau de la dette constitue un goulet d'étranglement de l'économie congolaise en période postconflit, en raison, notamment, de l'effet d'éviction exercé sur les autres secteurs du développement. Par ailleurs, le dilemme lié à la pérennisation des contrats chinois et à la poursuite du programme du FMI a mis en évidence les limites de la politique gouvernementale. Il convient, dès lors, de s'interroger sur la démarche pertinente à adopter dans ce contexte.

Le poids des contrats chinois

La mise en œuvre des contrats chinois est censée assurer la construction et la réhabilitation des infrastructures en RD Congo, sur la base d'un programme visant à gager l'obtention des ressources financières en provenance des partenaires chinois sur l'exploitation des ressources minières du Congo durant plusieurs décennies. De l'avis de nombreux opérateurs, le maintien d'une telle opération devrait accroître l'endettement de la RD Congo, car les contrats ont été signés à la hâte, sans suivre les règles habituelles des négociations internationales, et sans faire bénéficier le Congo des règles préférentielles liées à sa situation spécifique de pays postconflit.

Il convient de tirer également quelques leçons de l'atteinte de l'initiative PPTE par la RD Congo, dans la mesure où ce pays a pu mettre en place des programmes ambitieux, sous l'impulsion des partenaires multilatéraux et bilatéraux, afin d'améliorer son environnement macroéconomique. Cependant, des efforts supplémentaires doivent être consentis pour assurer le maintien des réformes économiques structurelles nécessaires à un renversement de tendance durable, en éliminant les maillons faibles qui entraînent le pays dans les méandres du cercle vicieux de l'endettement. L'obtention de facilités au titre de l'initiative PPTE est censée dégager des ressources financières supplémentaires en faveur de la RD Congo, afin de soutenir, dans de bonnes conditions, des programmes économiques prioritaires dans les domaines de la santé, de l'éducation et de la réduction de la pauvreté.

La réalisation de cet objectif suppose l'allocation d'un personnel qualifié, et surtout intègre, au niveau du cercle du pouvoir de décision politique, pour insuffler un esprit patriotique aux citoyens congolais, dans l'optique d'un développement endogène, en évitant, dans la mesure du possible, les effets pervers d'une économie extravertie. Une attention particulière doit être accordée au marché interne, afin de porter des actions correctives au niveau de la mise en place des réformes. De même, il semble impérieux de moderniser l'outil de production et de recourir aux nouvelles technologies, de manière à avoir une incidence directe sur l'offre et la demande des denrées de première nécessité au niveau local, en bénéficiant des gains de productivité et des économies d'échelle.

Les relations tumultueuses entre la RD Congo et les institutions de Bretton Woods ont, néanmoins, permis l'élaboration du DSCRP I, après plusieurs péripéties. De même, les autorités congolaises se sont engagées, par la suite, dans le processus d'élaboration de la seconde mouture de ce document, à savoir le DSCRP II. Par ailleurs, l'adoption du nouveau programme économique du Gouvernement (PEG), en partenariat avec le FMI, suite à l'accalmie politique observée et dans le cadre de la poursuite des efforts de bonne gouvernance, est supposée générer un financement de l'ordre de 500 millions USD, dans l'optique du programme de soutien à l'équilibre du budget de l'État, sur une période de trois ans.

Dans l'immédiat, les retombées directes de la visite de DSK peuvent être comptabilisées à l'aune des apports financiers accordés à la RD Congo par la communauté internationale pour lutter contre les effets pervers de la crise financière internationale, dans le cadre des Facilités de protection contre les chocs exogènes (FCE). La RD Congo aurait bénéficié d'une aide financière de 200 millions USD de la part du FMI, de 100 millions USD de la Banque mondiale, de 100 millions USD de la Banque africaine de développement

(BAfD), de 60 millions USD de l'Union européenne et de 30 millions de la Belgique.

Conclusions

Il apparaît irréaliste d'envisager un retournement de tendance favorable en RD Congo dans un proche avenir, sans procéder à une diversification substantielle des sources de revenu. En effet, sans un apport important de capitaux, tant aux niveaux interne qu'externe, le processus de décollage économique tant attendu restera une lointaine utopie. Il est opportun de consentir des efforts substantiels en matière d'investissements productifs par l'allocation judicieuse des ressources dans des secteurs porteurs de l'économie nationale. On pourra mettre en place, par exemple, une politique innovante dans le processus de financement du secteur minier, en favorisant, notamment, la transformation sur place des produits de base, que l'on exporte généralement à l'état brut et pour des recettes bien modestes. Cette situation est de nature à assurer l'essor du secteur industriel, par le biais d'une politique proactive assurant le développement des zones économiques spéciales et des zones franches, pour faciliter la production et les exportations à grande échelle.

Par ailleurs, le poids du secteur de l'agriculture au sein de l'économie congolaise demeure exorbitant. Cette situation est d'autant plus déplorable que la majorité de la population y évolue, dans le cadre d'une économie de survie. Les méthodes agricoles employées demeurent rudimentaires avec, comme conséquence néfaste, l'accélération vertigineuse de l'aridité du sol. Il est impérieux d'adopter des méthodes modernes d'exploitation agricole. La mécanisation, le recours aux engrais chimiques et à la culture intensive sur des terrains appropriés pour contenir la diminution trop rapide de la surface arable, en constituent des passages obligés.

Il paraît légitime de s'interroger sur la nature de cette nouvelle coopération sino-congolaise et de ses éventuelles retombées financières, notamment en termes de processus d'endettement. Cette stratégie est, en effet, susceptible de constituer le socle, par excellence, d'un système permettant le maintien de déséquilibres permanents des finances publiques, en raison de l'alourdissement du service de la dette. Par ailleurs, la réticence persistante de la plupart des partenaires traditionnels de la RD Congo par rapport à cette nouvelle forme de partenariat constitue également une menace non négligeable, dans la mesure où ces pays participent de manière active à la dynamique de résorption des déficits chroniques du budget de l'État congolais. Ces partenaires privilégiés, dont les pays de l'Union européenne demeurent le fer de lance, se sentent, en effet, lésés ou mal rétribués, par rapport aux efforts consentis dans le cadre du développement économique et de la mise en place des institutions démocratiques en RD Congo.

Cependant, ce discours semble inopportun et relativement disproportionné, car la RD Congo a besoin de très nombreux partenaires au niveau international pour jeter les bases d'une politique macroéconomique efficiente en situation postconflit. Contrairement à une idée répandue dans les milieux occidentaux, la coopération sino-congolaise pourrait établir une dynamique nouvelle pour le développement économique de la RD Congo. La promotion des infrastructures par le biais d'un financement gagé sur l'exploitation des ressources naturelles peut, en effet, constituer la pierre angulaire du partenariat « gagnant-gagnant » annoncé tambour battant par les autorités congolaises. Cette dynamique peut assurer la construction et la réhabilitation des infrastructures nécessaires au développement économique.

CHAPITRE 8

LA PROMOTION DE L'ENTREPRENEURIAT

Introduction

Les obstacles rencontrés par les entreprises d'Afrique subsaharienne pour mobiliser les ressources et démarrer les activités dans de bonnes conditions demeurent considérables. La désorganisation du circuit financier moderne et le manque de fonds disponibles obligent, en effet, dans la plupart des cas, les entrepreneurs à recourir au système informel de financement. Dans ces conditions, le rôle de la famille demeure primordial dans la création et la promotion de l'entrepreneuriat. En règle générale, l'inadéquation des instances officielles a favorisé le recul des fonctions régaliennes de l'État. La précarité de l'environnement socio-économique consécutif a atténué la marge de manœuvre des entrepreneurs, compte tenu de l'expansion des contraintes structurelles (Germidis *et al.* 1991 ; Sumata 1993, 1995).

En Afrique subsaharienne, la famille constitue un noyau primordial dans la promotion de l'entrepreneuriat, car le lien familial agit comme un vecteur prédominant de mobilisation des ressources. L'analyse de l'organisation traditionnelle de la famille permet de cerner les motivations des agents. Certaines analyses sur la contrainte sociale et financière prétendent que la famille élargie demeure un fardeau difficile à gérer pour les entrepreneurs individuels. La pression communautaire exercerait une incidence néfaste sur la dynamique de l'entrepreneuriat, en empêchant le maintien d'un développement endogène. Cette réalité sociale n'est pas toujours vérifiée (Fauré 1991).

L'ambition majeure de ce chapitre est d'analyser la dynamique des transferts de fonds des Congolais de l'étranger et l'impact des institutions de microfinance sur la promotion de l'entrepreneuriat et la relance des activités économiques. Une attention particulière sera accordée aux stratégies visant la promotion de l'entrepreneuriat pour permettre aux nombreux agents de sortir du cercle vicieux de la pauvreté. Les microcrédits constituent, dès lors, des ressources non négligeables qui aident les populations démunies à accroître leurs revenus. Cependant, les contraintes financières et la lourdeur de la législation instaurées par les autorités monétaires congolaises demeurent des obstacles à l'essor de la microfinance. Par ailleurs, la mobilisation des ressources financières de la diaspora et leur allocation dans le système d'octroi de crédit peuvent résoudre les problèmes récurrents de pénurie de fonds dont souffrent ces institutions de microfinance. Les autorités politiques congolaises et les agences de développement internationales doivent être mobilisées dans cette dynamique.

1. La dynamique du lien familial dans la promotion de l'entrepreneuriat

Selon la théorie élaborée par M. Weber (1964 et 1991), il est judicieux de procéder à une nette séparation entre les relations familiales et la gestion des affaires, pour minimiser les coûts de l'exploitation et garantir la rentabilité. Ces assertions doivent, cependant, être nuancées, compte tenu de l'évolution de la situation socio-économique récente. Dans l'optique de la théorie des jeux, cette situation peut être modélisée par un jeu à somme nulle. En effet, le poids de la famille et le surcoût social engendré sont annihilés par les bénéfices perçus en termes d'apport financier et de main-d'œuvre. Les collectifs sociaux peuvent être des obstacles à l'épanouissement de l'entrepreneuriat à certaines époques, alors qu'ils représentent des atouts indispensables à certains stades (Fauré 1991).

La prospérité de l'entrepreneuriat peut être basée sur une combinaison astucieuse des relations familiales et du sens des affaires. Les déterminants du lien familial constituent, dans ce contexte, des vecteurs fondamentaux au service des entrepreneurs individuels. L'analyse de l'organisation traditionnelle de la famille permet de cerner dans quelle mesure la rationalité économique influence les comportements des agents. La promotion de l'entrepreneuriat par le lien familial peut s'exercer selon trois niveaux. D'abord, l'échange familial constitue une source non négligeable dans le processus de financement de l'entrepreneuriat. Ensuite, la famille demeure un vecteur primordial dans le cadre de l'allocation de la main-d'œuvre. Enfin, l'impact de la famille se pérennise à travers les retombées positives éventuelles de la migration internationale.

Nous allons d'abord cerner la contribution du lien familial à l'édification de l'entrepreneuriat, en partant de l'analyse de la société traditionnelle. La deuxième partie sera consacrée, pour l'essentiel, à l'analyse des données secondaires en provenance des travaux empiriques existants.

Les déterminants du lien familial : organisation de la famille et rationalité économique

La contribution de la famille traditionnelle au développement économique est flagrante dans les sociétés précapitalistiques. En effet, la prospérité consécutive demeure souvent le fait de grandes familles dont la taille et les propriétés accumulées représentent le patrimoine. Certaines professions dépendaient directement des lignées familiales, dont les compétences acquises se transmettaient dans un cadre plus ou moins ésotérique. Cette situation limitait la diffusion de la technologie, en la confinant à certaines catégories de la population, compte tenu de la situation de monopole exercée.

En Afrique subsaharienne, l'exercice de certains métiers (transformation des métaux, forge, poterie, tissage et médecine traditionnelle) était lié à l'appartenance à certaines confréries. En règle générale, ce système d'organisation du travail a su rentabiliser les ressources disponibles (main-d'œuvre, matières premières et capital) au sein de la communauté, en permettant l'éclosion d'une certaine forme d'entrepreneuriat, qui contribue au maintien de l'équilibre social. La famille demeure une unité domestique de production et de consommation dans laquelle la gestion du patrimoine économique est généralement exercée sous la supervision de l'ascendant le plus âgé. Ce système repose essentiellement sur la réalisation d'une production destinée à l'autoconsommation. Cependant, l'évolution récente du contexte socio-économique, liée notamment à l'extension de l'agriculture et à l'adoption des cultures de rente, bouleverse l'organisation de la société.

La dynamique de l'entrepreneuriat peut, dans ces conditions, être le prolongement des atouts des communautés domestiques, même si elle reste confrontée aux arbitrages permanents effectués par les opérateurs économiques entre le respect des obligations sociales et la mise en œuvre des impératifs de gestion rationnelle. La famille reste, dans ces conditions, une source intarissable de main-d'œuvre pour dégager la plus-value et accroître les ressources dans le processus d'accumulation. L'amplification de la crise tend à accentuer cette dynamique, dans la mesure où la mobilisation des ressources familiales, en passant par les micro-entreprises du secteur formel et informel, peut constituer le fer de lance du système d'impulsion de l'entrepreneuriat.

En Afrique subsaharienne, la solidarité traditionnelle se manifeste sous plusieurs formes, dans la réalité sociale : assistance en main-d'œuvre, accès au crédit sans intérêt, octroi de terres arables et de semences. Ces mécanismes de solidarité constituent, dès lors, le socle de la promotion de l'entrepreneuriat dans les zones rurales, mais aussi dans les centres urbains. Cette dynamique favorise une répartition plus ou moins équitable des ressources productives, en permettant aux plus démunis de bénéficier des transferts d'actifs en provenance des nantis. Cependant, la promotion de l'entrepreneuriat par le lien familial présente également des limites, du fait de la forte dépendance vis-à-vis de la famille directe et des proches. En effet, cette dynamique peut contraindre l'entreprise à n'opérer que dans un espace géographique restreint ou sur une échelle plus ou moins raccourcie. L'horizon temporel et spatial peut donc se rétrécir en limitant, du même coup, les capacités d'expansion et de succès de l'entreprise (Ellis & Fauré 1995).

En règle générale, les entrepreneurs jouissent d'un statut social élevé au sein de la société africaine, étant donné le rôle de premier rang qu'ils jouent. Certaines études ont pu démontrer cette dimension en mettant en exergue la prépondérance du capital social emmagasiné par les opérateurs économiques. Cette dynamique trouve sa justification lorsque le poids social consécutif devient néfaste au développement de l'entrepreneuriat et si les obligations sociales et les demandes « extra firmes » demeurent excessives. Cette argumentation doit être nuancée, compte tenu de l'importance du capital social dans la promotion de l'entrepreneuriat. En effet, les relations entretenues au sein de la communauté et le statut social jouent un rôle primordial dans le développement des entreprises en Afrique subsaharienne. Car les collectifs sociaux demeurent le socle permettant la pérennisation de liens solides entre les individus et les institutions, y compris les entreprises.

Les entrepreneurs essayent de consolider leurs relations et leurs statuts sociaux par le canal du mariage, notamment en choisissant leurs partenaires dans des familles nanties. De même, les entrepreneurs migrants peuvent être tentés de rechercher leurs conjoints potentiels au sein de la société hôte, pour assurer le maintien de leur intégration dans le pays d'accueil. Cette réalité est palpable dans de nombreux pays africains, comme en témoigne l'expérience des trafiquants et commerçants originaires des États d'Afrique de l'Ouest en RD Congo ayant pour la plupart épousé des femmes congolaises. Cette position sociale demeure, en effet, un tremplin substantiel dans le processus d'accès à certaines zones minières, dont l'exploitation reste réservée, dans une certaine mesure, aux nationaux.

La promotion de l'entrepreneuriat par le lien familial

La contribution de la famille au financement de l'entrepreneuriat

La finance informelle demeure la majeure source de financement de l'entrepreneuriat en RD Congo (Sumata 1993, 2004, 2005). Le développement fulgurant des activités informelles et parallèles a, en effet, entraîné un recul prépondérant des fonctions régaliennes de l'État. Dans ce contexte, les banques commerciales et les caisses d'épargne locales ne disposent pas de marges de manœuvre substantielles pour assurer leur rôle d'intermédiation financière. Cette situation est à la base de l'éviction dont souffre le secteur privé en ce qui concerne l'allocation des ressources financières. Il convient de remarquer que les PME/PMI subissent les effets pervers de cette réalité, en raison de l'importance accordée aux entreprises publiques, notamment celles opérant au niveau du secteur minier. Le manque de ressources financières est un problème crucial pour le démarrage des activités des PME/PMI en Afrique subsaharienne.

La prépondérance de la famille et des amis apparaît nettement dans les sources de financement des activités économiques du secteur privé en Afrique subsaharienne. Les ressources familiales et celles des proches constituent des fonds indispensables au démarrage des activités entrepreneuriales. Les résultats d'une enquête effectuée en RD Congo, entre 1995 et 1998, confirment cette tendance (Cadicec 2000). Le manque de confiance envers des partenaires potentiels constitue la raison essentielle de cette attitude. Par ailleurs, la ligne de démarcation entre les ressources familiales et les revenus de l'entreprise n'est pas toujours claire dans l'esprit des entrepreneurs. La plupart des propriétaires de micro-entreprises sont des femmes, et les ressources obtenues restent allouées, pour l'essentiel, à la consommation des ménages. De ce point de vue, en moyenne 60 % des revenus de ces femmes seraient orientés vers des dépenses courantes liées à la consommation alimentaire, selon cette étude du Cadicec.

De même, les enquêtes réalisées d'octobre à novembre 1990, sur les marchés de Kinshasa, permettent de confirmer cette thèse (Goossens & Minten 1991). Il ressort de cette étude que la majorité des détaillants des marchés est constituée de femmes. Leurs sources de financement proviennent, pour l'essentiel, des revenus salariaux des conjoints (46 % des cas). Dans ce contexte, 34 % des commerçants ont bénéficié d'apports financiers de la famille pour le démarrage de leurs activités. Le commerce reste dépendant du cercle familial, constituant une source de revenus d'appoint pour la famille, en cas de besoin. L'épargne personnelle constitue également une source de financement du commerce de détail : 14 % des vendeurs ont commencé leur activité avec leurs fonds propres. Le recours aux ressources de la caisse d'épargne reste aléatoire (1 % des cas), et le crédit fournisseur a financé seulement 3 % des activités.

Si la majorité de détaillants assurent le renouvellement de leurs stocks à partir de leurs recettes, il semble que l'appui du conjoint ou de la famille soit indispensable dans de nombreux cas. Pour les demi-grossistes, le financement des activités provient, pour l'essentiel, de l'épargne personnelle et des ressources familiales : 49 % des opérateurs économiques se sont financés par des fonds personnels, et 40 % ont bénéficié des aides familiales. Le système tontinier, le crédit fournisseur et le crédit bancaire ont assuré, respectivement, le financement de 5 %, 5 % et 1 % des cas. Le recours systématique aux ressources individuelles est flagrant au sein des entreprises du secteur informel de la RD Congo. L'analyse du marché du travail de la ville de Kinshasa, en 1984, démontre que 70 % des entreprises se sont formées à partir de financements individuels (BIT/PECTA 1986).

L'analyse du capital technique met en lumière trois éléments prépondérants dans sa constitution : les machines, les outils et le mobilier. Le financement des entreprises kinoises s'opère essentiellement par le canal des fonds propres de l'entrepreneur et par des apports de ses proches, car les entreprises du secteur informel de Kinshasa ne bénéficient pas systématiquement de crédit institutionnel, à l'exception de quelques unités. Les apports de la famille demeurent la seconde source de financement des activités de ces entreprises du secteur informel. Ce mode de financement représente environ 30 % des ressources initiales des entreprises à Kinshasa.

La famille comme source d'approvisionnement en main-d'œuvre

L'apport de la famille ne se limite pas au niveau du financement de l'entrepreneuriat, en Afrique subsaharienne. La cellule familiale assure également une part substantielle de la main-d'œuvre des entreprises du secteur privé. Le niveau de formation et d'apprentissage demeure rudimentaire au sein de ce secteur. En RD Congo, l'apprentissage constitue le mode de formation le plus utilisé dans le système informel, et cette situation s'observe particulièrement dans le secteur de la production. Dans la ville de Kisangani, on constate que moins de 5 % des entreprises ont bénéficié d'une formation adéquate auprès d'un centre professionnel. On constate, par ailleurs, une forte densité de la main-d'œuvre par entreprise au niveau des activités du secteur informel de Kinshasa. Les entreprises possèdent une moyenne de cinq employés, et cette ville constitue le premier pôle économique du pays, occupant environ 67 % des employeurs du secteur urbain. De même, elle draine 57 % des masses salariales allouées (BIT/PECTA 1986).

L'étude du capital humain démontre que le nombre moyen d'employés par entreprise est de cinq personnes. On observe également que 49 % des entreprises informelles disposent d'un nombre de salariés compris entre un et quatre. Il convient donc de remarquer la prépondérance des entreprises de petite dimension au sein du secteur informel de Kinshasa. Cette situation provient surtout de la structure individuelle des activités. Les entreprises qui réalisent un chiffre d'affaires important sont celles qui sont spécialisées dans la production. Par ailleurs, il convient de mentionner que seulement 4 % des entreprises font partie d'une coopérative. Les besoins en matières premières pour la plupart des unités de production sont satisfaits localement.

2. Les contraintes majeures à la promotion de l'entrepreneuriat en RD Congo

Les entreprises congolaises face à la pénurie de devises

Le maintien d'un climat défavorable des affaires, du fait de l'instabilité du cadre macroéconomique et de la pérennisation des conflits armés sur une fraction non négligeable du territoire congolais, perturbe les opérations financières des entreprises. La gestion courante des unités de production et des entités commerciales demeure aléatoire, étant donné la volatilité du taux de change et les incertitudes liées aux pressions inflationnistes. L'inconvertibilité du franc congolais et la pénurie persistante de devises au sein des instances financières officielles constituent des facteurs déterminants dans la prolifération des circuits parallèles de change. Le recours au marché parallèle est incontournable pour la majorité des entreprises, qui n'arrivent pas à s'approvisionner dans de bonnes conditions auprès de la finance institutionnelle. Par ailleurs, les incertitudes liées au processus de dépréciation régulière du taux de change de la monnaie nationale au niveau des circuits parallèles entretiennent l'évolution à la hausse du niveau général des prix sur les marchés de biens et de services.

Lors du règne du président Laurent-Désiré Kabila, la mise en place de mesures restrictives visant à assurer le contrôle des changes n'a pas eu les effets escomptés, notamment au cours de l'année 1997. En règle générale, le système informel de change continue de proliférer, dans le cadre de l'économie congolaise, et cela s'accompagne d'une pression inflationniste substantielle aboutissant à une fuite généralisée devant la monnaie nationale. Cette situation favorise le maintien des instabilités au niveau des prévisions des opérateurs économiques et les distorsions observées par la suite perturbent les prévisions des entreprises, compte tenu de l'accroissement exorbitant de leurs charges.

Les sources d'approvisionnement en devises

En règle générale, l'étroitesse des instances de financement officielles ne permet pas aux entreprises de s'approvisionner dans de bonnes conditions auprès du secteur bancaire et financier formel. Les mesures de libéralisation adoptées par les autorités gouvernementales congolaises, au cours des années 2000, ont eu une incidence modérée. Le recours au système de change flottant en situation postconflit a eu un impact limité. Cette situation nous rappelle le cas des politiques similaires appliquées en septembre 1983, dont le secteur industriel a été le plus grand bénéficiaire en ce qui concerne l'allocation des ressources en devises (Sumata 1995). Ce dernier a connu un fonctionnement plus ou moins harmonieux jusqu'en 1986, lorsque des difficultés sont apparues, du fait des problèmes majeurs de gestion liés à la pénurie de devises. Cette situation a perturbé le déroulement des opérations financières des entreprises.

Il convient de rappeler que la plupart des entreprises évoluant en RD Congo éprouvent des difficultés considérables pour assurer le maintien de leur système d'approvisionnement à l'étranger, en raison du manque de devises. Les perturbations observées au niveau des importations ont pénalisé l'offre sur le marché des biens, provoquant sa contraction et favorisant l'envolée des prix des denrées. Les entreprises, confrontées à des difficultés insurmontables dues au manque de ressources, virent la gestion de leur trésorerie devenir hasardeuse, en raison de l'accroissement de leurs coûts de production.

Le marasme économique observé par la suite a entraîné des cessations d'activités et des dépôts de bilan au sein de divers secteurs de l'économie. Cette situation a entraîné des ajustements sur le marché du travail, dont les licenciements massifs et les réductions d'effectifs constituèrent le paroxysme. De même, l'embauche de jeunes et de nouvelles recrues est désormais de plus en plus aléatoire. Dans ce contexte, l'effondrement de l'économie nationale favorise la paupérisation croissante de la population congolaise.

Par ailleurs, l'utilisation à outrance des circuits parallèles de devises va créer une pression considérable sur la demande de ressources. Les mouvements erratiques des taux de change constituent, dès lors, des courroies de transmission majeures dans le délabrement de l'économie congolaise, car ils entretiennent le processus de hausse cumulative des prix. Dans ces conditions, la gestion des PME/PMI est aléatoire, face aux incertitudes inhérentes à l'environnement macroéconomique. Les mesures mises en place par les autorités congolaises, notamment dans les années 1990, n'ont pas eu les effets escomptés. L'unification des taux de change officiel et parallèle réalisée, par exemple, pour empêcher l'essor des circuits parallèles de change, s'est avérée catastrophique, du fait de la pénurie de devises au sein des instances financières formelles. Cette situation désastreuse a favorisé le maintien d'un système d'allocation sélective du crédit, caractérisé par l'octroi de ressources limitées à certains secteurs de l'économie, notamment au profit de l'industrie minière. Les entreprises exportatrices disposant d'un filet de sécurité plus ou moins confortable continuent d'assurer leur approvisionnement à l'étranger. Par contre, la plupart des unités de production et des exploitations commerciales demeurent dans l'incapacité de réaliser leurs importations dans de bonnes conditions.

Une constante de l'économie congolaise est, comme nous l'avons vu, le fait que le concours financier du secteur bancaire et financier formel aux PME/PMI est pratiquement inexistant (tableau 8.1). Dans ce contexte, les entreprises de taille considérable, possédant des structures d'exploitation diversifiées, semblent mieux armées pour affronter les retombées de la crise financière internationale. Le recours aux mesures restrictives tend à réduire davantage la marge de manœuvre des entreprises. En effet, les banques commerciales exigent des entreprises de plus en plus de garanties supplémentaires pour le financement de leurs importations. Elles exigent généralement l'approvisionnement intégral des comptes par ces dernières selon la valeur des produits à commander avant l'introduction de la licence d'importation. Par ailleurs, les problèmes de trésorerie des entreprises sont accentués du fait de l'évolution à la baisse des revenus réels des individus, face à la prolifération des tensions inflationnistes. Les paiements au comptant semblent de plus en plus hasardeux et les clients éventuels réclament désormais des facilités, afin d'acquitter leurs dettes sur un horizon temporel relativement long.

Dans ces conditions, les problèmes récurrents d'immobilisation de capital constituent des barrières dans la gestion quotidienne de la plupart des unités commerciales et de production. Cette tendance demeure particulièrement alarmante pour les entreprises évoluant dans les zones rurales, du fait de la vétusté des moyens et des infrastructures de transport. Les sociétés importatrices ne bénéficient généralement pas du délai habituel de quatre-vingt-dix jours lors de leurs transactions auprès de leurs fournisseurs au niveau international. Elles sont obligées de payer au comptant leurs factures et ne bénéficient d'aucune faveur lors du lancement de leurs commandes. Selon la même logique, les fournisseurs ne font pas profiter les entreprises au niveau local du différé de quarante jours pour le paiement de leurs produits. On peut également déplorer le fait que la plupart des transactions se fassent en utilisant les espèces et que l'usage des chèques reste marginal. Cette situation tend à alourdir les procédures, et le coût du transport des billets constitue un problème majeur, dans le cadre d'une conjoncture caractérisée par la prolifération des tensions inflationnistes.

Les problèmes de trésorerie des entreprises face à la volatilité du taux de change

L'accroissement du volume des transactions au niveau des circuits parallèles de change propulse le taux de change parallèle au premier plan dans la détermination des prix au niveau interne. Le phénomène de la dollarisation observé par la suite assure le maintien du taux de change comme variable déterminante dans la fonction de demande de monnaie des agents économiques. La crise de liquidité subséquente oblige les entreprises congolaises à se réapprovisionner auprès des circuits parallèles de change. Ainsi, elles peuvent acquérir les ressources nécessaires pour assurer l'importation des pièces de rechange, des denrées alimentaires et des médicaments. Le marasme économique consécutif tend à favoriser l'expansion des activités commerciales, alors que les investissements productifs subissent une régression très importante. L'horizon temporel des entreprises subit un rétrécissement considérable, car le court terme est désormais privilégié au détriment du long terme. Au surplus, l'expansion du système d'indexation des prix au taux de change parallèle demeure un facteur déterminant dans la prolifération des tensions inflationnistes, du fait de la dépréciation régulière de la monnaie congolaise (Sumata 2001).

Dans ce contexte, les entreprises congolaises éprouvent des difficultés insurmontables face aux mouvements erratiques du taux de change de la monnaie nationale. Leurs ressources réelles s'amenuisent, du fait de l'érosion monétaire, et la méfiance observée par la suite demeure un frein majeur à la relance des activités économiques. Les charges des entreprises augmentent de manière vertigineuse, compte tenu de certaines dépenses incompressibles, comme l'importation de pièces de rechange. Les coûts de transport croissent inexorablement, du fait de la hausse du prix des carburants et de la dégradation des moyens de communication. La durée du cycle de production s'allonge et, par conséquent, les charges des entreprises s'accroissent de manière exponentielle. Les biens produits sur l'espace national restent peu compétitifs par rapport à certaines denrées importées. Signalons qu'une maîtrise des variables financières demeure indispensable dans la gestion quotidienne des affaires, afin de dépasser les effets pervers des mouvements erratiques du taux de change et de la dépréciation du franc congolais. Les entrepreneurs sont, dès lors, obligés de tenir compte du risque de change lors de l'établissement des contrats commerciaux.

Les problèmes récurrents des PME/PMI en RD Congo

Des contraintes majeures pèsent sur la création et la promotion de l'entrepreneuriat en RD Congo. Le processus de démarrage des activités entrepreneuriales y est, en effet, hasardeux, du fait d'une multiplicité de pesanteurs, dont l'inexistence de mécanismes appropriés d'octroi de crédit et le maintien d'un système d'imposition pléthorique (tableau 8.1).

Tableau 8.1. Les goulets d'étranglement des entreprises

L'accès au crédit
L'inadéquation des infrastructures (transport et communications, dessertes en eau et en électricité)
Les lourdeurs et les tracasseries administratives
La multiplicité des taxes
Le maintien d'un système d'imposition pléthorique
La corruption des agents de l'État
Le poids du secteur informel et des échanges parallèles

Il faut également déplorer les formalités administratives et des procédures inadéquates, qui empêchent la multiplication de l'entrepreneuriat. Signalons que la RD Congo ne dispose pas de structures appropriées pour assurer l'essor et le dynamisme des PME/PMI (tableau 8.2).

Tableau 8.2. Les barrières à la création et à la promotion des entreprises

Catégories	**Classement de la RD Congo 175e sur 183**
Création d'entreprise	146
Octroi d'autorisation de bâtir	81
Transfert de propriété	118
Obtention de prêts	168
Exécution des contrats	172
Fermeture d'entreprise	155

Source : Groupe Banque mondiale. *Doing Business* (2011).

En règle générale, les crédits accordés aux entreprises et aux particuliers restent en deçà de leurs besoins réels, en dépit d'une certaine amélioration de la tendance observée ces dernières années. Le tableau 8.3 nous permet de suivre cette évolution, au cours de la période allant de 2005 à 2009. Remarquons que la baisse du volume des crédits alloués aux opérateurs économiques, au cours de l'année 2009, est la conséquence directe de la crise financière internationale.

Tableau 8.3. Évolution des crédits accordés aux entreprises et aux particuliers

Crédits aux entreprises et aux particuliers (en milliers de CDF)					
	2005	**2006**	**2007**	**2008**	**2009**
Banques	113 862 803	315 107 944	287 437 872	598 483 738	546 699 608
Crédit à décaissement	63 625 335	126 399 609	200 832 966	490 410 664	480 847 063
Crédit de signature	50 237 468	188 708 335	77 604 906	108 073 074	65 852 545
Institutions spécialisées	717 796 038	277 171 731	190 850 030	275 853 638	96 478 464
TOTAL	831 658 841	592 279 675	469 287 902	874 337 376	643 178 072

Source : BCC.

À la lumière de ce qui précède, force est de constater que le climat des affaires demeure peu attractif en RD Congo, en dépit des efforts consentis ces dernières années. Si l'adhésion récente du pays à l'OHADA est censée renforcer la sécurité juridique et institutionnelle de l'environnement des affaires, l'adoption de mesures concrètes s'impose pour permettre la mise en place effective d'une nouvelle donne dans la manière d'assurer la promotion de l'entrepreneuriat. De même, l'établissement de la TVA, en 2012, constitue une avancée significative dans ce sens.

3. La contribution de la diaspora à la promotion de l'entrepreneuriat

Les déterminants des transferts de fonds

L'allocation judicieuse des ressources en provenance de la diaspora est de nature à desserrer la contrainte relative au manque de devises, étant donné l'importance de leurs flux. Le problème majeur consiste à assurer la prééminence de leur rôle dans le processus d'intermédiation financière par le biais du financement des activités économiques, en essayant de surpasser le cadre familial.

Tableau 8.4. Évolution des flux de transferts de fonds
(en milliers de CDF, USD, EURO)

Rubriques	2006	2007	2008	2009	2010
I Transferts nationaux					
1. Fonds reçus En CDF	2 432 307	5 163 814	12 585 545	11 609 228	14 264 430
En USD	8 287	17 301	48 794	63 216	127 177
2. Fonds transférés En CDF	2 463 401	5 176 161	12 377 853	10 701 200	15 897 278
En USD	7 480	12 439	42 781	49 228	101 481
II Transferts internationaux					
1. Fonds reçus En USD	67 777	76 410	12 988	238 836	284 840
En EURO	1 649	3 644	4 232	3 318	1 057
2. Fonds transférés En USD	31 876	37 574	119 111	171 710	217 125
En EURO	717	2 882	2 185	5 093	3 329

Source : BCC, Rapport sur la supervision des intermédiaires financiers, direction de la Surveillance des intermédiaires financiers (2011).

L'analyse du tableau 8.4 montre que les flux des transferts de fonds en provenance de l'étranger ont progressé, entre 2006 et 2010. Il convient donc d'améliorer leurs canaux de transmission, en les orientant vers les secteurs porteurs de l'économie. Les transferts allègent la souffrance des individus en RD Congo, face à la pérennisation de la crise socio-économique caractérisée par une pénurie persistante de ressources financières. L'allocation de ces revenus supplémentaires dépend des priorités immédiates des familles, dans la mesure où ils sont utilisés pour des motifs divers, allant de la consommation à l'investissement. En matière de projets d'investissement, ils concernent, pour l'essentiel, l'implantation des activités commerciales à faibles coûts d'investissement.

L'utilisation des transferts de fonds de la diaspora

Les transferts effectués par les émigrés vivant, dans la plupart des cas, en Occident constituent des sources de financement de l'entrepreneuriat, tant au démarrage des activités que pour le renforcement du *cash-flow*, lors du processus de consolidation des affaires.

En situation de pénurie croissante de ressources, les transferts des émigrés peuvent représenter le seul apport en capital pour des micro-entreprises. Ainsi, les changeurs de monnaie opérant sur les circuits parallèles de change peuvent bénéficier d'un apport financier non négligeable de la diaspora, qui leur permet d'élargir leurs marges bénéficiaires. De même, les « prêteurs d'argent » individuels peuvent, grâce aux capitaux des migrants, mettre en place des systèmes financiers informels, caractérisés par des taux usuraires, de l'ordre de 50 % sur les crédits accordés. Notons que l'expansion du système de prêt à gages « *tia mutu bakata* » permet d'hypothéquer les biens essentiels des bénéficiaires (bijoux, appareils électroménagers et/ou immeubles), biens dont ils se voient dépossédés, en cas de défaut de paiement aux dates convenues initialement (Sumata 2004 ; 2005).

Le secteur des transports constitue le cadre idéal des investissements entrepris par les émigrés au sein de l'économie congolaise. Face à l'effondrement des services étatiques et à la faillite du système formel, le secteur des transports de Kinshasa, la capitale congolaise, est devenu tributaire des transferts des émigrés, dont l'investissement assure le maintien du système informel. En effet, ce secteur survit grâce au dynamisme de la diaspora et de la prolifération des moyens de communication non conventionnels, alors qu'on assiste à la dégradation des services étatiques et à l'essoufflement du parc d'automobiles « formel ». À Kinshasa, le transport urbain se maintient du fait des transferts réalisés par les émigrés, qui y acheminent des *combis* (minibus), des camions ou des taxis, afin d'assurer l'essentiel des déplacements des citoyens.

Le nombre de véhicules à Kinshasa tend même à augmenter, grâce au dynamisme du secteur non structuré et au transfert des marchandises en provenance de la diaspora. La vitalité des minibus, en dépit d'une infrastructure des transports très faible, est due aux opérateurs du secteur informel, avec l'appui des transferts de fonds et d'équipements des émigrés congolais vivant en Europe et en Amérique du Nord. Ceux-ci transfèrent, en effet, également des moulins à manioc, du matériel informatique (ordinateurs et imprimantes), des appareils téléphoniques et des moteurs de chambres froides.

Contrairement à une idée établie, notamment dans les années 1980, le développement fulgurant du secteur informel n'est pas uniquement le fait de l'exploitation systématique des ressources locales à faible productivité et dotation en capital. Il s'explique également par l'appui inconditionnel des fonds et des équipements en provenance de la migration internationale et le recours à des opérateurs qualifiés, issus du système scolaire officiel. Le problème du chômage des personnes qualifiées trouve ainsi une réponse partielle, même si les offres d'emploi ne correspondent pas toujours à la formation initiale.

En dehors du domaine des transports, la majeure partie des investissements réalisés par la diaspora congolaise se concentre sur des activités commerciales et de services regroupant, pour l'essentiel, des boutiques de vêtements, des services informatiques (Internet cafés) et le secteur alimentaire (chambres froides). De même, l'acheminement de médicaments et d'équipements médicaux est à la base de la création de certaines cliniques privées et les soins prodigués aux membres de leurs familles constituent l'une des facettes de leur contribution à leur survie.

Le financement des activités agricoles familiales constitue un autre volet de l'intervention des migrants congolais, compte tenu de l'amplification de l'agriculture urbaine. Les Kinois, par exemple, peuvent bénéficier, dans ce cadre, d'apports financiers et de transferts d'équipements agricoles de la part des migrants. Par ailleurs, l'acheminement du capital financier sert aussi à maintenir le développement de petites activités commerciales informelles, notamment dans le secteur alimentaire et dans celui de l'artisanat. En effet, le démarrage de ces activités ne nécessite pas la mobilisation de ressources financières substantielles.

L'achat de maisons et/ou la construction de villas pour les membres de la famille et pour les émigrés eux-mêmes demeurent un volet primordial de leur contribution au développement économique de la capitale congolaise. La construction de villas peut prendre plusieurs années et les quartiers périphériques de Kinshasa enregistrent une prolifération de nouveaux logements. Cependant, de nombreux émigrés peuvent être victimes de supercheries de la part des membres de leurs familles, les transferts pouvant être détournés de leur trajectoire initiale, et cela retarde, du même coup, les travaux de construction en cours.

La ligne de démarcation semble difficile à établir entre les transferts des émigrés alloués à la consommation et ceux investis directement dans les activités commerciales et de production. Certaines activités liées à la consommation, comme le paiement des frais scolaires, la prise en charge des soins médicaux ou la construction d'une maison, peuvent avoir des effets d'entraînement non négligeables, à terme, sur les activités économiques, tant au niveau local qu'au niveau national. La prise en charge des soins médicaux et des frais de scolarité par la diaspora, par exemple, constitue une réponse urgente, face aux besoins immédiats des membres de leurs familles. Néanmoins, les dépenses opérées dans ce cadre peuvent avoir un impact considérable à terme, du fait du capital humain constitué grâce à elles.

En outre, une part croissante des transferts des émigrés emprunte également des canaux non officiels, en dehors des instances formelles, représentant un manque à gagner considérable pour les autorités gouvernementales. Le problème récurrent de pénurie de devises pourrait être soulagé, si ces ressources financières en provenance de la diaspora transitaient pour l'essentiel par les circuits formels.

Mobiliser les ressources de la diaspora en période postconflit[27]

Les autorités gouvernementales congolaises doivent diversifier les activités du système financier formel en essayant, par exemple, d'accorder des crédits aux PME/PMI, ainsi qu'aux unités de production et aux unités commerciales du secteur informel. La mise en place d'un dispositif incitatif serait de nature à assurer l'articulation des circuits financiers formel et informel, en permettant la réduction du dualisme financier. Les autorités monétaires sont censées accorder également une attention particulière au mouvement coopératif, de manière à lier les facilités de crédit à la collecte de l'épargne. Cette situation exige le renforcement des capacités financières de ces institutions et l'adaptation de leur cadre juridique aux réalités locales.

Par ailleurs, la maîtrise des flux financiers (« *remittances* ») liés au processus de migration doit bénéficier d'une attention particulière de la part du Gouvernement congolais, comme des agences de développement, aussi bien au niveau national qu'au niveau international. Ces fonds contribuent, en effet, au développement du pays d'origine des émigrés, car les ressources véhiculées servent à la consommation, dans la plupart des cas, mais favorisent aussi, dans une certaine mesure, l'investissement productif. En Afrique subsaharienne, en général, et au Congo, en particulier, ces transferts de fonds constituent une nouvelle forme d'aide au développement « privée », permettant aux innombrables familles de contourner les aléas de la pauvreté, aux populations démunies de subvenir à leurs besoins de base et pouvant servir, dans certains cas, au financement d'investissements productifs.

Dans les pays disposant d'une importante population ayant émigré en Europe occidentale et en Amérique du Nord, ces fonds alimentent également l'offre de devises, remédiant ainsi au manque de celles-ci. L'analyse des ressources mises en œuvre dans ce cadre s'impose dès lors, car elles sont substantielles et leur impact sur la balance des paiements est considérable. Par conséquent, les autorités gouvernementales congolaises doivent procéder à une analyse minutieuse des comportements d'épargne des émigrés, pour essayer d'établir une estimation statistique du volume de ces transferts et de les canaliser dans des circuits financiers formels.

Le recours aux ressources de la diaspora peut amener des capitaux considérables au niveau du système financier formel. Selon les estimations de la Banque mondiale, les transferts de fonds officiels en faveur des pays en développement ont représenté environ 167 milliards USD en 2005. Ces chiffres sont supérieurs aux montants consentis au titre de l'APD au cours

[27] Le développement du *mobile banking*, lancé récemment en RD Congo, peut également mobiliser les ressources de la diaspora, offrant de nouvelles opportunités pour le financement des investissements.

de la même période. En outre, ces estimations doivent être multipliées par deux, si l'on tient compte du poids des circuits informels et parallèles, par où transite l'essentiel de ces transferts.

La contribution de la diaspora à la promotion de l'entrepreneuriat

La création d'entreprises par les immigrés congolais dans le pays d'accueil est un moyen pour eux de combattre l'exclusion sociale en améliorant leurs conditions de vie. Les activités commerciales leur permettent d'avoir des revenus plus décents et de procéder à la création d'emplois, en brisant le cercle vicieux de la pauvreté. Cependant, cette dynamique demeure aléatoire, car les entrepreneurs immigrés rencontrent souvent des barrières insurmontables. Le financement des activités est hasardeux, dans un environnement où la discrimination constitue la règle. Certains analystes affirment que les problèmes rencontrés par les entreprises des immigrés ne sont pas différents de ceux des autres gestionnaires de petites et moyennes entreprises (PME). Néanmoins, ils rencontrent des problèmes à toutes les phases de leurs activités, tant au démarrage de leur entreprise qu'aux étapes successives de croissance. Ainsi, les entrepreneurs immigrés sont pénalisés en matière d'accès au crédit. De même, les problèmes liés à la fidélisation de la clientèle (en l'occurrence l'étroitesse du marché) les confinent, dans la plupart des cas, à jouir des avantages comparatifs de leurs propres ethnies. Les entreprises des immigrés congolais font encore face à d'autres barrières qui affectent leur dynamisme, y compris des difficultés linguistiques, des problèmes d'immigration et de xénophobie, la concentration sectorielle des entreprises et le manque de visibilité sur l'avenir des affaires.

Les activités entrepreneuriales des immigrés congolais sont un facteur de mobilité sociale et de développement économique, à la fois dans les pays d'accueil et en RD Congo. On peut étudier également dans quelles conditions la connaissance du pays d'origine et l'expertise de la communauté francophone immigrée peuvent être des atouts dans la création d'entreprises et la pérennisation des activités à moyen et long termes. Par ailleurs, afin de surmonter les barrières liées à la discrimination, les institutions bancaires formelles devraient mettre en œuvre un système approprié d'accès au crédit. La promotion de stages de formation adaptés aux besoins réels des entrepreneurs congolais peut assurer l'essor de l'entrepreneuriat et permettre l'intégration de ces populations dans les pays d'accueil. Cette situation demeure également un levier puissant de développement économique, dans la mesure où ils pourront davantage contribuer au développement de leurs pays d'origine.

Par conséquent, les autorités gouvernementales congolaises doivent mettre en place une stratégie proactive visant à valoriser les ressources de la diaspora congolaise, en se basant sur les programmes prévalant au niveau des pays occidentaux (encadrés 8.1 et 8.2). Cette dynamique est de nature à faciliter le processus de résorption du chômage et le maintien de l'emploi en RD Congo, en favorisant la création au pays de PME/PMI par les Congolais de l'étranger.

Encadré 8.1. Quelques projets d'investissement récents sous l'égide de la coopération internationale

1. Le projet de la Banque interaméricaine de développement et d'autres banques (Bridge)

Ce programme favorise la canalisation des transferts de fonds par les institutions financières formelles. Il assure la mobilisation des ressources au profit du secteur bancaire formel et d'autres organismes de crédit, afin d'élargir leurs marges financières et de baisser les coûts d'investissement dans un panel de pays. Les investissements sélectionnés portent sur des projets de développement visant à améliorer les infrastructures, notamment le système d'approvisionnement en eau et la promotion de l'entrepreneuriat. À ce stade, le projet en question est focalisé sur le Honduras et le Salvador, qui essayent d'identifier les secteurs à financer au sein de leurs communautés.

2. Le système de financement de l'agence américaine USAID au profit de la diaspora haïtienne

Il s'agit d'un programme de financement d'un montant de 12 millions USD, dans le cadre d'un projet de quatre ans pour maximiser la contribution des transferts de fonds de la diaspora haïtienne au développement des infrastructures sociales et des entreprises sociales. Les fonds des migrants haïtiens sont valorisés par des ressources financières additionnelles, sous forme de dons de l'USAID, pour assurer le maintien d'un système de création d'emplois et de développement communautaire au profit des communautés locales.

3. Le fonds de la Fondation de Western Union en partenariat avec le PNUD et le gouvernement des Philippines

Le programme, d'un montant de 250 000 USD, assure la canalisation des transferts de fonds des migrants philippins vers des projets de développement. Cette initiative facilite le financement des micro-entreprises et le développement des initiatives dans les communautés de base, par le biais d'un programme de deux ans. Ce partenariat implique plusieurs acteurs économiques, notamment l'État, le secteur privé et les migrants disséminés à travers le monde. La plupart des projets concernent la recherche du développement local ou l'atteinte des OMD, sans porter préjudice au bien-être des bénéficiaires des transferts de fonds.

Source : *Migrant Remittances* (USAID) 2011.

La diaspora constitue un atout majeur dans la mise en œuvre d'une stratégie de renversement de tendance postconflit et de sortie de crise, comme on peut également s'en rendre compte par la multiplicité des programmes mis en place à l'échelle internationale. Le rôle des émigrés dans le démarrage et la promotion de l'entrepreneuriat au niveau de leur pays d'origine peut, en effet, être décisif, si des mesures appropriées sont adoptées.

Encadré 8.2. Les programmes de promotion des entrepreneurs immigrés à l'échelle internationale

1. Le partenariat USAID et Western Union pour la promotion des investissements privés des membres de la diaspora africaine dans leur pays d'origine

Dans le cadre du programme d'aide à la création d'entreprises par les membres de la diaspora africaine dans leur pays d'origine mis en place par le Gouvernement américain (USAID) et la compagnie Western Union, quatorze bourses, d'une valeur située entre 50 000 et 100 000 USD, ont été accordées aux candidats sélectionnés, au cours d'une cérémonie ayant eu lieu à Washington, du 12 au 13 janvier 2010. Il s'agit d'un programme visant à assurer l'épanouissement des initiatives privées au sein de la communauté africaine aux États-Unis, en leur offrant les capitaux nécessaires au démarrage d'investissements en Afrique subsaharienne. Cette dynamique se situe dans le cadre de la stratégie du Gouvernement américain pour favoriser la croissance économique dans ce continent par la création de PME/PMI aux capacités de création d'emplois gigantesques. Cette démarche constitue une avancée significative dans le processus de réduction de la pauvreté, dans la mesure où elle permet aux agents économiques d'accroître leurs revenus. Les entrepreneurs issus de la diaspora saisissent, dans leurs pays d'origine, les opportunités de mettre en pratique des idées novatrices par le biais d'investissements dans le secteur privé.

2. Le programme « Migrations et initiatives économiques Nord/Sud » en France

L'objectif majeur du programme « Migrations et initiatives économiques » (PMIE) est de faciliter la mise en place de projets économiques des migrants dans leur pays d'origine et en France. Il a commencé en 2001, sous l'égide de l'association PS-Eau (Programme Solidarité Eau). Il bénéficie de financements du Gouvernement français, par le biais du ministère des Affaires étrangères et de celui du Travail, de l'Emploi et de la Cohésion sociale, ainsi que d'autres institutions comme la Commission européenne et le Comité catholique contre la faim et pour le développement (CCFD). Depuis 1996, le PS-Eau anime un réseau d'opérateurs d'appui : le GAME (Groupe d'appui à la micro-entreprise). Deux actions d'envergure ont été mises en place dans ce contexte.

Les bourses d'étude de faisabilité : elles facilitent la réalisation d'études dans les pays d'origine, pour la collecte des informations indispensables au projet.

Elles offrent aux migrants la possibilité d'en vérifier la pertinence et la viabilité. L'étude en question est effectuée par un opérateur local spécialisé dans le domaine de la création d'entreprises. Les montants, de l'ordre de 1300 euros, sont alloués en dehors de la prise en charge des frais de voyage, d'hébergement dans le pays et de prestation, à verser à l'organisme d'appui.

L'action « Investissement à distance » : elle est opérationnelle au Sénégal et au Mali, en partenariat avec les banques locales. Elle permet aux migrants travaillant en France et disposant d'une épargne de cautionner le crédit accordé par une banque locale à un membre de la famille ou à un partenaire pour créer une entreprise. Le montant de la caution représente la moitié de la valeur totale du prêt.

3. Le soutien des initiatives de développement des migrants dans leurs pays d'origine d'OCIV en Belgique

Il s'agit d'un programme mis en place par OCIV-Migration et développement, un des départements d'OCIV (Overlegcentrum Integratie Vluchtelingen), la plate-forme de concertation des associations d'aide aux réfugiés et aux demandeurs d'asile basées en Flandre. Ce programme a été créé en 2000 pour accompagner les migrants dans le processus de création d'entreprises et d'élaboration de projets au profit des populations locales de leur pays d'origine.

Il convient de considérer avec une attention soutenue le parcours des migrants congolais dont la trajectoire passe souvent par un processus de migration Sud-Sud, même si les pays occidentaux demeurent leurs terrains de prédilection. La RSA constitue un passage obligé dans la plupart des cas. La mobilisation des ressources de la diaspora demeure une solution alternative pour stimuler l'entrepreneuriat en RD Congo, face à la quasi-inexistence de classe moyenne et l'absence de PME/PMI viables détenues par des Congolais dans le pays. L'expertise et les ressources de la diaspora congolaise, notamment celle du Royaume-Uni, sont des atouts majeurs que les autorités congolaises doivent prendre en compte (encadré 8.3).

Encadré 8.3. L'entrepreneuriat congolais du Royaume-Uni face à la crise économique internationale

La promotion de l'entrepreneuriat en période de crise économique internationale constitue un exercice difficile, pour de nombreux agents économiques, et insoutenable, pour la plupart des opérateurs économiques issus de la diaspora établie en Angleterre, et à Londres en particulier. Les commerçants congolais y éprouvent des difficultés majeures à maintenir leurs activités dans de bonnes conditions. Notre propos est d'analyser les barrières qu'ils affrontent, face à une situation hasardeuse qui se maintient dans le temps. Les entrepreneurs congolais du Royaume-Uni ont tendance à cibler un segment bien précis de la population en termes de clientèle, regroupant pour l'essentiel les agents économiques issus de la diaspora congolaise et à leur proposer quelques denrées en rapport avec leurs besoins. Cette spécialisation par rapport au marché présente des limites, du fait de l'étroitesse de ce dernier, et réduit également leur marge de manœuvre. Cela les rend vulnérables aux aléas de la conjoncture internationale.

Les produits sur lesquels se concentrent les entrepreneurs immigrés issus de la diaspora congolaise concernent donc des domaines spécifiques[28], allant des denrées alimentaires aux tenues vestimentaires. L'offre porte également sur les supports modernes censés véhiculer l'information, à savoir les cassettes audio et vidéo, les CD et les DVD. Certains articles proviennent de la RD Congo. Cela permet d'assurer le maintien d'une information auprès des membres de la communauté congolaise du Royaume-Uni. D'autres denrées et services, liés notamment à l'import-export, et les produits cosmétiques, occupent également une place primordiale au niveau de l'offre.

La crise économique internationale de 2008-2009 a eu une incidence réelle sur la dynamique de l'entrepreneuriat, du fait de son impact néfaste sur la demande. La persistance du chômage et la contraction des revenus des agents économiques ont été des freins majeurs à la multiplication des affaires. La récession qui sévit au Royaume-Uni a eu une incidence négative sur la dynamique de l'entrepreneuriat. Les licenciements ont également frappé les populations immigrées en provenance de la RD Congo.

Cette situation a eu des répercussions importantes sur leur pouvoir d'achat, qui a baissé de manière inéluctable. Le manque de visibilité à moyen et long termes a également constitué une entrave considérable au maintien d'une dynamique de croissance en période de marasme économique. L'absence d'un système de management efficient n'a pas permis aux entrepreneurs congolais de surmonter les obstacles de parcours liés à la nouvelle donne.

Leurs ressources et leurs marges bénéficiaires se sont effondrées. Leurs chiffres d'affaires se sont rétrécis et la débâcle économique consécutive a poussé certains entrepreneurs à mettre la clé sous le paillasson.

Il semble opportun de mentionner quelques points essentiels, qui peuvent servir les entrepreneurs congolais du Royaume-Uni à relever les défis de la mondialisation et à affronter les chocs extérieurs exogènes dans de bonnes conditions. D'abord, la diversification de la gamme de produits offerts s'impose, afin de cibler une clientèle plus importante, incluant également les consommateurs d'autres origines. De même, le recours aux moyens modernes de gestion peut constituer une alternative aux aléas de la conjoncture, de manière à prévenir les effets de la crise économique mondiale. Enfin, la mise en place d'un leadership éclairé et d'une discipline budgétaire soutenue est de nature à favoriser le maintien de ressources substantielles. Cette dynamique demeure un rempart primordial en situation de marasme économique, caractérisée par l'incertitude et l'instabilité de la plupart des variables macroéconomiques, dont les effets sur l'entrepreneuriat sont néfastes.

[28] Certains auteurs utilisent le terme de « commerce exotique » dans ce cadre.

4. La microfinance et le développement de l'entrepreneuriat en RD Congo

L'année 2005 a été décrétée « Année internationale du microcrédit » par les Nations unies, pour mettre en relief le rôle déterminant des ressources financières et de l'entrepreneuriat dans l'éradication de la pauvreté des pays en développement. Il s'agissait, dans ce contexte, de mettre à la disposition des plus démunis des systèmes de prêt pour assurer le financement des activités économiques. La mise en place de ce système a débuté en 1978, au Bengladesh, sous l'impulsion de Muhammad Yunus, pour déboucher sur la constitution de la Grameen Bank. Cette stratégie vise l'allocation de ressources d'un montant dérisoire à des individus pour leur permettre de sortir du cercle vicieux de la pauvreté. L'instauration de ce programme annuel avait pour but de renforcer les objectifs du millénaire de l'ONU de réduire de moitié le nombre d'individus vivant en dessous du seuil de pauvreté, à l'horizon 2015.

Il convient de focaliser l'attention des décideurs politiques et des bailleurs de fonds internationaux sur l'importance de mettre en place des structures financières adéquates. Dans la plupart des cas, les microcrédits constituent des ressources permettant aux populations démunies d'accroître leurs revenus. Cependant, en RD Congo, la lourdeur de la législation et les contraintes financières instaurées par les autorités monétaires demeurent des obstacles à l'essor de la microfinance.

La dynamique de crédit de groupe avec coresponsabilité permet d'éviter les problèmes classiques que rencontrent les banques commerciales. Le principe du crédit de groupe utilise le capital social existant dans la communauté pour bénéficier des informations sur les emprunteurs, en évitant les problèmes d'asymétrie des informations. En effet, le capital social assure le maintien d'une circulation plus ou moins parfaite de l'information entre l'emprunteur et le prêteur, éliminant les problèmes de sélection adverse et de hasard moral au niveau du marché du crédit. Par ailleurs, la responsabilité conjointe permet une surveillance mutuelle et une pression des membres qui assurent le respect de l'arrangement contractuel.

En règle générale, les taux de remboursement des prêts sont élevés au sein des institutions de microfinance (IMF), lorsque la sélection des emprunteurs et l'allocation du crédit se font par rapport aux groupes. Cette dynamique est de nature à réduire les coûts administratifs liés à la sélection des emprunteurs. Par ailleurs, la performance du remboursement constitue un élément clé pour la survie des institutions de microfinance. Les principaux facteurs ayant un impact direct sur le remboursement des prêts sont les problèmes d'asymétrie des informations et l'existence de chocs négatifs auxquels sont confrontés les emprunteurs. De même, les contraintes d'ordre institutionnel, comme la faiblesse des instruments juridiques ou le déficit en formation, peuvent avoir des effets néfastes sur la stabilité des mécanismes d'intermédiation financière (épargne et crédit) mis en œuvre dans ce cadre. Une analyse minutieuse des institutions de microfinance mises en place en RD Congo s'impose pour essayer de comprendre dans quelle mesure ces structures contribuent à la relance des activités économiques.

L'émergence de la microfinance en RD Congo

Dans la plupart des pays en développement, en général, et au Congo-Kinshasa, en particulier, l'existence du dualisme financier ne permet pas aux nombreux agents économiques de bénéficier des services du secteur bancaire formel. En effet, la capacité d'épargne des individus est faible et leurs besoins de crédit sont dérisoires par rapport aux coûts administratifs des opérations de crédit. Or, l'accès aux services financiers est indispensable pour la consolidation d'un tissu de petites entreprises privées, capables de créer des emplois et permettant l'augmentation des revenus des individus.

L'émergence d'expériences de programmes de microfinance en RD Congo date des années 1980, avec l'apparition des coopératives d'épargne et de crédit (Coopec). Celles-ci sont des organismes financiers qui se situent à un stade intermédiaire entre le secteur formel et le secteur informel. Le mobile essentiel de leurs membres est la volonté de s'unir pour bénéficier de certains services financiers. La solidarité qui est à la base de ce mouvement provient certainement de pratiques traditionnelles. Les coopératives d'épargne et de crédit sont des organisations à but non lucratif, gérées et détenues par leurs adhérents. Elles opèrent en milieu rural et en agglomération urbaine, regroupant souvent les membres d'un groupe spécifique. On observe la prolifération du mouvement autour de la confession religieuse (paroisse) et des circuits professionnels. Il convient de signaler le caractère volontaire de la participation et l'accumulation préalable d'une épargne pour accéder au crédit.

Les fonds en provenance de ces institutions servent souvent à la consommation et le taux de remboursement est, en général, élevé. Ces organisations constituent des étapes intermédiaires entre le secteur informel et le secteur formel. Leurs pratiques correspondent donc, dans une certaine mesure, à celles de ces deux systèmes. Leur gestion est confiée à une équipe de membres pour promouvoir l'épargne (collecte de fonds) et assurer des prêts à des fins productives ou sociales (Germidis *et al.* 1991 ; Muheme 1996).

Il est intéressant de remarquer que ce système de financement permet l'octroi d'intérêts sur les fonds déposés, en facilitant l'accès au crédit aux membres qui offrent des garanties suffisantes. Ces prêts restent assortis de conditions particulières, car leurs montants ne doivent pas dépasser une part déterminée des ressources de l'emprunteur (salaire ou épargne). De même, la régularité des versements et une période minimale d'adhésion à l'association semblent indispensables. En RD Congo, le mouvement coopératif relève, pour l'essentiel, du dynamisme des Églises, dont les paroisses établissent, à la base, l'organisation des fidèles, en dehors du champ des autorités politiques (surtout en zone rurale). Le statut juridique des coopératives d'épargne et de crédit se rapproche de celui du secteur informel, même si elles peuvent disposer d'une certaine réglementation. Le rôle majeur de ces institutions à la campagne est flagrant, du fait de l'absence de participation de l'État dans les secteurs clés de l'économie et du manque de perspectives de développement.

Le mouvement coopératif demeure une alternative d'intermédiation financière pour la majorité de la population des pays en développement exclue du système financier formel. L'État devrait donc s'intéresser davantage à ce phénomène qui offre des perspectives intéressantes aux petits épargnants des zones rurales et des centres urbains. Il pourra, par exemple, prendre en charge la formation des responsables de ces organismes aux nouvelles méthodes de gestion, pour permettre une mobilisation importante de l'épargne. Le mouvement coopératif a connu une progression considérable au début des années 1980 et son implantation couvre, désormais, toutes les régions du Congo. Le réseau des Coopec fonctionne sous une forme coopérative et mutualiste à travers des agences implantées partout au Congo. En 1986, il existait environ 224 coopératives regroupées autour de douze réseaux indépendants. Le nombre approximatif d'adhérents s'élevait à 350 000 personnes et la collecte de dépôts dépassait 800 millions de zaïres (environ 8 % des dépôts bancaires). Le nombre de Coopec a baissé par la suite. En 2010 et 2011, par exemple, on a comptabilisé respectivement 124 et 146 institutions.

Il convient de remarquer que la plupart des coopératives ont une expérience limitée en matière d'octroi de crédits, le montant global des crédits accordés par le système coopératif représentant environ 7 % de l'ensemble des crédits alloués par le secteur bancaire en 1987. Les liens du mouvement coopératif avec les banques sont établis dans la mesure où leurs ressources excédentaires sont souvent placées dans le système bancaire en bons du Trésor. Il est intéressant de mentionner que l'extension du mouvement coopératif engendre souvent des distorsions dans sa gestion. Dans la plupart des cas, l'ouverture de guichets éloignés les uns des autres entraîne des scissions, car les nouvelles implantations cherchent rapidement leur autonomie. Les caisses populaires Luymas (CPCL) de Kinshasa et les caisses populaires diocésaines du Katanga ont été confrontées à ce problème.

La propriété du capital dans le mouvement coopératif revient aux sociétaires, dont la représentation au conseil d'administration assure la prise de décisions. Par contre, la gestion quotidienne des affaires est assurée par des professionnels. L'octroi des crédits au niveau des Coopec nécessite une épargne préalable et, dans le contexte actuel, leurs ressources bénéficient uniquement aux particuliers. La gestion du risque et les problèmes pratiques ne permettent pas aux coopératives de prêter aux entreprises.

Cependant, les Coopec ont une capacité considérable à mobiliser les bas revenus par leurs politiques d'implantation dans les zones populaires. De même, l'origine souvent modeste des membres du conseil d'administration constitue un attrait supplémentaire pour les populations faiblement bancarisées. Au Congo, la couverture de l'espace national par les institutions bancaires du secteur formel et semi-formel semble établie dans une certaine mesure. Le problème majeur provient du manque de confiance des opérateurs économiques envers les institutions officielles. Les politiques visant à accroître le nombre d'agences bancaires ne résolvent que partiellement le problème de la circulation excessive de la monnaie fiduciaire. De même, le levier constitué par les taux d'intérêt créditeurs n'a pas d'incidence majeure sur les opérateurs faiblement bancarisés.

Par ailleurs, la finance informelle demeure la majeure source de financement de l'entrepreneuriat en RD Congo (Sumata 1993 ; 2001). Néanmoins, la mobilisation des transferts pour la promotion du secteur privé et de l'entrepreneuriat au niveau familial doit être appréhendée à deux stades. Il faut différencier deux étapes majeures dans le processus de mise en œuvre des unités de production ou commerciales. La première étape se situe au niveau du démarrage des activités, où doivent être mobilisées les ressources financières nécessaires et/ou les équipements adéquats. La seconde porte sur le renforcement des activités au cours du cycle de promotion et/ou de diversification. Les transferts demeurent des sources de financement de l'entrepreneuriat au démarrage des activités comme au renforcement du *cash-flow*, lors du processus de consolidation des affaires.

La gestion rigoureuse des institutions de microfinance

La maîtrise des règles élémentaires de gestion (comptabilité, marketing...) est nécessaire à la bonne marche des institutions de microfinance. Ces organismes doivent, par ailleurs, pratiquer des taux d'intérêt réalistes et compatibles avec le maintien de l'équilibre financier. Pour mieux suivre l'impact des structures de microcrédit et de microfinance dans l'entrepreneuriat, le Gouvernement congolais a procédé, en 2000, à la mise en place de deux mesures essentielles, à savoir la création d'un ministère des Petites et Moyennes Entreprises et l'installation d'une cellule d'encadrement du microcrédit au sein de la Banque centrale du Congo (Santos 2003).

En septembre 2012, le gouvernement Matata Ponyo a procédé à la promulgation d'une loi assurant le financement de la Sofide à concurrence de 2 500 000 USD. Il s'agit de mesures prises pour redynamiser le Fonds national de la microfinance et assurer le redémarrage des activités de cette institution (Compte-rendu de la réunion du Conseil des ministres du Gouvernement national 17 septembre 2012).

Cette stratégie visait à établir un cadre légal, afin de bien cerner la dynamique de ce phénomène. Il convenait de distinguer la législation régissant les entités de microcrédit de celle en vigueur dans les institutions de microfinance. Certaines règles non prudentielles furent mises en place pour contrôler l'essor des activités des coopératives d'épargne et de crédit. Par ailleurs, l'élaboration de règles prudentielles pour la gestion quotidienne des activités dans le secteur de la microfinance s'imposa par la suite. L'instruction numéro 1 assurant la réglementation sur l'activité et le contrôle des institutions de microfinance fut, en effet, mise en place par le gouverneur de la Banque centrale congolaise le 12 septembre 2003 (Rifidec 2003).

La répartition de ces institutions se fit désormais selon trois catégories : les caisses de microfinance, les sociétés de microfinance et les entreprises de microcrédit. Les caisses de microfinance regroupent les institutions qui collectent l'épargne de leurs membres et leur accordent également des microcrédits. Les sociétés de microfinance disposent de l'autorisation de collecter l'épargne du public et de procéder à l'allocation du microcrédit à leur profit. Les entreprises de microcrédit peuvent, quant à elles, accorder des microcrédits aux tiers, mais elles ne collectent pas l'épargne, sauf si elles disposent d'une dérogation spéciale de la part de la Banque centrale du Congo.

En règle générale, les garanties imposées aux institutions de microfinance sont exorbitantes. Le capital minimum des sociétés de microfinance est fixé à 50 000 USD, alors que celui des entreprises de microcrédit est de l'ordre de 25 000 USD. Par ailleurs, le capital minimum n'est pas exigé pour les entreprises de microcrédit. Ces montants exigés pour la constitution du capital minimum peuvent constituer des obstacles à la multiplication d'institutions de microfinance, étant donné le faible niveau du pouvoir d'achat de la population. La constitution d'un tissu national d'entrepreneurs dans le domaine reste ainsi aléatoire, car le maintien de conditions drastiques auprès de la Banque centrale du Congo pour obtenir l'agrément peut constituer un goulet d'étranglement. Cette dynamique peut conduire à une domination des instances de microfinance par les organisations internationales et les compagnies privées étrangères qui exercent leurs activités en situation de quasi-monopole. L'établissement récent au Congo d'institutions financières telles que Procrédit Bank et Finca est de nature à confirmer cette tendance.

Les autorités gouvernementales congolaises ont pris une série de mesures pour mieux canaliser les ressources financières transitant par les institutions de microfinance et les Coopec. En 2011, un Fonds national pour la microfinance (FNM) a été mis en place, notamment pour renforcer leur cadre réglementaire. Par ailleurs, la BCC, en coopération avec les partenaires au développement et les IMF, s'est fixé pour objectif de mettre en place un registre central de crédit dans le secteur de la microfinance.

La microfinance et la création d'emplois

La microfinance dépasse le cadre classique du microcrédit. Elle offre une gamme variée de produits aux agents économiques démunis, exclus du champ de la finance institutionnelle. Ceux-ci ont, en effet, également besoin de produits d'épargne et d'assurance pour se prémunir contre les aléas de la vie et planifier leurs dépenses. Les institutions de microfinance peuvent créer des instruments de transfert, notamment pour canaliser les ressources de la diaspora. L'octroi de crédits aux plus pauvres peut être articulé autour de trois stratégies majeures. D'abord, il s'agit de créer un cadre propice pour construire les bases de la confiance nécessaire à l'éclosion d'un système bancaire formel attractif pouvant canaliser les remises de fonds. Ensuite, il faudrait favoriser l'octroi de crédits aux entrepreneurs potentiels du secteur informel. Enfin, l'implantation des autorités gouvernementales et des bailleurs de fonds au niveau international est de nature à mettre en place des outils incitatifs pour attirer ces remises de fonds vers des secteurs porteurs en assurant un effet de levier pour la croissance et le développement économique.

Les fonds en provenance de la microfinance peuvent être orientés vers le processus de création d'emplois, notamment au profit des jeunes. La persistance du chômage, notamment celui frappant les jeunes, est, en effet, dramatique dans la société congolaise. Plus de 30 % de ceux de moins de 25 ans sont sans emploi en 2012, et la situation est également alarmante pour ceux qui sont diplômés. Moins de cent étudiants sur neuf mille sortant chaque année du système universitaire parviennent à trouver un travail décent. Par conséquent, les programmes de création d'emplois mis en œuvre doivent tenir compte de cette réalité sociale en favorisant l'entrepreneuriat pour procurer des revenus aux individus et réduire la pauvreté.

La mise en œuvre du projet de l'Organisation internationale du travail (OIT) visant l'implantation de 100 000 emplois en milieu rural et dans les zones périurbaines par la promotion de l'entrepreneuriat, en 2012, pourrait constituer une avancée significative dans le processus de résorption du chômage en RD Congo. De même, le plan d'action du Gouvernement congolais entré en vigueur à partir de l'année 2012, en partenariat avec la Mission des Nations unies pour la stabilisation en RD Congo (Monusco), prévoit la création d'emplois en milieu rural au profit des jeunes. Cette démarche s'inscrit donc dans la logique des recommandations du DSCRP II couvrant la période 2012-2016, dont la création de 900 000 emplois par an pour les jeunes constitue un objectif majeur (BAfD, OCDE, PNUD & CEA 2012).

Il convient de rappeler que la relance économique opérée à partir de 2002 reste en deçà des espérances, car la croissance consécutive n'a pas généré le maintien des choix stratégiques en matière de création d'emplois. En effet, l'entrepreneuriat ne bénéficie pas de mesures préférentielles pour son épanouissement et la persistance des goulets d'étranglement empêche son expansion. Le manque de moyens et d'infrastructures de transport, l'inadéquation du système de financement, l'inexistence de vecteurs appropriés assurant la vulgarisation des applications de la recherche scientifique et le maintien d'une faible productivité constituent des problèmes récurrents entravant son développement. Parmi les autres obstacles qui empêchent le maintien d'une politique de l'emploi soutenue en RD Congo, on peut citer la faiblesse du taux d'investissement. Cela constitue un frein majeur au maintien de la croissance économique à un niveau élevé sur une période longue. La politique d'éradication de la pauvreté demeure hasardeuse, puisque les individus ne disposent pas de revenus décents. La promotion de l'investissement privé constitue, dès lors, un vecteur majeur du renversement de tendance espéré.

Le maintien des politiques volontaristes de promotion de l'entrepreneuriat, notamment des PME/PMI, s'impose pour résorber le chômage, étant donné leurs fortes capacités d'absorption. La réussite de cette politique reste également conditionnée par la mise en place d'une fiscalité souple. Il convient de rappeler que l'application d'une politique appropriée de construction et de réhabilitation des infrastructures ainsi que le maintien d'une dynamique de recherche et de technologies adéquates ont une incidence réelle sur la croissance économique et sur la promotion de l'investissement privé. Cette démarche vertueuse implique l'implantation d'un cadre légal et institutionnel permettant l'essor de l'investissement privé.

Par ailleurs, la revitalisation de l'emploi au niveau du secteur public ne doit pas être négligée, même si la réputation de l'État-providence reste compromise. La réforme des entreprises publiques est censée assurer l'implantation d'entités viables, notamment dans le cadre des partenariats public-privé. De même, le Gouvernement doit s'impliquer dans un processus visant à attirer davantage les investissements directs étrangers. L'usage de mesures fiscales et incitatives ciblées au profit du secteur privé est un passage obligé dans le cadre de la politique de création d'emplois. Cette stratégie peut également servir de fer de lance dans le cadre d'une stratégie proactive de résorption du chômage des jeunes.

Conclusions

La promotion de l'entrepreneuriat passe également par l'assainissement du climat sociopolitique et le maintien de réformes structurelles sur le plan économique. Les politiques monétaires et financières des autorités gouvernementales congolaises devront assurer le maintien de la stabilité monétaire, afin d'instaurer la confiance nécessaire à la fluidité des opérations productives et commerciales des entreprises. L'application de programmes économiques appropriés permettant de lutter contre la dépréciation continue du franc congolais peut inverser la tendance désastreuse, en limitant la prolifération des échanges parallèles et des pratiques spéculatives.

Cette situation pourrait assurer le transfert des ressources vers les institutions formelles, en favorisant le mouvement à la hausse du volume des réserves de change. Par ailleurs, ce programme de relance est censé également procéder à la réorganisation des infrastructures de transport et à la mise en œuvre de moyens financiers et matériels substantiels à la disposition des opérateurs économiques pour accroître leur rendement. De même, la diversification de l'économie congolaise s'impose, afin d'augmenter le volume des ressources en devises transitant par le système bancaire formel. La concentration des investissements consentis au bénéfice de l'exploitation minière entraîne le maintien d'un effet d'éviction par rapport aux autres secteurs.

La promotion de l'entrepreneuriat, notamment le financement des activités des PME/PMI, constitue un passage obligé pour redynamiser le tissu économique et assurer le renversement de tendance espéré dans le secteur de l'emploi. En effet, les unités de production et les exploitations commerciales opérant à petite échelle demeurent des vecteurs non négligeables dans la lutte contre le chômage, en raison de leurs capacités d'absorption de la main-d'œuvre locale. Le recours à cette politique s'impose d'autant plus que le maintien de la logique de guerre en RD Congo, à partir des années 1990, a entretenu le cycle infernal des violences, aux effets désastreux sur l'entrepreneuriat. Les difficultés d'approvisionnement et les ruptures de stocks dont souffrent ces entreprises sont, dans une certaine mesure, la manifestation tangible des perturbations observées au niveau des circuits de distribution.

Les institutions de microfinance peuvent donc contribuer à la mise en œuvre de stratégies de réduction de la pauvreté dans les pays en développement. L'analyse des innovations financières initiées, comme par exemple les prêts groupés, l'usage des crédits fournisseurs et l'utilisation de mécanismes incitatifs dynamiques constituent désormais des priorités dans la recherche sur les performances de la microfinance. En règle générale, les asymétries d'informations apparaissent quand les institutions de microcrédit ne disposent pas d'informations parfaites sur les comportements des emprunteurs. Cette situation entraîne, dans la plupart des cas, des problèmes de sélection adverse et d'aléa moral, lorsqu'une proportion considérable d'emprunteurs ne peuvent pas rembourser leurs prêts à la date d'échéance.

Par ailleurs, les mécanismes incitatifs dynamiques font référence à la menace de ne plus octroyer de crédit à un emprunteur n'ayant pas respecté l'échéance de remboursement du crédit. Les mécanismes incitatifs dynamiques doivent être pris en compte, car les institutions de microfinance augmentent le montant du prêt alloué à chaque cycle de crédit aux emprunteurs ayant respecté leur engagement dans le processus de remboursement. Le marché du microcrédit reste sous-développé en RD Congo, malgré l'existence d'une demande de crédit exponentielle et la paupérisation croissante des populations. Par ailleurs, la mise en œuvre d'une législation contraignante constitue une menace certaine pour l'essor de ce secteur. Dans ce contexte, une mobilisation massive des ressources financières en provenance des institutions de microfinance s'impose.

La promotion de l'entrepreneuriat à travers la dynamisation des micro-entreprises et des PME/PMI est de nature à soulager les problèmes récurrents de chômage. L'apprentissage de nouvelles méthodes de gestion et la maîtrise du savoir-faire technologique s'imposent comme des préalables à un développement endogène. Si l'on considère le fait que la RD Congo possède une spécialisation primaire, les nouvelles mesures doivent stimuler une dynamique de diversification de l'économie et d'industrialisation minimale, afin de réduire la dépendance. Le recours aux zones économiques spéciales, à l'instar de celles implantées en Asie du Sud-Est, constitue également une voie salutaire. De même, il faudra assurer l'autosuffisance alimentaire par la promotion de l'agriculture, surtout en ce qui concerne les produits vivriers.

Chapitre 9

Décentralisation et réforme de la fiscalité en RD Congo

Introduction

L'adoption de politiques socio-économiques visant à assurer la décentralisation des institutions et des décisions constitue une priorité de nombreux gouvernements, à l'issue du processus de démocratisation ou de conflits armés. L'adoption de réformes politiques, administratives et économiques structurelles est censée assurer une plus grande autonomie des régions par rapport au pouvoir central, permettant du même coup une plus grande prise en compte des *desiderata* des citoyens dans la réalisation effective des réformes socio-économiques. Il s'agit de se rapprocher davantage de la volonté des électeurs dans l'élaboration et la mise en œuvre des politiques économiques (Marysse 2005).

Par conséquent, il convient d'harmoniser les rapports entre les organes de contrôle des finances publiques et des biens publics du Gouvernement central et les institutions des entités décentralisées. La mise en œuvre d'une politique fiscale efficiente suppose la capacité des autorités gouvernementales à assurer, d'une part, la redistribution des ressources nationales et la stabilisation de l'environnement macroéconomique par le biais de la croissance au niveau national, et, d'autre part, l'allocation des ressources pour le maintien d'un service public minimum et pour l'élaboration d'une stratégie globale, afin de lutter contre les imperfections du marché au niveau local. Par ailleurs, l'élaboration d'une politique redistributive dans le cadre de la péréquation est de nature à tenir compte de la pauvreté réelle des populations locales, en assurant un nivellement vers le haut de la situation sociale de diverses provinces. Les outils de la péréquation visent à corriger les inégalités socio-économiques existant entre les régions à fort potentiel de ressources et celles disposant de faibles ressources.

La mise en œuvre de la décentralisation constitue un processus long et graduel, caractérisé par l'adoption de nouvelles normes, dont la période d'apprentissage peut s'étaler sur plusieurs décennies[29]. La formation des acteurs impliqués dans le processus à tous les échelons du pouvoir est une

[29] Cependant, le Forum national sur la décentralisation tenu au mois d'octobre 2007 a opté pour un transfert immédiat de compétences et de ressources.

priorité absolue. L'expérience congolaise de décentralisation entreprise à la fin de la décennie 2000-2010 fait ressortir la nécessité de réformes substantielles pour éviter le marasme économique en période postconflit et à l'issue d'élections démocratiques tumultueuses. L'implantation du processus de démocratisation et la décentralisation consécutive des institutions constituent des étapes primordiales dans l'exécution du projet de réalisation de la Caisse de péréquation en RD Congo. Par ailleurs, la réussite de la décentralisation fiscale suppose que le pouvoir central puisse assumer son rôle de centre d'impulsion des réformes en procédant à la définition des tâches et à l'allocation optimale des ressources dans le cadre d'un calendrier adopté par consensus. Le succès d'une telle opération dépend également de la situation économique du pays et de sa capacité à entreprendre des réformes structurelles, les phases de croissance économique se prêtant davantage à de telles expériences.

Il convient de porter une attention particulière au processus d'élaboration de la Caisse nationale de péréquation en RD Congo dans le cadre de la décentralisation fiscale. Dans un premier temps, nous allons analyser la dynamique de la décentralisation à travers les outils fondamentaux des transferts de compétences et de ressources, avant de considérer l'expérience des pays en développement. Cette démarche nous permettra de nous appesantir, par la suite, sur la mise en œuvre de la décentralisation en RD Congo, en faisant ressortir les spécificités du système fiscal congolais. De même, nous essayerons d'appréhender en profondeur, dans l'étape suivante, les enjeux de la péréquation financière, avant de dégager quelques perspectives d'avenir, en considérant notamment les partenariats public-privé et la coopération décentralisée.

1. Les déterminants de la décentralisation

Les enjeux de la décentralisation

La vision classique des finances publiques s'intéresse aux dispositions pratiques adoptées par l'État pour lever des fonds afin d'assurer le financement des activités publiques. L'analyse de la concurrence entre les collectivités constitue une avancée significative dans le domaine des finances publiques, dont le renouvellement a été influencé par de nombreux analystes (Musgrave & Musgrave 1989). L'étude des biens collectifs ou des biens publics locaux, à savoir les biens dont bénéficient les individus au sein d'une collectivité donnée, a permis de mieux appréhender les questions relatives à la décentralisation. Au-delà de l'approche classique des finances publiques accordant un poids identique à l'analyse des dépenses et des recettes, une nouvelle approche a été développée par la suite, mettant en évidence de nouveaux concepts (Kaul & Conceição 2006).

Les facteurs de production peuvent être soit mobiles soit immobiles, en rapport avec la nouvelle donne. Les questions fondamentales relatives au partage des responsabilités au niveau national et à l'échelle des collectivités (niveau local) deviennent dès lors pertinentes. Il convient de procéder, dans ce contexte, à une nette distinction entre les activités relevant de la compétence du Gouvernement central et celles qui dépendent exclusivement des entités décentralisées. La répartition des tâches dans le processus de décentralisation doit tenir compte de cette réalité. L'allocation des biens nationaux relève de la responsabilité de l'État, le pouvoir central étant censé fournir ces produits au niveau de l'espace national.

De même, la fonction redistributive visant à éliminer les inégalités sociales interprovinciales et à assurer la réduction de la pauvreté incombe également au pouvoir central. Cela implique l'implantation d'un système fiscal efficient, afin d'atteindre des résultats positifs dans un horizon temporel décent. Les avancées significatives de la théorie standard des finances publiques proviennent pour l'essentiel des développements analytiques récents dans les domaines du choix public et des asymétries d'informations, ainsi que des théories de l'agence, des incitations et des jeux.

Chaque action gouvernementale doit être analysée minutieusement, de façon à déterminer si elle doit être exécutée par le pouvoir central ou par les entités décentralisées. La taxation de l'assiette fiscale dépend, pour l'essentiel, de sa mobilité. L'assiette fiscale de l'impôt foncier, par exemple, dépendant de la valeur vénale ou locative du sol et des immeubles, demeure immobile. Elle reste, dès lors, une source appropriée de financement des entités décentralisées. Par contre, lorsque l'assiette fiscale est mobile, les autorités gouvernementales doivent utiliser un niveau de taxation supérieur.

Les impôts portant sur le facteur travail et sur la consommation sont plus ou moins mobiles, car ils sont basés sur les activités des individus. Leurs affectations varient, dès lors, selon les pays. Le pouvoir central s'occupe du recouvrement de l'impôt sur le travail (principalement l'impôt sur le revenu), compte tenu de sa fonction redistributive, alors que la perception de l'impôt sur la consommation (notamment la TVA) reste, dans la plupart des cas, une prérogative des entités décentralisées. Par contre, la perception de l'impôt sur les ressources naturelles est généralement du ressort du pouvoir central, bien que l'assiette fiscale consécutive demeure immobile. Cette stratégie s'explique, dans une certaine mesure, par la recherche des rentes liées à l'exploitation et à la commercialisation des matières premières.

La décentralisation recouvre une multiplicité de facettes qui se manifestent selon les spécificités des différents États. Le transfert de compétences et de ressources financières revêt plusieurs variantes dépendant des caractéristiques intrinsèques de chaque cas de figure. La déconcentration assure le transfert de responsabilités du pouvoir central aux échelons régionaux de ce gouvernement, afin de faciliter la prise de décisions et de mieux prendre en compte les *desiderata* des citoyens au niveau local. Cependant, cette dynamique peut se traduire, dans la pratique, par une interprétation ou une application différente de lois ou de politiques nationales selon les régions. Par ailleurs, la délégation de pouvoir permet aux provinces d'exercer certaines fonctions pour le compte du Gouvernement central. Cette stratégie vise à réduire la dispersion des agents de l'État au niveau de l'espace national. Par contre, la dévolution consiste à accorder aux gouvernements provinciaux le droit et la responsabilité d'influer d'une manière ou d'une autre sur la conduite de l'action du Gouvernement central.

À la lumière de ce qui précède, force est de constater que ce dernier cas de figure semble le plus se rapprocher de la connotation habituelle accordée au mot « décentralisation ». L'expérience récente démontre que le processus de décentralisation peut se faire au sein d'un État unitaire ou dans le cadre du fédéralisme. Dans ces conditions, la décentralisation dans l'optique d'un État unitaire est un passage obligé, emprunté par ce dernier en vue d'atteindre des objectifs assignés à l'avance. Par conséquent, le pouvoir central est censé utiliser des mesures incitatives et coercitives à l'égard des organes décentralisés, dans le cadre d'un système hiérarchisé vertical allant du haut vers le bas. Il existe donc une relation principal-agent entre le pouvoir central (principal) et les organes décentralisés (agent) assurant l'équilibre du système.

Par contre, l'exercice du pouvoir dans le cadre d'un État fédéral s'opère, dans la plupart des cas, par le canal d'une symbiose par la base à partir des provinces réunies librement pour former un État. Il convient de mentionner l'existence de deux tendances permettant d'appréhender les retombées financières d'une telle dynamique : l'approche du fédéralisme financier et celle des finances fédérales. Dans le premier cas, le pouvoir central établit les grandes lignes fixant les règles opérationnelles et financières régissant la conduite des provinces. De même, il s'occupe de la supervision des entités décentralisées. Dans le second cas, le Gouvernement central n'exerce aucun pouvoir sur les provinces, qui constituent des organes autonomes. Le partage des responsabilités s'opère dans un cadre où les deux échelons de l'État, à savoir le Gouvernement central et les provinces, interagissent sur une base plus ou moins égalitaire.

La dynamique de la décentralisation dans les pays en développement : quelques faits stylisés

La décentralisation constitue un phénomène récent en Afrique, dans la mesure où elle a été mise en place dans les années 1990, à la suite du processus de démocratisation et en raison des limites financières des pouvoirs au niveau central. Le processus de décentralisation en vigueur demeure à l'état embryonnaire, par opposition à la situation existant dans les États développés fédéraux comme les États-Unis, l'Allemagne et le Canada.

La mise en place des réformes s'opère dans le cadre d'un État unitaire disposant d'une Constitution unique et régi par un même système judiciaire élaboré au niveau du pouvoir central. La décentralisation demeure sous le contrôle du Gouvernement central, qui définit notamment le montant des ressources financières à allouer aux Entités territoriales décentralisées (ETD), dans le cadre de la planification des finances locales. Ces organes décentralisés, à savoir la province au Burkina Faso et la région au Sénégal, bénéficient d'un pouvoir législatif émanant de l'Assemblée nationale. Il convient de mentionner l'existence, dans ces deux pays, d'un fonds de dotation assurant l'allocation des ressources aux ETD qui ne procèdent pas à la mobilisation de fonds propres.

La mobilisation des ressources au niveau local constitue un problème majeur en Afrique où les fonds emmagasinés demeurent rudimentaires par rapport aux besoins réels des individus. En effet, les entités décentralisées, à savoir les communes en Afrique de l'Ouest, ne mobilisent pas plus de 1 % du PIB pour leur fonctionnement quotidien. De même, les dotations de fonctionnement du pouvoir central au profit des Entités territoriales décentralisées restent négligeables. Ces transferts financiers représentent moins de 1 % des recettes courantes de l'État (PDM 2003).

Il est difficile de déterminer le potentiel fiscal en Afrique et la perception des impôts constitue un exercice coûteux, particulièrement dans les zones rurales. Les centres de décision pour la détermination de l'assiette fiscale et la fixation des taux d'imposition restent dans la plupart des cas centralisés.

Les dépenses des entités décentralisées demeurent moins importantes par rapport à celles du pouvoir central dans les pays en développement, en comparaison de la situation prévalant dans les pays développés. Cependant, il est difficile de cerner le degré de décentralisation et de porter un jugement comparatif sur différents pays, dans la mesure où le mode de calcul du phénomène varie d'un pays à l'autre. Dans la plupart des cas, l'analyse des indicateurs de performances économiques et financières (recettes locales/recettes centrales, dépenses locales/dépenses centrales, transferts/recettes locales) apporte des résultats mitigés et ambigus (Bird & Vaillancourt 1997).

Dans certains pays en développement, il existe un dispositif explicite assurant le partage vertical des ressources entre, d'une part, le Gouvernement central et les provinces, et, d'autre part, le pouvoir central et les municipalités. En Inde, les transferts financiers au profit des provinces peuvent être conditionnels ou inconditionnels. Les ressources inconditionnelles, à savoir l'impôt sur le revenu et les droits d'accises, sont réparties dans les proportions suivantes : écart PIB *per capita* (province donnée et province la plus riche), 60 % ; population, 20 % ; effort fiscal, 10 % ; superficie, 5 % ; infrastructure, 5 %. De même, les transferts conditionnels sont alloués à hauteur de 70 % aux provinces nanties, alors que les provinces défavorisées reçoivent 30 % des fonds, sur la base de projets. En ce qui concerne les provinces riches, les critères de partage concernent les indicateurs suivants : population, 60 % ; PIB en dessous de la moyenne, 20 % ; écart PIB *per capita*, 5 % ; performance fiscale, 7,5 % ; problèmes spéciaux, 7,5 %.

Au Maroc, 30 % des fonds perçus au titre de la TVA sont versés aux collectivités locales, dont la moitié sera allouée, par la suite, aux municipalités (60 % aux municipalités et 40 % aux communes rurales). Par ailleurs, les transferts de fonds inconditionnels sont octroyés suivant les critères suivants : montant égal, urbain 15 %, rural 30 % ; péréquation, urbain 70 %, rural 55 % ; effort fiscal, urbain et rural 15 %[30]. Les autorités gouvernementales marocaines utilisent, dans ce contexte, la péréquation fiscale, dans la mesure où l'assiette des impôts locaux sujets à péréquation est déterminée par le pouvoir central. Ils disposent, dès lors, des atouts majeurs leur permettant de comparer les performances financières des provinces.

2. La mise en œuvre de la décentralisation en RD Congo

Les défis de la réforme de l'administration territoriale

Le système administratif congolais a connu des bouleversements majeurs depuis plusieurs décennies, si l'on tient compte de la multiplicité des tentatives de réformes mises en place, dont la conséquence immédiate est le maintien d'un dualisme fondamental entre la gestion territoriale et celle de la Fonction publique. La centralisation territoriale fut en vigueur dans le cadre d'une administration politiquement engagée, au cours de la période allant de 1973 à 1980, alors que la gestion du personnel des services étatiques restait décentralisée. Par la suite, dans les années 1980, l'on observa la mise en place

[30] Les chiffres cités dans ce paragraphe proviennent de l'article de Bird & Vaillancourt (1997).

d'un système de centralisation au sein de la Fonction publique et la volonté de décentralisation des entités territoriales. Ces expériences n'ont guère apporté de gains substantiels, et nous pensons qu'une bonne coordination entre la Fonction publique et l'administration territoriale s'impose pour stimuler une dynamique de développement endogène au sein des collectivités locales.

Le contexte socio-économique de la RD Congo et les difficultés rencontrées par les autorités congolaises pour mettre en place des structures démocratiques durables nous interpellent. Une mobilisation accrue des masses laborieuses est nécessaire pour maintenir une croissance soutenue, dans le cadre d'un assainissement du pouvoir administratif des agents de l'État. Cependant, le manque de moyens financiers constitue un obstacle majeur pour la gestion des services publics locaux. L'accroissement du volume des crédits à la disposition des collectivités locales est indispensable pour la mise en place des projets d'investissement visant à améliorer les conditions de vie de la population. L'abandon du système hiérarchisé et centralisé des instances administratives doit se faire de concert avec une politique de l'emploi souple et décentralisée des agents de l'État. La consultation populaire régulière peut permettre l'accession aux responsabilités d'administrateurs dont les préoccupations quotidiennes restent proches de celles de la population. Cette dynamique est censée associer la majeure partie des masses laborieuses à l'effort de développement, pour trouver des solutions appropriées à leurs problèmes.

L'organisation territoriale issue de la loi du 5 janvier 1973 avait mis en place une structure administrative centralisée dont l'encadrement restait assuré par les instances dirigeantes du Parti-État : le MPR. Cette réforme entraîna la suppression de la personnalité juridique des villes (sauf pour la capitale Kinshasa) et l'adoption de méthodes communes d'administration en ce qui concerne les milieux ruraux et urbains. On procéda également à l'établissement de circonscriptions administratives sans personnalité juridique en remplacement des « collectivités locales ». La mise en œuvre d'un statut spécial des administrateurs des circonscriptions territoriales fut instaurée, ainsi que la suppression du recours systématique au droit politico-administratif traditionnel. Ces mesures s'inscrivaient dans la mouvance du deuxième congrès extraordinaire du MPR tenu en 1972. Les décisions prises en 1974, 1975 et 1976 favorisaient une forte mobilité des agents des services administratifs de l'État. Au cours de cette période, les chefs de collectivités récemment nommés furent permutés.

Par ailleurs, la promulgation de l'ordonnance-loi n° 73/023 du 4 juillet 1973 devait assurer la décentralisation de la gestion du personnel de l'État. Il est intéressant de signaler que cette mesure s'inscrivait dans la logique d'une administration publique engagée politiquement. Cette gestion décentralisée de la Fonction publique avait pour but de renforcer l'esprit de militantisme des agents sous l'égide du parti unique. On assista, dès lors, à la résurgence du dualisme entre la gestion de la Fonction publique et celle de la territoriale. La priorité essentielle des agents de l'État était d'assurer la suprématie du MPR à travers une organisation territoriale centralisée, alors que les prérogatives étaient accordées à chaque département (ministère) en matière de gestion du personnel.

L'organisation territoriale centralisée de la RD Congo avait entraîné des effets pervers, car les motivations des centres de décision restaient, dans la plupart des cas, éloignées des préoccupations permanentes des citoyens au niveau local. Le discours du 1er juillet 1977 du chef de l'État congolais jeta les bases du processus de décentralisation régionale et locale, concrétisé par la réforme de 1982. L'institutionnalisation de la décentralisation territoriale et administrative fut annoncée par l'ordonnance-loi/006 du 25 février 1982 (« Loi de décentralisation »). Il était, dès lors, question d'associer les cadres locaux à la gestion administrative, en raison de leur connaissance des réalités locales.

La décentralisation de la carrière des fonctionnaires prit fin en 1980, puisque le nouveau département de la Fonction publique devait désormais centraliser la gestion de tous les agents de l'État. La gestion du personnel du secteur public relevait, dans ce cadre de la compétence d'une même tutelle. Cette mesure de centralisation, promulguée par la loi n° 81/033 du 17 juillet 1981, présentait néanmoins quelques faiblesses. Les lourdeurs administratives et l'éloignement empêchèrent, en effet, la réalisation effective des objectifs recherchés.

Plus récemment, la Constitution du 18 février 2006 régissant la Troisième République stipule, de manière explicite, l'adoption d'une décentralisation de grande envergure en RD Congo. Le réaménagement territorial consécutif devra entraîner le redécoupage du pays en entités autonomes de taille plus modeste. Le nombre de provinces est censé passer de 11 à 26, dans le cadre d'un État unitaire. L'exercice du pouvoir est censé s'articuler autour de trois structures fondamentales représentées par le Gouvernement central, les provinces et les ETD. Cette décision a été entérinée par la réunion du Conseil des ministres du Gouvernement central congolais en date du 17 septembre 2012.

Ces ETD sont représentées respectivement par les villes, les communes, les chefferies et les secteurs. Les provinces jouissent du pouvoir législatif, par le biais des assemblées dont les membres, à savoir les députés, tirent leur légitimité du suffrage universel direct. Les lois peuvent être adoptées à l'échelle provinciale, sous la forme d'édits. L'exercice du pouvoir exécutif s'opère, dans ces conditions, par le canal d'un gouvernement provincial dont les membres sont investis par l'assemblée provinciale. L'exercice effectif du pouvoir est assuré au niveau des ETD par des gouvernements locaux et des assemblées autonomes tirant leur légitimité du suffrage universel. Ces assemblées ne disposent pas du pouvoir législatif. La décentralisation politique observée en RD Congo constitue, dès lors, un processus de dévolution de pouvoirs au profit des ETD censées appliquer une politique répondant davantage aux attentes de leurs administrés.

La mise en œuvre effective de la décentralisation en RD Congo s'inscrit dans un processus graduel, en dépit des prérogatives définies de manière explicite dans la Constitution de 2006. Cette situation aléatoire a aiguisé, dans une certaine mesure, des antagonismes entre les provinces plus ou moins nanties, à savoir la ville de Kinshasa, le Katanga et le Bas-Congo, et le pouvoir central. En effet, celles-ci réclamaient une application stricte des textes en vigueur sur la question, de façon à bénéficier immédiatement des rétrocessions de fonds. Dans ce contexte, le Gouvernement congolais a procédé à une expérimentation de cet exercice au niveau de trois provinces pilotes, à savoir le Bandundu, le Katanga et le Nord-Kivu.

Les mécanismes de la décentralisation fiscale au Congo : la clé de répartition des ressources financières

La concertation entre les divers organes impliqués dans le processus de décentralisation demeure la règle d'or de la réussite des réformes à entreprendre. Il s'agit d'adopter, par consensus, des réformes structurelles, en procédant à la répartition des tâches entre le Gouvernement central et les provinces, pour réussir la décentralisation. En effet, il existe des domaines où leurs prérogatives demeurent exclusives, alors que d'autres exigent le maintien d'une gestion conjointe des tâches.

Les domaines tels que la recherche scientifique, la conservation de la nature et le tourisme rentrent dans ce dernier cas de figure, dans la mesure où ils exigent un partage des responsabilités. De même, certains domaines peuvent faire l'objet d'une collaboration horizontale impliquant plusieurs provinces ou différentes ETD. Cependant, la législation relative aux domaines de prédilection des ETD reste incomplète. Leurs différentes attributions doivent toujours être précisées par une loi émanant de l'Assemblée nationale.

La réussite de la décentralisation suppose l'adoption judicieuse de mesures incitatives visant à assurer le transfert des compétences et des responsabilités du pouvoir central vers les ETD. Le transfert des ressources financières dans certains domaines devrait se faire au profit des organes décentralisés, pour assurer le financement d'un développement endogène et durable par le biais des projets de proximité. La gestion quotidienne des services tels que l'éducation, la santé, la voirie et l'environnement sera confiée aux ETD, dans le cadre d'une politique d'allocation efficiente des ressources au profit d'un plus grand nombre de citoyens au niveau de l'espace national.

La répartition équitable des ressources financières reste un volet majeur de la politique de la décentralisation. Il s'agit, notamment, de mettre à la disposition des ETD des ressources suffisantes pour appliquer une politique socio-économique d'envergure censée tenir compte des besoins primordiaux de la majorité de la population. En RD Congo, la clé de répartition des ressources financières à caractère national se présente de la manière suivante : 50 % à l'État, 40 % aux provinces et 10 % à la Caisse nationale de péréquation. L'article 175 de la Constitution précise seulement que les fonds alloués aux provinces, à savoir 40 %, doivent être retenus à la source. Cette stratégie est de nature à dissiper la méfiance des autorités provinciales à l'égard du pouvoir central.

La rétrocession immédiate des ressources exigée notamment par les entités nanties, à savoir la ville-province de Kinshasa et les provinces du Bas-Congo et du Katanga, demeure aléatoire, compte tenu des préalables juridiques et législatifs à mettre en place. De même, cette dynamique peut entraîner des inégalités considérables entre les provinces à fort potentiel de ressources et les entités les plus défavorisées, si certaines mesures correctives ne sont pas observées. Comme les provinces de Kinshasa, du Bas-Congo et du Katanga interviennent pour 90,95 % dans le budget de l'État congolais, l'application immédiate des règles de rétrocession établies par la Constitution risque, selon la Banque mondiale et la Commission européenne, d'entraîner des différences de revenus importantes entre les provinces (tableau 9.1).

Tableau 9.1 : Projections des rétrocessions par tête d'habitant des provinces, 2008-2011 (francs congolais)

	2008	2009	2010	2011
Bandundu	215	246	285	338
Bas-Congo	4153	4822	5642	6669
Équateur	263	304	354	419
Kasaï-Oriental	1566	1784	2050	2439
Kasaï-Occidental	954	1089	1252	1487
Katanga	3450	4159	4905	5700
Kinshasa	34 896	41 286	50 207	59 163
Maniema	165	198	234	273
Nord-Kivu	810	964	1138	1332
Province-Orientale	331	396	465	542
Sud-Kivu	1030	1199	1397	1648

Source : Banque mondiale (2008).

Par ailleurs, la majeure partie des recettes fiscales de l'État congolais provient de deux sources essentielles, à savoir le transit des marchandises et les droits d'exploitation[31]. Les provinces nanties constituent des vecteurs primordiaux ou des passages obligés dans le cadre des échanges commerciaux de la RD Congo avec l'extérieur. Cette dynamique favorise, dès lors, l'épanouissement des provinces relais du Bas-Congo et du Katanga, dont le rôle demeure déterminant dans le processus d'évacuation et de transit des produits à destination ou en provenance de l'étranger. De même, la capitale congolaise bénéficie de recettes fiscales substantielles, compte tenu de son statut privilégié et de son rôle dans la commercialisation des ressources naturelles congolaises.

La mise en œuvre d'une commission paritaire censée gérer les questions pratiques a permis de sortir de l'impasse et de débloquer la situation conflictuelle qui avaient prévalu lors des négociations menées entre le Gouvernement central et les autorités provinciales, notamment en 2007, sur le problème crucial de la répartition des recettes fiscales. Les vives discussions consécutives à l'instauration de la décentralisation en RD Congo trouvent également leur justification dans le vide juridique existant dans la Constitution sur les modalités pratiques de la mise en œuvre du processus à une certaine échelle. En effet, il n'existe pas d'étapes précises sur la transition de façon à garantir la continuité des services étatiques en permettant aux provinces et aux autres entités décentralisées d'exercer réellement leurs compétences dans le cadre du transfert des compétences. Par conséquent, l'application *stricto sensu* des recommandations de la commission paritaire risque également d'amplifier les disparités entre les provinces.

L'opacité de la Constitution sur les modalités pratiques de la réforme de l'État dans le processus de décentralisation, notamment en ce qui concerne la rétrocession des 40 % des ressources financières aux provinces, constitue un danger permanent. Il convient de déplorer l'absence de la Cour constitutionnelle, censée procéder aux arbitrages inhérents aux conflits potentiels résultant des éventuelles interprétations contradictoires. Le pilotage du processus par le biais des dispositions transitoires peut permettre le desserrement des goulets d'étranglement. La décentralisation devrait être un processus graduel et évolutif, sous l'impulsion d'une cellule de planification et de coordination assurant le transfert de compétences et de ressources financières du pouvoir central vers les ETD. Les fonctions minimales de l'État doivent être garanties et le maintien des services étatiques de base relevant de la Fonction publique demeure un gage de la pérennité de l'État.

Nous nous proposons de réaliser une catégorisation des recettes de l'État congolais, afin de procéder à une identification des provinces potentielles

[31] Voir à ce propos l'ouvrage de Liégeois (2008).

pouvant bénéficier de ces revenus. Cette démarche est de nature à permettre la mise en place d'un calendrier approprié pour obtenir les résultats escomptés dans le cadre de la décentralisation fiscale et du transfert des compétences et des ressources. Les recettes de l'État congolais peuvent être regroupées en trois catégories, les recettes facilement transférables ou attribuables (localisables et identifiables), les recettes difficilement localisables ou identifiables et les recettes *offshore*[32].

Dans un premier temps, il convient de procéder au transfert des recettes facilement localisables, regroupant pour l'essentiel les recettes de la DGRAD et certains fonds collectés au titre d'impôts et taxes par la DGI (par exemple l'impôt sur le revenu). Ces recettes peuvent être rétrocédées immédiatement et retenues à la source, le cas échéant, dans la mesure où elles sont facilement identifiables. Deuxièmement, certaines recettes, comprenant les frais de douane et les impôts en provenance des grandes entreprises, ne peuvent pas être localisables de manière aisée. Leur identification demeure aléatoire, car elles peuvent transiter par diverses provinces. Leur répartition exige, dès lors, l'adoption d'une formule équitable, selon un taux de proportionnalité rétribuant toutes les provinces impliquées dans leurs trajectoires. Troisièmement, la dernière catégorie de recettes concerne les redevances pétrolières, dont l'identification est hasardeuse, en raison du caractère *offshore* de leur exploitation. Leur répartition constitue un exercice difficile, car la production de ces produits est erratique et soumise aux accords d'exploitation avec le FMI.

Les conséquences de la décentralisation

Il est difficile de cerner les retombées macroéconomiques de la décentralisation. Le risque de dérive des grands équilibres macroéconomiques constitue un danger réel. La mise en œuvre de la décentralisation peut, en effet, amener des effets pervers et des déséquilibres, si certains préalables ne sont pas respectés. Les autorités gouvernementales au niveau du pouvoir central doivent assurer le cadrage macroéconomique, en veillant à la stabilité des institutions et à l'assainissement de l'environnement économique. Cette dynamique suppose la recherche permanente de l'équilibre budgétaire, fixant notamment les déficits des entités décentralisées sous certains seuils de tolérance, de manière à éviter des dérapages au niveau macroéconomique.

La Constitution congolaise stipule que les ETD ne peuvent procéder à un endettement ni au niveau interne ni au niveau externe. Le Gouvernement central étant la seule institution habilitée à recourir à ce mode de financement,

[32] Pour de plus amples renseignements, voir « Note sur la décentralisation fiscale », Banque mondiale (2008).

le maintien de garde-fous s'impose, dès lors, pour éviter les déséquilibres permanents des finances publiques et les risques de dérive inflationniste au niveau des entités décentralisées. L'inexistence d'une loi budgétaire cohérente présente également le risque essentiel de déclencher une dynamique perverse, à la base de dérapages des finances publiques au niveau des nouveaux organes décentralisés.

Cependant, la loi n° 08/012 du 31 juillet 2008 portant principes fondamentaux relatifs à la libre administration des provinces apporte une certaine flexibilité dans l'argumentation, évoquée plus haut, sur l'endettement des organes décentralisés. L'État maintient les mesures coercitives limitant la propension à s'endetter des gouvernements provinciaux au niveau externe pour minimiser les risques systémiques potentiels d'insolvabilité et de crises financières. Par contre, les entités décentralisées, à savoir les provinces, peuvent recourir aux emprunts internes pour financer l'investissement (article 58). Cette dynamique est de nature à assurer l'épanouissement des forces du marché au niveau local. En effet, les lois de libre concurrence vont s'appliquer dans ce contexte, en mettant en exergue les mécanismes d'évolution à la hausse des ressources des entités décentralisées. De ce point de vue, les fonds à leur disposition peuvent augmenter, dans une certaine mesure, par le biais de la dette intérieure.

La contribution de l'administration au développement économique

La politique économique des entités locales

La dynamique économique des collectivités locales doit favoriser la contribution efficiente des services administratifs au développement du pays. Il semble difficile de délimiter les champs d'application de l'administration du développement, mais on peut relever quelques domaines de prédilection dépendant de sa compétence. En effet, elle est censée créer les conditions nécessaires à la formation de l'épargne locale, par une politique de décentralisation permettant la mise en valeur des capacités productives nationales. Cette politique est de nature à promouvoir également la création des PME-PMI en jetant les bases d'une industrialisation minimale génératrice de croissance. Dans ces conditions, les services administratifs peuvent jouer le rôle de catalyseurs dans l'organisation des circuits de financement formels et informels.

De même, des efforts supplémentaires doivent être consentis pour améliorer les voies de communication et assurer le transport des personnes et des biens dans de bonnes conditions. Certains centres urbains de la

RD Congo offrent le spectacle désolant de la pénurie alimentaire, alors que l'abondance agricole règne dans d'autres régions. La recherche du bien-être de la population suppose la mise en place d'une politique efficiente de logement afin d'améliorer l'habitat urbain et rural. Cette dynamique sociale exige également le recours aux mesures adéquates visant à assurer la réhabilitation des infrastructures dans ce domaine et l'amélioration des conditions sanitaires de la population. De manière globale, la réussite de ce programme reste conditionnée par la restauration de l'autorité de l'État et le maintien de l'intégrité territoriale. L'administration du développement est censée garantir la sécurité et la protection des acteurs économiques sur toute l'étendue du pays.

L'accroissement des recettes de l'État demeure une condition *sine qua non* pour inverser la tendance désastreuse de manière durable. Une politique efficace de perception des taxes au niveau local peut assurer le desserrement du goulet d'étranglement, même si les subventions directes du pouvoir central demeurent non négligeables. Une politique d'incitation des administrateurs de l'État est un passage obligé, dans la mesure où leurs revenus salariaux restent dérisoires et disproportionnés par rapport au coût de la vie. Ce phénomène constitue un facteur important de démotivation des agents de l'État dont les comportements quotidiens sont caractérisés par l'absentéisme, les pratiques frauduleuses et l'inefficience des services publics.

La mobilisation des masses laborieuses pour un développement endogène

La mise en place de programmes économiques adéquats peut inciter la population à participer activement à la réalisation des projets d'investissement au niveau local. De même, une plus grande sensibilisation de la population à la vie politique est souhaitable, afin d'assurer une mobilisation massive des individus lors des échéances électorales. Les forces laborieuses doivent être associées à la réalisation de projets de développement au niveau local, essayant d'atteindre une productivité optimale. Cette dynamique est nécessaire pour assurer la mise en œuvre des programmes d'intérêt commun et apporter le bien-être social.

Par ailleurs, la mobilisation de la population dans le cadre d'une politique de développement appropriée doit se faire en allouant des moyens financiers et matériels substantiels aux domaines de l'éducation et de la formation. Cette dynamique est de nature à permettre l'accroissement du rendement individuel, de la rentabilité des unités commerciales et de la production à l'échelle nationale. La maîtrise de nouvelles méthodes de gestion et l'acquisition de compétences techniques sont indispensables pour concevoir et exécuter les projets de développement au niveau local. En règle générale, la responsabilisation des masses laborieuses constitue un levier majeur pour inciter la population à rechercher des solutions adéquates à ses problèmes dans le cadre d'un développement autocentré. Cette réalité sociale peut entraîner l'utilisation maximale des ressources locales dans un processus de croissance endogène.

La décentralisation opérée en RD Congo au cours des années 1970 et 1980 n'a pas entraîné les effets escomptés, car les réformes étaient réalisées de façon parcellaire au sein de la Fonction publique et de la territoriale, sans appréhension systémique des rapports de causalité et d'interdépendance entre les deux domaines (Lotoy 1991). La mise en place d'un processus global de décentralisation semble, dès lors, nécessaire pour associer toutes les forces vives de la nation à l'effort de reconstruction nationale. La réussite des réformes administratives suppose également un choix sélectif et rationnel de gestionnaires de l'État motivés par la recherche du bien-être collectif.

3. Les défis de la péréquation financière

Les transferts des ressources financières du pouvoir central vers les entités décentralisées dans le cadre de la décentralisation fiscale doivent tenir compte de plusieurs facteurs liés à une stratégie d'allocation optimale et efficiente des fonds. En règle générale, la résolution de cette équation multiforme et complexe passe par la prise en compte des questions politiques, économiques et géographiques. L'État peut porter, par exemple, une attention particulière au désenclavement d'une entité décentralisée donnée en créant ou en restaurant les voies de communication. Le pouvoir central peut assurer le maintien d'une politique économique performante de réduction de la pauvreté en choisissant une collectivité locale spécifique, ou mettre en place une politique de conservation de la nature et de lutte contre la pollution au niveau national en tenant compte des externalités entre les entités décentralisées.

L'adoption des équations de la péréquation

La mise en œuvre des équations de la péréquation concerne également la détermination du montant exact à transférer dans ce cadre. Le pouvoir central peut procéder à l'octroi d'un pourcentage fixe de l'ensemble de ses recettes ou assurer le transfert d'une partie de celles-ci en choisissant quelques taxes spécifiques. Un autre système consiste à établir annuellement un montant déterminé, comme on procède généralement pour les dépenses. La réussite de ce cas de figure dépend, dans la plupart des cas, d'une coopération entre le Gouvernement central et les entités décentralisées. Mais la fixation de ce montant fixe ne provient pas toujours de ce partenariat. Par ailleurs, l'usage d'une formule permet de calculer la valeur réelle de l'allocation en fonction des variables dépendant de la structure de la population (densité, âge, éducation, nutrition, habitation, etc.) ou des besoins réels des entités décentralisées en termes de services espérés par les agents économiques (octroi de subventions pour financer une partie des dépenses des organes décentralisés).

Les formules de péréquation visent à assurer le maintien d'un service gouvernemental minimum au sein des entités décentralisées en leur allouant des ressources adéquates. Elles utilisent des variables reflétant la capacité fiscale ou la structure des dépenses (à savoir les besoins réels des entités décentralisées) des provinces. Par contre, d'autres formules sont établies sous certaines conditions et dans des domaines spécifiques. Ainsi, les transferts de ressources financières opérés peuvent être déployés de manière concomitante avec la recherche d'un financement local des dépenses des entités décentralisées.

L'adoption de la péréquation en RD Congo demeure un exercice périlleux, en raison des disproportions et du développement inégal des provinces et des entités décentralisées potentielles. Le mode de prélèvement des recettes à la source pose également le problème de l'utilisation à bon escient des ressources financières mobilisées à cet effet, dans le cadre de l'exécution des projets bancables de proximité au profit d'une grande partie de la population. De même, le problème de la rétrocession des recettes fiscales des provinces aux autres entités décentralisées se pose avec une acuité particulière. Cette question reste d'autant plus cruciale que les prérogatives juridiques de ces entités décentralisées doivent être établies par le pouvoir législatif.

La confusion relevant de la lecture différenciée des textes juridiques peut amener l'instabilité politique en accentuant la pérennisation des conflits récurrents. Il convient de s'interroger sur les tensions potentielles découlant de la gestion conjointe de plusieurs sources de prélèvement de l'impôt. Il est nécessaire de procéder à une révision complète du système fiscal congolais, afin de mettre en place des méthodes quantitatives intégrant les nouveaux concepts de péréquation. Il s'agit également d'adapter et d'ajuster les outils statistiques et les pièces comptables aux nouvelles dispositions légales prévalant au niveau des organes décentralisés.

Il convient, par ailleurs, de procéder à l'évaluation des potentialités réelles de chaque organe décentralisé, afin de répartir les ressources de manière équitable dans le cadre de la péréquation. Il faut s'interroger sur la démarche à adopter pour choisir des indicateurs fiables afin d'obtenir des résultats pertinents. Dans ce contexte, les variables telles que l'âge des personnes dépendantes, le taux de chômage et le degré d'urbanisation constituent des atouts majeurs. Dans la recherche de la formule idéale de péréquation, l'assiette fiscale peut être construite à partir de l'ensemble des revenus des personnes physiques et des bénéfices des personnes morales de chaque province. Mais cette démarche semble aléatoire pour les pays en développement dont les outils statistiques et les méthodes de collecte de données demeurent dans la plupart des cas déficitaires.

Il existe, dès lors, différents indices permettant de cerner l'évolution des potentialités financières des entités décentralisées, compte tenu de la multiplicité de voies et moyens à la base de la création de ces indices. Les méthodes mises en œuvre varient selon les intérêts des autorités étatiques dans le temps. Signalons que les équations de la péréquation de la Suisse, par exemple, étaient basées essentiellement sur les indices de tendance et de ressources pour se focaliser par la suite sur le calcul de l'assiette fiscale. L'indice de tendance constitue, dès lors, un indice mixte portant à la fois sur les ressources, comptant pour une valeur de 50 % des ressources, et sur la capacité fiscale, représentant une valeur de 50 % des ressources. L'indice des ressources d'une province représente le montant du potentiel des ressources par habitant de la province, comparé aux valeurs correspondantes des autres provinces.

L'assiette fiscale d'une province helvétique peut se calculer de la manière suivante :

$$AFA = \frac{Rev + aFort + Prof - Benef_1 + bBenef_2}{N}$$

Rev : somme des revenus imposables des personnes physiques ;
Fort : total des fortunes des personnes physiques ;
Prof : somme des bénéfices des personnes morales fiscalement non privilégiées ;
Benef1 : somme des bénéfices de participation ;
Benef2 : somme des bénéfices des sociétés de holding et de gestion ;
N : population résidante de la province.

Les chemins vertueux de la péréquation

La réussite de la Caisse nationale de péréquation dépend de plusieurs facteurs, qu'il convient d'analyser. Une évaluation du potentiel fiscal et des indicateurs de développement de chaque province s'impose pour cerner de manière exacte les besoins réels de chaque entité décentralisée. Le but est d'établir un diagnostic différentiel en rapport avec les données socio-économiques et géographiques de chaque province, afin de répartir les tâches, les compétences et les ressources de manière équitable. Le transfert de compétences doit précéder celui des ressources, pour atteindre des résultats satisfaisants, et adapter et réajuster graduellement des entités décentralisées aux nouvelles fonctions à exercer.

Le processus de décentralisation entrepris en RD Congo risque d'entraîner des dérapages dans le fonctionnement des institutions, compte tenu des délais liés au rééquilibrage du système d'administration publique aux nouvelles normes. Il existe un risque de dérive potentielle, du fait de l'accroissement consécutif des coûts de transaction liés au processus d'apprentissage des nouvelles règles. La décentralisation fiscale immédiate garantie par la Constitution congolaise constitue un exercice périlleux, en raison de l'état de déliquescence des institutions et de la faiblesse des ressources financières ainsi mises en œuvre. Le transfert immédiat de compétences, notamment dans les domaines de l'éducation primaire et secondaire, de la santé et de la Fonction publique, risque de provoquer une escalade, les autorités des nouvelles entités décentralisées étant dans l'incapacité d'honorer les engagements liés aux dépenses prioritaires urgentes.

Cette réalité est d'autant plus flagrante pour les entités décentralisées au niveau des zones rurales, qui ne disposent généralement pas de services adéquats pour collecter les données ou réaliser des enquêtes dans de bonnes conditions.

La réussite de la décentralisation suppose également la mise en place d'un cadre de collaboration non conflictuelle entre le pouvoir central et les collectivités locales pour assurer le maintien d'un développement endogène et durable. La formation constitue, dès lors, l'épine dorsale des programmes d'action prioritaires à concevoir. En effet, l'apprentissage de nouvelles techniques de gestion financière et de collecte de données statistiques est de nature à améliorer la qualité du service public. L'élaboration des fonctions concurrentes mettant en exergue le pouvoir central et les collectivités locales constitue un élément primordial de la nouvelle stratégie à mettre en place dans le cadre de l'allocation optimale des tâches au sein de l'Administration publique.

L'exercice d'un contrôle budgétaire et financier rigoureux à tous les échelons du pouvoir est de nature à assurer l'accroissement des recettes de l'État. Le Gouvernement central peut éventuellement jouer le rôle de conseiller auprès des entités décentralisées pour favoriser le maintien de l'équilibre budgétaire au niveau local. L'adaptation du dispositif juridique aux nouvelles normes s'impose également pour assurer la réussite du processus de décentralisation fiscale tenant compte du financement des investissements publics dans le cadre de la Caisse nationale de péréquation. Il convient de tenir compte du développement inégal des provinces et de l'état de déliquescence dans lequel la plupart des collectivités locales se trouvent. De même, la vétusté des moyens financiers et matériels à la disposition des autorités gouvernementales risque de perturber la réalisation des objectifs prioritaires de développement, en raison de la modicité des ressources potentielles mobilisables face aux multiples problèmes des provinces et des autres collectivités locales. Le choix des critères de sélection des projets d'investissement constitue également un exercice périlleux et l'adoption d'une formule simple est de nature à desserrer le goulet d'étranglement.

Une attention particulière doit être accordée à la gestion du secteur de l'éducation dont le poids considérable au niveau du budget de l'État congolais risque d'être un facteur déstabilisateur de l'équilibre des finances publiques, si certaines mesures judicieuses ne sont pas adoptées. L'éducation absorberait 45 % de la masse salariale, mobilisant également la moitié des effectifs de la Fonction publique. Par conséquent, les réformes à entreprendre dans le cadre de la décentralisation doivent tenir compte des capacités organisationnelles et institutionnelles des collectivités locales à remplir dans de bonnes conditions leurs nouvelles tâches.

La décentralisation demeure, dès lors, un processus graduel nécessitant la mise en œuvre d'un partenariat efficient entre le Gouvernement central et les entités décentralisées. Cette dynamique suppose le maintien d'une coopération accrue entre ces institutions dans le cadre d'un dispositif légal de concertation permettant à tous les acteurs impliqués dans le processus de jouer leurs rôles respectifs. Dans ces conditions, certaines tâches au niveau des organes décentralisés peuvent être exercées par des fonctionnaires sous tutelle du Gouvernement central, afin d'éliminer la prolifération des coûts administratifs.

4. Perspectives d'avenir

Le marasme économique de la RD Congo découlant de plusieurs décennies de gestion prédatrice et l'instabilité sociale postconflit constituent des pesanteurs majeures dans la dynamique du transfert de compétences et de ressources. Le maintien des fonctions régaliennes de l'État devient, dès lors, aléatoire, compte tenu de la faible mobilisation de ressources financières aux niveaux interne ou externe. Il convient de mentionner, par exemple, que le financement du budget de l'État congolais se fait à concurrence de 50 % environ par des ressources financières externes. L'économie congolaise demeure, dès lors, extravertie, dans la mesure où le rééquilibrage des finances publiques dépend pour l'essentiel de l'étranger. Par ailleurs, les défis liés à la mondialisation nous amènent à réfléchir en termes de biens mondiaux, dont la gestion exige le dépassement des frontières nationales et une coopération internationale accrue.

Le partenariat public-privé

Le processus de décentralisation met en exergue plusieurs acteurs dont les comportements peuvent être analysés dans le cadre d'un jeu dont la somme peut être nulle, négative ou positive. En effet, les résultats escomptés d'une telle opération dépendent des comportements coopératifs ou concurrentiels des individus. Le recours à la sous-traitance et l'adoption du financement privé dans le secteur public constituent désormais des gages du partenariat privé-public dont les ramifications peuvent être bénéfiques dans l'optique d'une coopération gagnant-gagnant. Cette dimension traduit, dans une certaine mesure, la restructuration des finances publiques et le choix de nouvelles règles assurant notamment le recul du rôle suprême et monolithique de l'État. Par conséquent, les forces du marché peuvent s'appliquer de manière efficiente, lorsque les droits de propriété sont bien établis[33].

Par ailleurs, le renforcement des capacités des nouvelles entités décentralisées peut également se faire par le biais des partenariats public-privé en mettant en exergue les ressources et les potentialités du secteur privé. Dans ces conditions, les entreprises privées peuvent être le fer de lance d'une stratégie globale visant à doter les ETD d'un minimum d'équipements et d'infrastructures leur permettant d'exercer leurs fonctions régaliennes dans de bonnes conditions. L'ouverture du marché à ces opérateurs est de nature à favoriser le maintien d'une concurrence saine au bénéfice des utilisateurs sur le plan national. En effet, cette dynamique est censée également assurer le maintien d'un service public de qualité obtenu selon les règles de l'offre et de la demande à un prix compétitif.

La coopération décentralisée

Pour renforcer les relations entre les entités décentralisées du Nord et du Sud, la coopération décentralisée est susceptible d'aider les collectivités locales des pays du Sud à atteindre des objectifs de développement local. Le transfert de compétences et de ressources reste un vecteur non négligeable d'aide au développement dans le cadre de la réalisation de projets économiques spécifiques de proximité, compte tenu de l'essor des échanges internationaux et des migrations de population. Ce troisième millénaire est, en effet, marqué par le rapprochement des peuples suite à la mondialisation et à l'évolution fulgurante du progrès technique. Le resserrement des liens

[33] Pour une analyse approfondie, voir le théorème de Coase (1960).

socio-économiques entre les collectivités locales éloignées dans l'espace à développer devient une réalité, du fait, notamment, des nombreux jumelages d'agglomérations urbaines du Nord et du Sud.

Cette tendance favorable est facilitée par le développement vertigineux des moyens de transport et des télécommunications. La mise en œuvre du développement local dans le cadre du partenariat Nord-Sud est censée, sous certaines conditions, générer des résultats positifs dans de nombreux secteurs. Les secteurs clés de la coopération décentralisée dans les pays en développement sont les suivants : planification urbaine (transports, circulation, évacuation des déchets...) ; eau, assainissement, voirie ; jeunesse, culture, sports ; éducation, santé ; gestion des services publics ; environnement.

Les domaines prioritaires de ce partenariat concernent également les transferts de compétences et l'assistance en cas d'urgence. L'assistance technique est de nature à renverser la tendance désastreuse et à apporter des résultats positifs dans les secteurs de la planification, de l'administration et de la gestion publique. Le renforcement des capacités des mandataires à toutes les échelles (centrale, provinciale, entités décentralisées) reste un cadre idéal pour maintenir cette coopération Nord-Sud. Il convient de mentionner la nécessité d'apporter un soutien indéfectible à tous les acteurs impliqués dans le processus de décentralisation à toutes les échelles de la chaîne de commande.

Il faut donc éviter de concentrer l'essentiel des efforts sur l'édification des capacités des mandataires locaux et de négliger les besoins réels des acteurs évoluant au niveau de la sphère du Gouvernement central. En effet, la réussite du processus dépend pour une large part du partage équitable des responsabilités dans le cadre d'un jeu à somme positive où chaque entité joue pleinement son rôle. Le Gouvernement central doit jouer un rôle majeur pour définir le cadre juridique et légal dans lequel doit évoluer cette coopération décentralisée.

Le transfert graduel des compétences et des ressources : le renforcement des capacités des entités décentralisées

En suivant l'exemple de l'Union européenne lors de sa formation, l'octroi des subventions du pouvoir central aux entités décentralisées au cours de la phase précédant la mise en œuvre de la décentralisation aurait pu faciliter le processus de transfert effectif des compétences et des ressources, et faciliter de ce fait l'implantation des infrastructures minimales et le recrutement des fonctionnaires compétents opérationnels dans un horizon temporel raisonnable. La formation constitue, en tout cas, un volet non négligeable de la nouvelle stratégie à mettre en place.

L'adoption d'un Projet de renforcement des capacités en gouvernance (PRCG) par les autorités gouvernementales congolaises, en août 2008, constitue une avancée significative dans le processus de la décentralisation. Il s'agit de mettre en place un programme pilote au sein de trois provinces (Bandundu, Sud-Kivu et Katanga) pour assurer le maintien de la bonne gouvernance et la mobilisation accrue des ressources. Un financement de 50 millions USD serait alloué par la Banque mondiale à ces provinces, pour leur permettre un décollage harmonieux du processus de décentralisation. Cependant, cette démarche ciblée risque de s'avérer insignifiante et aléatoire pour la suite des opérations, si elle reste confinée à ces régions. Il serait judicieux d'étendre, dans un délai décent, ce programme, non seulement à toutes les provinces de la RD Congo, mais aussi à toutes les entités décentralisées au niveau de l'espace national.

Par ailleurs, le maintien d'une clé de répartition élevée en faveur du pouvoir central peut faciliter le mouvement de transfert progressif de compétences et de ressources. Il convient d'envisager, par la suite, un taux dégressif au fur et à mesure que les mécanismes se mettent en place. Il s'agit de procéder, dans ces conditions, à la mise en œuvre de réformes administratives graduelles de manière à assurer un partage équitable des tâches et en respectant l'équilibre budgétaire au niveau national.

Conclusions

À la lumière de ce qui précède, force est de remarquer que le processus de décentralisation en RD Congo peut amener des résultats positifs en jetant les bases d'un développement durable et endogène, si certaines conditions préalables sont remplies. Les institutions et les acteurs impliqués dans le processus devraient jouer pleinement leur rôle et la recherche du consensus demeure la règle dans le cadre d'une transition évolutive.

Le transfert de compétences et de ressources du pouvoir central aux provinces est de nature à favoriser le maintien d'un service de proximité dans le cadre de la stratégie de réduction de la pauvreté. La répartition des ressources au niveau des provinces devra être inscrite dans une dynamique d'ensemble favorisant l'acheminement des fonds vers les autres entités décentralisées. Il semble indispensable d'établir des règles adéquates permettant de canaliser de manière équitable les ressources des provinces vers les entités décentralisées en tenant compte des besoins primordiaux des populations locales. Il convient de définir de manière explicite un cadre juridique dans lequel doivent évoluer les entités décentralisées, afin d'éviter la pérennisation d'un environnement conflictuel, néfaste à la croissance économique et au progrès social.

La mise en œuvre de la Caisse nationale de péréquation est censée corriger les disparités et les inégalités entre les différentes provinces. Cependant, l'adoption d'une clé de répartition équitable des ressources s'impose, afin de parvenir à des résultats efficients dans le cadre de la stratégie de réduction de la pauvreté. Cette démarche est de nature à réduire les écarts de développement existant entre les provinces à fort potentiel de ressources et celles dont les capacités financières demeurent dérisoires. Par ailleurs, la gestion efficiente et transparente des fonds rétrocédés aux différentes provinces dans le cadre de la décentralisation fiscale s'impose.

La règle d'or de la décentralisation consiste à financer, autant que faire se peut, les dépenses locales par des impôts perçus localement, en évitant de les financer par des transferts de fonds. Certains transferts de ressources du Gouvernement central aux entités décentralisées doivent être inconditionnels, afin de satisfaire les *desiderata* des individus au niveau local. Cette tendance vise également à assurer une capacité minimale aux organes décentralisés, compte tenu de la nécessité impérieuse de subvenir aux dépenses immédiates de fonctionnement.

Le maintien des mécanismes de péréquation horizontale peut éliminer les inégalités flagrantes entre les différentes provinces. Les provinces nanties sont, en effet, censées participer à l'effort de solidarité, pour permettre notamment aux nouvelles entités décentralisées de décoller dans de bonnes conditions.

Conclusions

L'analyse de l'économie congolaise durant et après la Transition démocratique nous a permis de mettre en exergue ses faiblesses et ses atouts, face à l'évolution récente du monde, caractérisée par l'intégration croissante des nations dans le cadre de la nouvelle donne internationale. La gestion chaotique des ressources nationales n'a pas permis la diversification de l'économie congolaise et la RD Congo demeure dépendante des recettes d'exportation. Cette situation fragilise davantage son ossature économique, en la soumettant aux aléas des cours mondiaux, qui évoluent à la baisse. Le moins que l'on puisse dire, c'est que les autorités gouvernementales n'ont pas réussi à stimuler l'investissement productif en attirant, par exemple, les investissements directs étrangers (IDE) ou en assurant l'expansion d'une classe d'entrepreneurs privés au niveau local. Par ailleurs, l'élite nationale n'a pas réussi à insuffler une dynamique nouvelle, dans la mesure où elle a été confrontée aux problèmes de corruption et de prédation. Les problèmes récurrents de mauvaise gouvernance demeurent, en effet, des pesanteurs majeures annihilant les efforts de redressement économique entrepris.

Un renversement de tendance magistral est indispensable pour ramener l'économie vers la prospérité, afin de réduire la pauvreté. La mise en œuvre d'institutions performantes constitue une étape primordiale dans le processus d'édification de réformes ambitieuses. Cette réalité sociale reste conditionnée au maintien du leadership et de la bonne gouvernance. Le renforcement des capacités de l'État par le biais de l'amélioration de la Fonction publique et de l'exploitation rationnelle des richesses naturelles peut constituer l'élément déclencheur de cette dynamique positive. Par ailleurs, le recours à des agents économiques intègres reste également un passage obligé pour assurer la réalisation de projets ambitieux.

Il semble opportun d'adopter une stratégie adéquate mettant un accent particulier sur l'éducation, la formation permanente et l'agriculture. Ce programme doit être soutenu par une politique ambitieuse assurant la diversification de l'économie nationale pour éviter les effets pervers d'une économie de monoproduction. La relance du secteur de l'agriculture reste une option économique appropriée pour inverser la tendance de manière durable. La valorisation des exploitations individuelles et la promotion de l'agro-industrie constituent des passages obligés. Il s'agit de lutter contre les effets pervers du délabrement du tissu agricole, dont les tares ont facilité la descente aux enfers de l'économie congolaise. Le renversement de tendance est de nature à favoriser à la fois l'exploitation des produits vivriers et celle des cultures pérennes dont la production à grande échelle a été abandonnée depuis plusieurs décennies.

La mise en œuvre d'une telle stratégie suppose l'amélioration et la réhabilitation des routes de desserte agricole et des voies de communication traditionnelles ayant existé, pour la plupart, à l'époque coloniale. La production agricole consécutive devra viser à la fois les marchés interne et externe. Il s'agit d'encourager la mise en œuvre de mesures draconiennes visant à éliminer progressivement la crise agricole en favorisant le maintien de l'autosuffisance alimentaire et en assurant, graduellement, la promotion des exportations des produits agricoles.

Ces mesures doivent être appuyées par une stratégie adéquate visant la création massive d'emplois en milieu rural afin de résoudre les problèmes récurrents de chômage. Le renforcement du pouvoir régalien de l'État peut provoquer le recul des activités parallèles en favorisant la production à grande échelle de matières premières comme le coltan, la cassitérite, le diamant et l'or. À ce stade, leur exploitation reste marginale et les ressources financières mobilisées profitent, pour l'essentiel, aux trafiquants véreux et aux pays limitrophes.

La valorisation des secteurs de l'éducation et de la recherche scientifique demeure également un passage obligé pour assurer un renversement de tendance à terme. En effet, l'allocation de ressources considérables au profit de ces secteurs est censée favoriser la maîtrise de techniques de pointe dont le rôle dans le processus d'industrialisation de la nation demeure déterminant en permettant la production de biens de première nécessité à moindre coût.

Par ailleurs, la question cruciale de la répartition équitable de la masse salariale doit interpeller les autorités congolaises. L'équation de l'allocation efficiente des rémunérations devra constituer une priorité majeure des programmes de redressement économique. En effet, les disparités salariales constituent un danger permanent pour la pérennité de la coexistence pacifique. Elles demeurent des barrières tangibles au maintien de l'harmonie sociale et à la mise en place d'un processus de développement économique endogène. La correction de ces injustices représente, par conséquent, un facteur essentiel de prévention des conflits récurrents attisés par la grogne sociale. De même, la mise en place d'un système de prestations sociales approprié est de nature à éviter la prolifération d'une société à deux vitesses.

La nécessité de consolider la croissance

Les politiques économiques à mettre en œuvre pour renverser la tendance sont censées assurer le maintien et la consolidation de la croissance économique sur une période plus ou moins longue. Il s'agit de trouver des actions et des activités appropriées pour développer des synergies favorables dans les secteurs productifs, sans négliger les avancées sociales. La recherche des sources et des déclencheurs de la croissance économique semble nécessaire pour mettre en place des stratégies judicieuses assurant la réduction de la pauvreté à long terme.

Le maintien de taux de croissance significatifs d'au moins 10 % en moyenne sur une durée longue, de l'ordre de dix ans, s'impose pour inverser la tendance de manière durable. Le développement du secteur privé au niveau local reste une voie salutaire, afin de stimuler une croissance endogène basée sur la contribution des entrepreneurs nationaux à l'effort de développement économique. La diaspora congolaise peut jouer un rôle majeur dans ce cadre, en permettant, par exemple, l'éclosion d'une nouvelle classe d'entrepreneurs efficaces. Cette dynamique suppose le maintien d'une politique ambitieuse visant à orienter les transferts de fonds vers les investissements productifs, de manière à faciliter le processus de création d'emplois.

Il est, dès lors, judicieux d'envisager l'avenir de la RD Congo de manière positive en posant les bases du maintien d'une croissance soutenue pro-pauvre à long terme. La relance des activités économiques passe par trois voies principales. D'abord, la consolidation de la croissance constitue un passage obligé afin de se doter des ressources suffisantes sur le plan national. Ensuite, il convient d'établir des mécanismes visant à assurer la création et la promotion de l'entrepreneuriat. Enfin, la mise en place des avancées sociales s'impose pour permettre de réduire la pauvreté de manière significative.

Cette dynamique suppose la mise en place des institutions appropriées au niveau national, de manière à procéder à l'implantation de programmes économiques ambitieux. Il s'agit d'enclencher un renversement de tendance et de rechercher les voies et moyens pouvant permettre à la RD Congo de faire des progrès économiques et sociaux substantiels, de manière à devenir un pays à revenu intermédiaire ou un pays émergent à long terme. Le leadership éclairé caractérisé par des choix stratégiques adéquats et la mise en œuvre des institutions appropriées constituent le gage du renversement de tendance espéré (Acemoglu & Robinson 2012).

Par conséquent, le maintien de politiques économiques appropriées en matière de mobilisation de l'épargne nationale et l'allocation de ressources à l'investissement productif s'imposent. Le développement des outils adéquats pour attirer, par exemple, les fonds et les potentialités de la diaspora vers les secteurs prioritaires comme l'éducation, l'agriculture, l'habitat, le transport et la recherche scientifique, demeure également une nécessité impérieuse. Il semble primordial d'adopter une stratégie efficiente en termes d'utilisation optimale des transferts de fonds des Congolais de l'étranger, de promotion de l'entrepreneuriat par la diaspora, de développement rural et de promotion des connaissances scientifiques par le transfert de technologie et la formation.

Les nouveaux programmes en gestation sous l'égide du Gouvernement congolais, en partenariat avec la Banque africaine de développement (BAfD) ,relèvent de cette logique. Cette démarche vise à assurer la prise en compte des transferts de fonds et des compétences des Congolais de l'étranger comme des ressources fondamentales dans l'élaboration du DSCRP II. Elle reste en phase avec les dernières recommandations de l'Union africaine accordant un rôle majeur à la diaspora dans le processus de développement de l'Afrique.

Le renforcement des capacités de l'État devra se faire de concert avec la mise en œuvre d'un secteur privé efficace engagé de manière active dans le processus de développement économique. En effet, la promotion de l'investissement reste une priorité essentielle, même si la consommation et la demande globale ne doivent pas être négligées. Il convient d'assurer la mise en place d'une stratégie globale visant à pérenniser le maintien d'une croissance durable à long terme, tout en maintenant l'équité sociale. Dans ce contexte, l'élaboration d'une grille cohérente des salaires, favorisant une répartition équitable du patrimoine national, doit être la pierre angulaire de la politique gouvernementale. La réalisation de cet objectif passe également par le maintien d'un dispositif social judicieux disposant d'un système de sécurité sociale équitable.

Il est opportun de cibler les secteurs porteurs en favorisant également la promotion de l'industrie. La valorisation de l'agriculture constitue une priorité majeure et l'exploitation rationnelle des ressources minières demeure également un passage obligé. La diversification de l'économie congolaise doit se faire dans le cadre d'une politique proactive favorisant l'exploitation des ressources considérables que l'on peut tirer du secteur agricole. Comme plus de 70 % de la population vit dans les zones rurales, il ne faut pas se priver d'une main-d'œuvre aussi abondante. La RD Congo peut devenir, à long terme, un pays à revenu intermédiaire (PRI), si ses énormes potentialités sont exploitées de manière rationnelle.

Par ailleurs, l'intégration régionale constitue également un atout majeur à prendre en compte. Ce pays peut profiter de sa position stratégique en Afrique pour faire fructifier ses relations diplomatiques et promouvoir les échanges commerciaux avec ses voisins, dans le cadre d'une coopération régionale. L'appartenance aux organisations régionales comme la SADC, la Comesa, la CEEAC et la CPGL peut constituer un tremplin pour impulser une croissance vertueuse. Dans ce contexte, les dividendes en termes de maintien de la paix et de développement économique peuvent être considérables, compte tenu des externalités positives découlant de cet engrenage vertueux.

Il convient de dresser un canevas disposant des axes stratégiques spécifiques en vue d'assurer la pérennisation de la stabilité macroéconomique et le maintien d'une croissance plus importante en RD Congo. Cette démarche optimiste passe par des étapes essentielles qu'il faudra regrouper au sein d'une matrice définissant les objectifs essentiels et les actions à mener dans ce cadre (tableau 10.1). La fixation des objectifs généraux et spécifiques s'impose, afin de disposer des moyens appropriés pour les atteindre dans l'optique d'une politique proactive.

Tableau 10.1. Quelques axes stratégiques pour une gestion macroéconomique efficiente

Objectifs globaux	***Objectifs spécifiques***	**Actions**
Axe 1. Approfondissement de la stabilité macroéconomique		
Maintien des politiques budgétaires appropriées	Mobilisation accrue des recettes publiques	Améliorer le cadre juridique et institutionnel des finances publiques
	Maîtrise des dépenses publiques Baisse de l'ampleur des déficits publics	Mettre en place la chaîne des recettes publiques Automatiser dans une certaine mesure la chaîne des dépenses publiques
	Réduction du recours abusif au seigneuriage	Mettre en place de manière effective la réforme de l'administration fiscale
	Renforcement des capacités d'absorption de l'État en termes d'aide extérieure	Mettre en place des exonérations fiscales et des mesures incitatives pour la promotion de l'agriculture
Application des politiques monétaires adéquates et prudentes	Mise en œuvre effective de l'autonomie de la Banque centrale	Renforcer l'expertise et améliorer les compétences des agents de la Banque centrale
	Renforcement de l'efficacité de la politique monétaire	Instituer un cadre de recyclage et de formation permanente du personnel Adopter un système de fixation des taux d'intérêt créditeurs et débiteurs compétitifs

Axe 2. Construction et réhabilitation des infrastructures		
Implantation des infrastructures	Élaboration des moyens de communication pour relier toutes les provinces entre elles	Établir une liste plus ou moins exhaustive des besoins en infrastructures au niveau national
	Construction des réseaux adéquats de distribution d'eau et d'électricité	Évaluer la nécessité et la rentabilité économique des infrastructures
Réhabilitation des infrastructures de base	Construction ou restauration des bâtiments publics et les logements sociaux	Définir un plan d'action cohérent et mettre en place les infrastructures selon leur nécessité
	Réhabilitation des routes de desserte agricole	
Axe 3. Développement de l'économie du savoir et vulgarisation des NTIC		
Amélioration de la qualité des connaissances humaines	Amélioration de la quantité et de la qualité des travailleurs	Procéder à des réformes en profondeur du système éducatif
	Ajustement de l'offre de formation par rapport à la demande Réponse aux besoins en main-d'œuvre des entreprises	Mettre à jour les programmes d'enseignement et adapter la formation aux besoins des entreprises
Diffusion des NTIC		Faciliter l'usage des NTIC dans le système éducatif
Axe 4. Promotion de l'entrepreneuriat et maintien d'une croissance soutenue		
Accroissement du taux d'investissement	Simplification des procédures de création d'entreprises	Réduire la fiscalité pléthorique et éliminer les tracasseries administratives
Promotion des PME/PMI	Attractivité renforcée des IDE dans les secteurs prioritaires de l'économie	Mettre en place de manière effective un guichet unique pour les activités commerciales
	garantie de la promotion de l'entrepreneuriat par les CDE	Créer des pôles de croissance et des zones économiques spéciales
Axe 5. Amélioration des circuits monétaires et financiers		
Allocation efficiente des ressources financières	Renforcement des systèmes de prévention des risques systémiques	Renforcer l'informatisation de la gestion bancaire

Mobilisation accrue de l'épargne formelle	Amélioration des canaux de l'intermédiation financière	Favoriser l'usage des NTIC dans les transactions financières et commerciales
	Meilleure canalisation des transferts de fonds de la diaspora congolaise	Réduire l'exclusion financière et améliorer le taux de bancarisation Faciliter les paiements des salaires au niveau du système bancaire formel
Axe 6. Renforcement des institutions et prévention des pratiques arbitraires		
Prévention contre les risques et barrières à la relance des activités	Amélioration de la rentabilité et de la gestion des services étatiques	Mettre en place une institution spécialisée pour prévenir les risques financiers
Amélioration de l'efficacité des institutions	Lutte contre la corruption et l'impunité	Améliorer les outils d'évaluation et de surveillance des institutions

Bibliographie

Acemoglu, D. & Robinson J. 2012. *Why Nations Fail: The Origins of Power, Prosperity, and Poverty*. New York : Crown Publishers.

Addison, T. 2000. « From conflict to reconstruction in Africa ». In T. Addison (éd.), *From Conflict to Reconstruction in Africa*. Helsinki : UNU/WIDER.

Aglietta, M. 1995. *Macroéconomie financière*. Paris : La Découverte.

Aglietta, M. & Orléan, A. 2002. *La Monnaie souveraine*. Paris : Odile Jacob.

Arestis, P. & Demetriades, P. 1998. « Finance and growth: is Schumpeter right? ». *Anàlise Econômica* 16 (30) : 5-21.

Axelrod, R. 1981. « The emergence of cooperation among egoists ». *American Political Science Review* 75 : 306-318.

BAfD, OCDE, PNUD & CEA. 2012. *Perspectives économiques en Afrique*.

Banque centrale du Congo. 2002-2003. *Rapport annuel*.

Banque centrale du Congo. 2009a. *Rapport annuel*.

Banque centrale du Congo. 2009b. *Condensé d'informations statistiques* 52.

Banque centrale du Congo, direction de la Surveillance des intermédiaires financiers. 2011. *Rapport sur la supervision des intermédiaires financiers*.

Banque mondiale. 1990. *Rapport sur le développement dans le monde*. Washington.

Banque mondiale. 1998. *Rapport annuel*. Washington.

Banque mondiale. 2000 2001. *Rapport sur le développement dans le monde. 2000/2001. Combattre la pauvreté*. Paris : Éditions Eska.

Banque mondiale. 2006. *Rapport sur le développement 2006. Équité et développement*. Washington.

Banque mondiale. 2008 (janvier). *La République démocratique du Congo. Décentralisation en République démocratique du Congo : note sur la décentralisation fiscale*. Document n° 42612-ZR.

Banque nationale du Congo. 1969 (janvier). *Rapport annuel 1967*. Kinshasa.

Barro, R. J. 1995 (1er décembre). « Democracy: a recipe for growth? ». *Wall Street Journal*.

Bird, R. & Vaillancourt, F. 1997. « Décentralisation financière et pays en développement : concepts, mesure et évaluation ». *Cahiers de recherche* 9714. Montréal : Centre interuniversitaire de recherche en économie quantitative (CIREQ), Université de Montréal, département de sciences économiques.

BIT/PECTA. 1986. *Réflexions pour une politique de l'emploi au Zaïre*. Addis-Abeba.

Bourget, J. & Zenou, Y. 1990. *Monnaies et systèmes monétaires dans le monde au XXe siècle*. Paris : Bréal, 6e édition.

Brück, T. 2001. « Mozambique: the economic effects of the war ». In F. Stewart & V. Fitzgerald (éd.), *War and Underdevelopment*, volume 2 : Country Experiences. Oxford : Oxford University Press, pp. 56-88.

Cadicec. 2000. « Micro-entreprise, stratégie de lutte contre la pauvreté ». *Bulletin* 79/80.

Callaghy, T. M. 2001. « Life and death in the Congo: understanding a nation's collapse ». *Foreign Affairs* 80 (5) : 143-149.

Calvo, A. G. & Reinhart, C. 2002. « Fear of floating ». *Quarterly Journal of Economics* 117 (2) : 379-408.

Cappelaere, P. 2011. *Congo (RDC), puissance et fragilité*. Paris : L'Harmattan.

Clark, J. F. 2001. « Explaining Ugandan intervention in Congo: evidence and interpretations ». *Journal of Modern African Studies* 39 (2) : 261-287.

Coakley, G. J. 2000. « The mineral industry of Congo (Kinshasa) ». *US Geological Survey Minerals Yearbook – 2000* (en ligne). Lien Internet:

http://minerals.er.usgs.gov/minerals/pubs/country/2000/cgmyb00.pdf.

Coalition mondiale pour l'Afrique. 1995. *Tendances économiques et sociales en Afrique : rapport annuel 1994*. Washington D. C. : CMA.

Coase, R. H. 1960. « The problem of social cost ». *Journal of Law and Economy* 3 : 1.

Collier, P. 1995. « Civil war and the economies of the peace dividend ». *The CSAE Working Paper Series* 08. Centre for the Study of African Economies, University of Oxford.

Collier, P. 2000. « Rebellion as a quasi-criminal activity ». *Journal of Conflict Resolution* 44 (6) : 839-853.

Collier, P. & Hoeffler, A. 2001. « Greed and grievance in civil war ». *World Bank* (en ligne).
http://www.worldbank.org/research/conflict/papers/greedgrievance_23oct.pdf

(consulté le 30 octobre 2001).

Collignon, S. 1995. « Droits de l'homme, investissement et développement africain ». In P. Hugon, G. Pourcet & S. Quiers-Valette, *L'Afrique des incertitudes*. Paris : PUF, pp. 239-252.

Conseil de sécurité des Nations unies. 2001a. *Rapport du groupe d'experts sur l'exploitation illégale des ressources naturelles et d'autres formes de richesses dans la République démocratique du Congo*. Rapport S/2001/357.

Conseil de sécurité des Nations unies. 2001b. *Addendum au rapport du groupe d'experts sur l'exploitation illégale des ressources naturelles et d'autres formes de richesses dans la République démocratique du Congo.* Rapport S/2001/107256.

Conseil de sécurité des Nations unies. 2002a. *Rapport intermédiaire du groupe d'experts sur l'exploitation illégale des ressources naturelles et d'autres formes de richesses dans la République démocratique du Congo*. Rapport S/2002/565.

Conseil de sécurité des Nations unies. 2002b. *Rapport final du groupe d'experts sur l'exploitation illégale des ressources naturelles et d'autres formes de richesses dans la République démocratique du Congo*. Rapport S/2002/1146.

Conseil des ministres du Gouvernement. 2012 (17 septembre). *Compte-rendu de la réunion.*

Cukierman, A., Edwards, S. & Tabellini, G. 1992. « Seigniorage and political instability ». *American Economic Review* 82 : 537-555.

Dambisa Moyo. 2009. *Dead Aid: Why Aid is Working and How There is Another Way for Africa*. New York : Farrar, Straus & Giroux.

Edwards, S. & Tabellini, G. 1991. « Political instability, political weakness and inflation: an empirical analysis ». *NBER Working Paper* 3721.

Ellis, S. & Fauré, Y.-A. 1995. *Entreprises et Entrepreneurs africains*. Paris : Karthala/ Orstom.

« Équilibre de Nash ». *Wikipédia, l'encyclopédie libre*. En ligne. 2014 (26 janvier). http:// fr.wikipedia.org/w/index.php?title=%C3%89quilibre_de_Nash&oldid=100622756. Consulté le 17 février 2014.

Fauré, Y.-A. 1991. « Les travaux scientifiques sur les communautés anglophones entrepreneuriales : comparaisons avec la Côte-d'Ivoire ». *Notes de recherche de l'AUPELF-UREF*, *Entrepreneuriat* 91-27.

Fernandez, R. & Rodrik, D. 1991. « Resistance to reform: status quo bias in the presence of individual-specific uncertainty ». *American Economic Review* 85 : 1145-1155.

Fields, G. 1988 (septembre). « La modélisation du marché du travail et le secteur informel urbain : la théorique et l'empirique ». *Séminaire The Informal Sector Revisited.* Centre de Développement de l'OCDE.

Fields, G. 1991. « La modélisation du marché de travail et le secteur informel urbain : la théorique et l'empirique ». In D. Turnham, B. Salomé & A. Schwarz, *Nouvelles approches du secteur informel*. Séminaires du Centre de Développement de l'OCDE.

FMI. 2007 (septembre). *Document de Stratégie pour la Croissance et la Réduction de la Pauvreté*. FMI (coll. « IMF Country Report », n° 07/330).

Fry, M. J. 1988. *Money, Interest Rates and Banking in Economic Development*. Baltimore : Johns Hopkins University Press.

Galbraith, J. K. 1992. *Brève histoire de l'euphorie financière*. Paris : Le Seuil.

Germidis, D., Kessler, D. & Meghir, R. 1991. *Systèmes financiers et développement : quel rôle pour les secteurs financiers formel et informel ?* Paris : OCDE.

Goossens, F. & Minten, B. 1991. *Les Systèmes d'approvisionnement en produits vivriers de la ville de Kinshasa*. Louvain : DMPCC-AGCD-KU Leuven.

Granovetter, M. 1985. « Economic action and social structure: the problem of embeddedness ». *American Journal of Sociology* 91 : 481-493.

Gross, M. D. 2002. « Financial intermediation: a contributing factor to economic growth and employment ». *Social Finance Working Paper* 27.

Grossman, H. I. 1991. « A general equilibrium model of insurrections ». *American Economic Review* 81 (4) : 912-921.

Grossman, H. I. 1999. « Kleptocracy and revolutions ». *Oxford Economic Papers* 51 (2) : 267-283.

Grossman, H. I. & Minseong, K. 1995. « Swords or plowshares? A theory of the security of claims to property ». *Journal of Political Economy* 103 (6) : 1275-1288.

Groupe Banque mondiale. 2014. *Doing Business*. http://francais.doingbusiness.org/reports/global-reports/doing-business-2014

Hall, R. & Charles, I. J. 1999. « Why do some countries produce so much more output than others? ». *Quarterly Journal of Economics* 114 (1) : 83-116.

Harris, J. R. & Todaro, M. 1970. « Mining, unemployment and development: a two-sector analysis ». *American Economic Review* 60.

Herderschee, J., Kaiser, K.-A. & Mukoko Samba, D. 2012. *Resilience of an African Giant: Boosting Growth and Development in the Democratic Republic of Congo.* Washington DC : World Bank.

Hicks, J. 1973. *Une théorie de l'histoire économique*. Paris : Le Seuil.

Hirschleifer, J. 1991. « The paradox of power ». *Economics and Politics* 3 (3) : 177-200.

Hirschman, A. O. 1992. « Défection, prise de parole, et destin de la République démocratique allemande ». *Allemagne d'aujourd'hui*, nouvelle série 121.

Hoeffler, A. 2001. « Greed and Grievance in Civil War ». The World Bank. En ligne : www.worldbank.org/research/conflict/papers/greedandgrievance.htm.

Holsti, K. 1996. *The State, War, and the State of War*. Cambridge : Cambridge University Press.

IMF. 2007. *Democratic Republic of the Congo: Poverty Reduction Strategy Paper* (coll. « IMF Country Report », n° 07/330).

Jacquemot, P. 2009a. « La sortie de crise dans l'Est du Congo et les perspectives de la coopération régionale ». *Mondes en développement* 3 (147) : 93-108.

Jacquemot, P. 2009b. « L'Économie politique des conflits en République du Congo ». *Afrique contemporaine* 2 (230) : 187-212.

Jacquemot, P. 2010. « La résistance à la "bonne gouvernance" dans un État africain. Réflexions autour du cas congolais (RDC) ». *Revue Tiers Monde* 4 (204) : 129-146.

Kabuya Kalala, F. & Cassimon, D. 2011. *Democratic Republic of Congo Phase 2*. Londres : ODI (coll. « Global Financial Crisis Discussion Series », Paper 15).

Kabuya Kalala, F. & Matata Ponyo, M. 1999. *L'Espace monétaire kasaïen. Crise de légitimité et de souveraineté monétaire en période d'hyperinflation au Congo (1993-1997).* Tervuren-Paris : MRAC-L'Harmattan (collection « Cahiers africains », n° 41).

Kaldor, M. 1999. *New and Old Wars: Organised Violence in a Global Era*. Cambridge Policy Press.1re édition.

Kaldor, M. 2006. *New and Old Wars: Organised Violence in a Global Era.* Cambridge : Policy Press. 2e édition.

Kaul, I. & Conceição, P. 2006. *The New Public Finance. Responding to Global Challenges.* New York : Oxford University Press.

King, R. & Levine, R. 1992. « Financial indicators and growth in a cross-section of countries ». Washington D. C. : The World Bank, Country Economics Department (coll. « Policy Research Working Papers », 819).

King, R. & Levine, R. 1993. « Financial intermediation and economic development » *Journal of Monetary Economics* 32 (3) : 513-542.

Knack, S. & Keefer, P. 1995. « Institutions and economic performance: cross-country tests using alternative institutional measures ». *Economics and Politics* 7 (3) : 207-225.

Krugman, P. 1990. « Policy problems of a monetary union ». In P. De Grauwe & L. Papademos, *The European Monetary System in the 1990's*. Londres-New York : Longman, CEPS & Bank of Greece, pp. 48-64.

Krugman, P. 1993. « Lessons of Massachussets for EMU ». In F. Torres & F. Giavazzi (éd.), *Adjustment and Growth in European Monetary Union.* Cambridge : Cambridge University Press, pp. 241-261.

Leibenstein, H. 1987. *Inside the Firm, the Inefficiencies of Hierarchy*. Harvard : Harvard University Press.

Levine, R. 2005. « Finance and growth. Theory and evidence ». In P. Aghion & S. Durlauf (éd.), *Handbook of Economic Growth.* Amsterdam : Elsevier Science (« série Handbook of Economic Growth », volume 1), chap. 12, pp. 865-934.

Levine, R., Loayza, N. & Beck, T. 2000. « Financial intermediation and growth: causality and causes ». *Journal of Monetary Economics* 46 (1) : 31-77.

Lewis, A. « Economic development with unlimited supplies of labour ». *Manchester School of Economic and Social Studies* 22 : 138-191.

« Libéralisation du régime des changes. Texte du communiqué du Conseil exécutif ». 1983 (septembre). *Zaïre-Afrique* 177 : 407-408.

Liégeois, M. 2008. *La Décentralisation en RD Congo. Enjeux et Défis*. Bruxelles : GRIP (coll. « Les rapports du GRIP », 2008/1).

Lotoy, I. B. 1991. « La décentralisation territoriale et le développement endogène des entités locales au Zaïre ». *Zaïre-Afrique* 251 : 23-31.

Mabi Mulumba. 2000. « La mobilisation des recettes et l'économie de guerre : le cas de la République démocratique du Congo ». *Revue de la FASE* numéro spécial : 154-169.

Mahieu, F. R. 1992. « Économie enclavée, monoproduction et ajustement structurel ». *Enjeux nationaux et dynamiques régionales dans l'Afrique des Grands Lacs*. Colloque de l'URA 363 CNRS. Lille : Presses universitaires de Lille.

Mahieu, F. R. 1994 (janvier). « Formes modernes et traditionnelles de la solidarité en Afrique ». *Cahiers de recherches.* INED.

Marysse, S. 2005. « Decentralization issues in post-conflict Democratic Republic of the Congo (DRC) ». In S. Marysse & F. Reyntjens (dir.), *L'Afrique des Grands Lacs. Annuaire 2004-2005*. Paris : L'Harmattan, pp. 187-208.

Marysse, S. & Geenen, S. 2008. « Les contrats chinois en RDC : l'impérialisme rouge en marche ? ». In S. Marysse, F. Reyntjens & S. Vandeginste (dir.), *L'Afrique des Grands Lacs. Annuaire 2007-2008*. Paris : L'Harmattan, pp. 287-313.

Mauss, M. 1966. *Essai sur le don, Sociologie et anthropologie*. Paris : PUF.

McKinnon, R. 1973. *Money and Capital in Economic Development*. Washington DC : The Brookings Institution.

Mehlum, H., Moene, K. & Torvik, R. 2003. « Predator or prey? Parasitic enterprises in economic development ». *European Economic Review* 47 (2) : 275-294.

Messiant, C. & Marchal, R. 2006. « Une lecture symptômale de quelques théorisations récentes des guerres civiles ». *Lusotopie* XIII (2) : 1-47.

Miras, C. 1987. « De l'accumulation de capital dans le secteur informel ». *Cahiers des sciences humaines* 1 (23) : 49-74.

Morris, A. 1996. « Inner City Transition: A case study of Hillbrow », Doctoral thesis in sociology, University of the Witwatersrand.

Moser, C. 1978. « Informal sector or petty commodity production: dualism or dependence in urban development? ». *World Development* 6 (9/10) : 1041-1064.

Muheme, G. 1996. *Comprendre l'économie informelle*. Paris-Bruxelles : L'Harmattan-Academia Bruylant.

Musgrave, R. A. & Musgrave, P. B. 1989. *Public Finance in Theory and Practice*. New York : McGraw-Hill.

Ndikumana, L. & Boyce, J. K. 1998. « Congo's odious debt: external borrowing and capital flight in Zaire ». *Development and Change* 29 (2) : 195-217.

Neary, H. M. 1997. « A comparison of rent-seeking models and economic models of conflict ». *Public Choice* 93 (3-4) : 373-388.

OCDE. 2009. *Perspectives économiques en Afrique. Notes par pays*. Volumes 1 et 2. BAfD, OCDE, PNUD & CEA.

OCDE. 2011. *Rapport 2011 sur l'engagement international dans les États fragiles. République démocratique du Congo*. En ligne. Lien Internet : http://www.oecd.org/dataoecd/14/29/48697922.pdf. Consulté le 11/02/2012.

Ollivier, M. 1993. « Les rentes régaliennes : l'accumulation des détenteurs du pouvoir politique comme élément constitutif des modes de régulation ». *Économies et Sociétés* 27 (6) : 75-96.

Olson, M. 1993. « Dictatorship, Democracy, and Development ». *The Political Science Review* 87 (3) : 567-576.

Olsson, O. 2003. « Conflict Diamonds ». *Working Papers in Economics* 87. Department of Economics. Göteborg University.

Olsson, O. & Congdon Fors, H. 2004. « Congo: The Prize of Predation ». *Journal of Peace Research* 41 (3) : 321-336.

« Ophélimité ». 2013 (3 décembre). *Wikiberal*. En ligne. http://www.wikiberal.org/wiki/Oph%C3%A9limit%C3%A9 . Consulté le 17 février 2014.

Orléan, A. 1992. « Contagion des opinions et fonctionnement des marchés financiers ». *Revue économique* 0 (4) : 685-698. Presses de Sciences-PO.

Pagano, M. 1993. « Financial market and growth: an overview ». *European Economic Review* 37 : 613-622.

PDM. 2003. « Spécial Bénin. Décentralisation ». *La Revue africaine des finances locales,* numéro spécial. Cotonou : Partenariat pour le développement municipal.

Peemans, J.-P. 1997. *Crise de modernisation et pratiques populaires au Zaïre et en Afrique*. Paris : L'Harmattan.

Programme national de lutte contre le SIDA (PNLS). 2007a (décembre). « Mise à jour des estimations et projections de l'épidémie de VIH/SIDA ». Kinshasa.

Programme national de lutte contre le SIDA (PNLS). 2007b (décembre). « Mise à jour des estimations et projections de l'épidémie de VIH/SIDA et des besoins en traitements antirétroviraux, rapport Zaïre-2006 ». Kinshasa.

Programme national multisectoriel de lutte contre le SIDA (PNMLS). 2012. « Rapport d'activité sur la riposte au VIH/SIDA en RD Congo ». Kinshasa.

Province du Nord-Kivu, Division des Mines. 2003-2009. *Rapports annuels 2003-2009.*

PNUD. 2003. *Conflits armés en République démocratique du Congo. Le rôle des facteurs économiques et leçons pour la reconstruction.* Kinshasa.

PNUD. 2010. *Rapport sur le développement humain dans le monde.*

Rausser, G. C. & Johnson, S. R. 1993. « State-market-civil institutions: the case of Eastern Europe and the Soviet Republics ». *World Development* 21 (4) : 675-689.

Reno, W. 1998. *Warlord Politics and African States.* Londres : Lynne Rienner.

Reno, W. 2000. « Shadow states and the political economy of civil wars ». In M. Berdal & M. Malone (éd.), *Greed and Grievance. Economic Agendas in Civil Wars*. Boulder & Londres : Lynne Rienner, pp. 43-63.

Reno, W. 2002. « Uganda's politics of war and debt relief ». *Review of International Political Economy* 9 (3) : 415-435.

République démocratique du Congo, ministère de l'Économie nationale. 1960 à 1969. *Conjoncture économique.* Numéros 1 à 10.

République démocratique du Congo, ministère de la Santé. 2007 (mai). *Annuaire des données sanitaires 2005.*

Rifidec. 2003. Rapport d'activités exercice 2003. Kinshasa.

Rodrick, D. 2008 (juillet). « Spence christens a new Washington consensus ». The Berkeley Electronic Press.

Sachs, J. 2005. *The End of Poverty: How We Can Make it Happen in our Lifetime.* Penguin Press Hc.

Santos, N. 2003. « Financing Small, Medium, and Micro-enterprises in a Post-conflict Situation: Microfinance opportunities in the DRC », papier présenté à la conférence « Partenariat Public-Privé pour le Développement de la République démocratique du Congo ».

Shaw, E. S. 1973. *Financial Deepening in Economic Development*. New-York/ Londres : Oxford University Press.

Skaperdas, S. 2002 (juillet). « Warlord Competition ». *Journal of Peace Research* 39 (4) : 435-446.

Stiglitz, J. E. 1988. « Why financial structure matters ». *Journal of Economic Perspectives* 2 (4) : 121-26. American Economic Association.

Sumata, C. 1991. « Dette extérieure du Zaïre et ajustement structurel : de la respectabilité au degré zéro ». *Afrique 2000. Revue africaine de politique internationale* 6 : 55-72.

Sumata, C. 1992. « Le système de financement des PME-PMI au Zaïre ». *Techniques financières et Développement* 27 : 59-66.

Sumata, C. 1993a. « Les effets pervers de l'hyperinflation sur la performance de l'entrepreneuriat au Zaïre ». *Notes de Recherche de l'UREF/AUPELF* 93 (36).

Sumata, C. 1993b. « Les circuits financiers extra-bancaires et l'entrepreneuriat au Zaïre ». In B. Ponson & J.-L. Schaan (éd.), *L'Esprit d'entreprise, aspects managériaux dans le monde francophone.* Paris : AUPELF/UREF et John Libbey Eurotext, pp. 447-459.

Sumata, C. 1993c. « Secteur informel et diffusion de l'économie de marché ». In F. Gay (éd.), *L'Économie de marché et le Tiers-Monde*. Rouen : Université de Rouen, pp. 203-211.

Sumata, C. 1993d. « Les spécificités de l'entreprise informelle zaïroise et son mode de financement ». In CEAN, CREPAO, *Année africaine 1992-1993.* Centre d'étude d'Afrique noire, Institut d'études politiques, Université de Bordeaux I, éd. Pédone, pp. 333-350.

Sumata, C. 1995. « Crise et pénurie de devises au Zaïre ». In S. Ellis & Y.-A. Faure (éd.), *Entreprises et Entrepreneurs africains.* Paris : Karthala/Orstom, pp. 495-501.

Sumata, C. 1996. « La dynamique des entreprises publiques au Zaïre : des nationalisations aux privatisations ». *Sociétés africaines et diaspora* 3 : 121-134. Paris : L'Harmattan.

Sumata, C. 1998. « Les réseaux d'assurance mutuelle et informelle dans les pays en développement : des régimes de solidarité basés sur la réciprocité ». *Sociétés africaines et diaspora* 10 : 53-70. Paris : L'Harmattan.

Sumata, C. 2000. « Permanences et ruptures de la coopération économique belgo-congolaise ». In O. Lanotte, C. Roosens & C. Clément (éd.), *La Belgique et l'Afrique centrale de 1960 à nos jours.* Bruxelles : GRIP-Complexe, pp. 357-366.

Sumata, C. 2001. *L'Économie parallèle de la RDC : taux de change et dynamique de l'hyperinflation au Congo*. Paris : L'Harmattan (coll. « Sociétés africaines et diaspora »).

Sumata, C. 2002. « Migradollars and poverty alleviation strategy issues in Congo-DRC ». *Review of African Political Economy* (ROAPE) 29 (93-94) (novembre-décembre) : 619-628.

Sumata, C. (avec Theodore Trefon et Serge Cogels). 2004. « Images et usages de l'argent de la diaspora congolaise : les transferts comme vecteur d'entretien du quotidien à Kinshasa ». In Th. Trefon (dir.), *Ordre et désordre à Kinshasa. Réponses populaires à la faillite de l'État*. Tervuren-Paris : MRAC-L'Harmattan (collection « Cahiers africains », n° 61-62), pp. 135-154.

Sumata, C. 2005. « Les enjeux de l'immigration et de l'entrepreneuriat : les transferts de fonds peuvent-ils financer l'entrepreneuriat ? ». *Revue congolaise de gestion* 9-10 (juillet-décembre) : 67-80.

Sumata, C. 2008. « Migrant remittances as a new source for development finance: the case of sub-Saharan Africa ». *OSSREA Bulletin* V (1) : 18-28.

Sumata, C. 2010. « Parallel market for foreign currency and hyperinflation: the case of Congo-Kinshasa ». *International Journal of Trade and Global Markets* 3 (1) : 115-131.

Sumata, C. & Dzaka-Kikouta, T. 2013. « The determinants of China's foreign direct investment in Central Africa: evidence from the Republic of Congo and DRC? ». *African East-Asian Affairs* 2 : 15-38.

Système des Nations unies. 2001. *République démocratique du Congo. Bilan commun de pays*. Kinshasa.

Todaro, M. 1969. « A model of labor, migration and urban unemployment in less-developed countries ». *American Economic Review* 59.

Toengaho, L. 1991. « Le paradoxe des réformes de la territoriale et de la fonction publique au Zaïre ». *Zaïre-Afrique* 251 : 11-19.

Trefon, T. 2000. « Population et pauvreté à Kinshasa ». *Afrique contemporaine* 194 : 82-89.

Trefon, T. (dir.). 2004. *Ordre et désordre à Kinshasa. Réponses populaires à la faillite de l'État*, Paris-Tervuren : L'Harmattan-MRAC (collection « Cahiers africains », n° 61-62).

Trefon, T. 2011. *Congo Masquerade: The Political Culture of Inefficiency and Reform Failure*. Londres: Zed Books.

Tshiunza Mbiye & Kabuya Kalala. 1979. « Thésaurisation ? Ou développement d'une circulation parallèle des billets de banque au Zaïre ? ». *Zaïre-Afrique* 137 : 401-412.

UA/NEPAD. 2010-2015. *Plan d'Action pour l'Afrique*.

Ulimwengu, J., Funes, J., Headey, D. & You, L. 2009. « Paving the way for development? The impact of transport infrastructure on agricultural production and poverty reduction in the Democratic Republic of Congo ». *IFPRI Discussion Paper* 00944.

USAID. 2011 (mai). *Migrant Remittances* 8 : 1. Supported by USAID's Microenterprise Development Office.

Voisin, C. 1995. « La privatisation, une question d'incitations : propriété, réglementation et information ». *Revue d'économie politique* 3 : 481-514.

Weber, M. 1964. *L'Éthique protestante et l'esprit du capitalisme (1904-1905)*, traduction par Jacques Chavy. Plon.

Weber, M. 1991. *Histoire économique générale* (posthume, 1923), traduction Christian Bouchindhomme. Gallimard.

Williamson, J. 1994. *The Political Economy of Policy Reform*. Washington DC : Institute for International Economics.

World Bank. 2009. *World Development Indicators*. Washington D. C. : The World Bank.

World Bank. 2011. *Country Economic Memorandum*. Washington D. C. : The World Bank.

World Bank. 2011. *Doing Business 2012*. Washington D. C. : The World Bank.

World Bank. 2013. *Doing Business 2013. Smarter Regulations for Small and Medium-Size Enterprises. Economy Profile: Congo, Dem. Rep*. Washington, DC : The World Bank.

The World Factbook. 2012. Central Intelligence Agency (CIA). Mobile Reference.

WTO. 2010 (24 novembre). *Trade Policy Review of the DRC.* En ligne. Lien Internet : http://www.wto.org/english/tratop_e/tpr_e/tp340_e.htm.

Annexes

Annexe 1. Situation géographique de la RD Congo

La RD Congo est drainée par le fleuve Congo, long de 4300 kilomètres, dont le bassin couvre une superficie de 3 650 000 km^2.

Situé de part et d'autre de l'équateur, dans la cuvette centrale de l'Afrique, ce pays dispose d'un atout considérable pour l'agriculture. En effet, on peut y cultiver toute l'année, car il pleut successivement sur le nord et le sud du territoire national.

De même, ses richesses minières considérables lui ont permis de disposer d'importantes recettes d'exportation à la fin des années 1960 et au début des années 1970.

Annexe 2. Chronologie des principaux événements

1960 – 30 juin : la RD Congo accède à l'indépendance. La fin de la colonisation belge.
1961 – 6 novembre : dévaluation de 23 % (130 FC = 1 USD).
1963 – 2 novembre : dévaluation de 56,70 % (150 FC = 1 $) à l'achat, (180 FC = 1 USD) à la vente.
1965 – 24 novembre : prise de pouvoir par le président Mobutu.
1967 – 24 juin : dévaluation de 67,02 % (1000 FC = 1 Z = 2 USD).
1973 – 13 février : dévaluation de 10 % (1 Z = 1 DTS).
1976 – 12 mars : dévaluation de 41,50 % (1 Z = 0,90 DTS).
1978 – 1 novembre : dévaluation de 10 % (1 Z = 0,81 DTS).
1978 – 7 novembre : dévaluation de 10 % (1 Z = 0,76 DTS).
1979 – 2 janvier : dévaluation de 34,33 % (1 Z = 0,375 DTS).
1979 – 27 août : dévaluation de 25 % (1 Z = 0,2625 DTS)
1980 – 22 février : dévaluation de 77,52 % (1 Z = 0,0354 DTS).
1982 – 6/12 décembre : préparation du Plan quinquennal 1986/1990 par le 3e congrès ordinaire du MPR.
1983 – 12 septembre : mise en œuvre des programmes de stabilisation et de libéralisation. Dévaluation de 77,52 % (1 Z = 0,0333 USD).
1989 – juin : accord de confirmation avec le FMI ouvrant droit à un crédit d'un montant de 116 millions USD.
1990 – 24 avril : début du processus de démocratisation.
1991 – 16 août : dévaluation de plus de 100 % (unification des taux de change officiel et parallèle).
1991 – 23/24 septembre : pillages perpétrés par des militaires et des civils à Kinshasa. Évacuation d'expatriés.
1991 – 28/29 septembre : nomination de M. Tshisekedi au poste de Premier ministre.
1991 – 21 octobre : nomination de M. Mungul-Diaka au poste de Premier ministre.

1991 – 25 octobre : pillages et émeutes au niveau national. Évacuation d'expatriés.

1991 – 25 novembre : nomination de M. Ngunza Karl I Bond au poste de Premier ministre.

1992 – 15 avril : reprise des travaux de la CNS sous la présidence de Mgr Monsengwo.

1992 – 15 août : nomination de M. Tshisekedi comme Premier ministre par la CNS avec 70,8 % des voix.

1992 – 11/14 septembre : affrontements interethniques au Katanga entre autochtones et originaires du Kasaï. Ces derniers (Baluba) sont chassés.

1992 – 9 novembre : accord portant sur un prêt de 19,8 millions USD avec la Banque mondiale dans le cadre de la dimension sociale de l'ajustement structurel.

1992 – 1er décembre : révocation du Premier ministre Tshisekedi par le président Mobutu.

1992 – 6 décembre : fin des travaux de la CNS et désignation des membres du HCR censé remplacer l'ancien Parlement.

1993 – 20 janvier : pillages par les militaires à Kinshasa et répression des forces loyales au président Mobutu.

1993 – 25 mars : nomination de M. Birindwa au poste de Premier ministre par ordonnance présidentielle.

1993 – 1er octobre : lancement du nouveau zaïre/NZ (1 NZ = 3 millions de Z).

1994 – 14 juin : nomination de M. Kengo Wa Dondo au poste de Premier ministre.

1994 – décembre : pénurie de devises à la Banque nationale du Congo.

1996 – 28 septembre : déclenchement de la lutte armée à l'Est de la RDC par les forces rebelles.

1997 – 17 mai : l'AFDL prend le pouvoir et Laurent Désiré Kabila s'autoproclame président de la RD Congo.

1997 – 30 juin : création du nouveau franc congolais.

1998 – août : début des hostilités militaires à l'Est et à l'Ouest de la RD Congo par les rebelles appuyés par le Rwanda et l'Ouganda.

1999 – janvier : création de la Bourse congolaise des matières précieuses. Adoption des mesures restrictives (interdiction des transactions en devises et contrôle du prix du carburant).

1999 – juillet : signature des accords de paix de Lusaka.

1999 – septembre : nouvelles dispositions en matière de change pour orienter l'offre des devises vers les circuits officiels.

2000 – février : envoi par l'ONU de 5000 casques bleus et 500 observateurs pour l'application effective du cessez-le-feu.

2000 – juin : adoption par le Conseil de sécurité des Nations unies d'une résolution pour le retrait des forces étrangères en RD Congo.

2001 – 16 janvier : assassinat de Laurent-Désiré Kabila/Accession au pouvoir de Joseph Kabila le lendemain.

2001 – 15 février : relance du processus de paix par le Sommet de Lusaka en Zambie.

2001 : reprise de la coopération de la RD Congo avec les bailleurs de fonds internationaux dont le FMI, la Banque mondiale et les autres partenaires au développement.

2002 – du 25 février au 19 avril : organisation du Dialogue intercongolais à Sun City en Afrique du Sud.

2002 – 17 décembre : signature d'un accord de paix à Pretoria en Afrique du Sud censé assurer la mise en place d'un gouvernement de transition associant tous les belligérants et ayant pour mission essentielle l'organisation des élections dans deux ans.

2003 – 2 avril : signature à Sun City de l'acte final des travaux relatifs au Dialogue intercongolais.

2003 – 30 juin : mise en place d'un gouvernement d'union nationale pour assurer la transition en RD Congo.

2003 – 22 août : mise en place d'un Parlement de transition.

2004 – 16 mai : nomination des gouverneurs à la tête de 11 provinces.

2005 – 13 mai : adoption d'une nouvelle Constitution assurant le maintien d'un régime semi-présidentiel dans le cadre d'un État unitaire décentralisé disposant de 26 provinces.

2005 – 18 décembre : vote favorable à plus de 80 % par les Congolais du projet de la nouvelle Constitution soumise à référendum.

2006 – 30 juillet : organisation du 1er tour des élections présidentielle et législatives. Le scrutin présidentiel permet aux candidats Joseph Kabila et Jean-Pierre Bemba d'obtenir respectivement 44,8 % et 20 % des voix.

2006 – 29 octobre : organisation du 2e tour de l'élection présidentielle remportée par Joseph Kabila (58 % des voix) contre Jean-Pierre Bemba (28 % des voix).

2007 – mars : violents combats à Kinshasa opposant les forces loyalistes de Kabila à la garde personnelle de Jean-Pierre Bemba.

2007 – avril : départ de Jean-Pierre Bemba pour l'Europe. Il s'était réfugié auparavant à l'ambassade d'Afrique du Sud à Kinshasa.

2007 – août : affrontements entre l'armée congolaise et les insurgés du général dissident tutsi Laurent Nkunda au Nord-Kivu.

2007 – 17 septembre : octroi d'un prêt de 8,5 milliards USD à la RD Congo par la Chine ; attribution aux compagnies chinoises de l'exploitation des richesses naturelles du Congo en échange de la construction d'infrastructures.

2008 – 24 mai : arrestation de Jean-Pierre Bemba en Belgique sur mandat de la Cour pénale internationale pour les massacres commis par ses troupes en République centrafricaine.

2008 – septembre : intensification de la crise financière et bancaire à l'échelle internationale.

2009 : la RD Congo bénéficie d'une aide urgente des partenaires bilatéraux et multilatéraux, de l'ordre de 500 millions USD, pour faire face aux effets pervers de la crise internationale.

2009 – janvier : arrestation de Laurent Nkunda du CNDP par l'armée rwandaise. Il est assigné en résidence surveillée à Gisenyi au Rwanda.

2010 – 1er juillet : atteinte du point d'achèvement de l'initiative PPTE par la

RD Congo lui permettant de bénéficier de l'annulation de 90 % de sa dette.

2011 – janvier : adoption du projet de révision de la Constitution par les députés congolais consacrant le scrutin présidentiel à un tour.

2011 – 28 novembre : organisation des élections présidentielles et législatives sur toute l'étendue de la RD Congo.

2011 – 9 décembre : proclamation des résultats provisoires des élections présidentielles par la Commission électorale nationale indépendante/CENI (Kabila : 48,95 % et Tshisekedi : 32,33 %) et début des protestations par l'opposition congolaise.

2012 – janvier : introduction de la TVA.

2012 – 2 juillet : injection des billets à valeur faciale élevée, en l'occurrence des coupures de 1000 FC, 5000 FC et 10 000 FC.

2012 – 1er novembre : lancement des billets de 20 000 FC dans le cadre de la dédollarisation de l'économie congolaise.

2012 – novembre : intensification de l'insécurité à l'Est de la RD Congo (Nord-Kivu) du fait de la guerre opposant les FARDC aux rebelles du M23.

2012 – décembre : suspension de l'aide du FMI au profit de la RD Congo de l'ordre de 240 millions USD, compte tenu de l'opacité des contrats miniers, pétroliers et forestiers.

Liste des tableaux

Liste des figures

Liste des encadrés

Les Cahiers africains
Afrika Studies

2014

MARYSSE, Stefaan & OMASOMBO TSHONDA, Jean, (éd.) *Conjonctures congolaises 2013, percée sécuritaire, flottements politiques et essor économique*, n° 84, 28 €.

2013

MISSER, François, *La Saga d'Inga. L'histoire des barrages du fleuve Congo*, n° 83, 2013, 212 p., 24 €.

MARYSSE, Stefaan & OMASOMBO TSHONDA, Jean, (éd.) *Conjonctures congolaises 2012. Politique, secteur minier et gestion des ressources naturelles en RD Congo,* n° 82, 2013, 306 p., 33,50 €.

RUBBERS, Benjamin, L*e Paternalisme en question. Les anciens ouvriers de la Gécamines face à la libéralisation du secteur minier katangais (RD Congo)*, n° 81, 2013, 320 p.

2012

MARYSSE, Stefaan & OMASOMBO TSHONDA, Jean, (éd.) *Conjonctures congolaises. Chroniques et analyses de la RD Congo en 2011*, n° 80, 2012, 272 p., 28,50 €.

DE SAINT MOULIN, Léon, *Kinshasa. Enracinements historiques et horizons culturels*, n° 79, 2012, 368 p., 37,50 €.

2011

NORET, Joël, et PETIT, Pierre, *Mort et dynamiques sociales au Katanga (République démocratique du Congo)*, n° 78, 2011, 160 p., 16,50 €.

2010

DE SAINT MOULIN, Léon, *Villes et organisation de l'espace en République démocratique du Congo*, n° 77, 2010, 306 p., 29 €.

TREFON, Theodore (sous la direction de), *Réforme au Congo (RD). Attentes et Désillusions*, n° 76, 2010, 280 p., 30 €.

2009

DE VILLERS, Gauthier, *République démocratique du Congo. De la guerre aux élections. L'ascension de Joseph Kabila et la naissance de la Troisième République (janvier 2001-août 2008)*, n° 75, 480 p., 42 €.

2007

TREFON, Theodore, *Parcours administratifs dans un État en faillite. Récits de Lubumbashi*, n° 74, 168 p., 15 €.

VELLUT, Jean-Luc (sous la direction de), *Villes d'Afrique. Exploration en histoire urbaine*, n° 73, 254 p., 22,50 €.

2006

VERHAEGEN, Benoît, avec la collaboration de J. OMASOMBO, E. SIMONS et F. VERHAEGEN, *Mulele et la révolution populaire au Kwilu (République démocratique du Congo)*, n° 72, 378 p., 31 €.

2005

DE LAME, Danielle et DIBWE DIA MWEMBU, Donatien, *Tout passe. Instantanés populaires et traces du passé à Lubumbashi*, n° 71, 2005, 336 p., 29 €.

OMASOMBO, Jean et VERHAEGEN, Benoît, *Patrice Lumumba, acteur politique. De la prison aux portes du pouvoir (juillet 1956-février 1960)*, n° 68-70, 2005, 408 p., 37 €.

2004

MABILA MANTUBA-NGOMA, Pamphile (sous la direction de), *La Nouvelle Histoire du Congo. Mélanges eurafricains offerts à Frans Bontinck, c.i.c.m.*, n° 65-66-67, série 2003, 480 p., 39 €.

BOUVIER, Paule, en collaboration avec Francesca BOMBOKO, *Le Dialogue intercongolais. Anatomie d'une négociation à la lisière du chaos. Contribution à la théorie de la négociation*, n° 63-64, série 2003, 328 p., 29,50 €.

TREFON, Theodore (sous la direction de), *Ordre et désordre à Kinshasa. Réponses populaires à la faillite de l'État*, n° 61-62, série 2003, 256 p., 23 €.

2003

N'SANDA BULELI, Léonard, *La Bataille de Kindu ou le récit d'une défaite*, n° 60, série 2002, 181 p., 18 €.

KENNES, Erik, en collaboration avec MUNKANA N'GE, *Essai biographique sur Laurent Désiré Kabila*, n° 57-58-59, série 2002, 431 p., 35 €.

RUBBERS, Benjamin, *Devenir médecin en République démocratique du Congo. La trajectoire socioprofessionnelle des diplômés en médecine de l'université de Lubumbashi*, n° 56, série 2002, 132 p., 14 €.

VERHAEGEN, Benoît, avec la collaboration de Charles TSHIMANGA, *L'ABAKO et l'indépendance du Congo belge. Dix ans de nationalisme kongo (1950-1960)*, n° 53-54-55, série 2001-2002, 460 p., 35 €.

2002

DE VILLERS, Gauthier, JEWSIEWICKI, Bogumil et MONNIER, Laurent (sous la direction de), *Manières de vivre. L'Économie de la débrouille au Congo/Kinshasa*, n° 49-50, série 2001, 205 p., 17, 50 €.

WILLAME, Jean-Claude, *L'Accord de Lusaka. Chronique d'une négociation internationale*, n° 51-52, série 2001, 220 p., 18 €.

2000

VELLUT, Jean-Luc (sous la direction de), *Itinéraires croisés de la modernité. Congo belge (1920-1950)*, n° 43-44, 2000, 295 p., 20 €.

MONNIER, Laurent, JEWSIEWICKI, Bogumil et DE VILLERS, Gauthier (sous la direction de), *Chasse au diamant au Congo/Zaïre*, n° 45-46, 2000, 240 p., 19 €.

DE VILLERS, Gauthier, OMASOMBO, Jean et KENNES, Erik, *République démocratique du Congo, Guerre et politique. Les Trente Derniers Mois de L. D. Kabila (août 1998-janvier 2001)*, n° 47-48, 342 p., 24 €.

1998

GROOTAERS, Jan-Lodewijk (sous la direction de), *Mort et maladie au Zaïre*, n° 31-32, 1998, 172 p., 16,50 €.

OMASOMBO, Jean et VERHAEGEN, Benoît, *Patrice Lumumba. Jeunesse et apprentissage politique (1925-1956)*, n° 33-34, 1998, 265 p., 20 €.

DE VILLERS, Gauthier, WILLAME, Jean-Claude et OMASOMBO, Jean, *République démocratique du Congo. Chronique politique d'un entre-deux-guerres (1996-1998)*, n° 35-36, 1998, 371 p., 22,50 €.

1997

WILLAME, Jean-Claude, *Banyarwanda et Banyamulenge. Violences ethniques et gestion de l'identitaire au Kivu*, n° 25, 1997, 156 p., 15 €.

WILUNGULA B. Cosma, *Fizi 1967-1986. Le Maquis Kabila*, n° 26, 1997, 136 p. (en co-édition avec le Centre d'Histoire de l'Afrique [Louvain-la-Neuve], en tant que n° 15 de la revue *Enquêtes et documents d'histoire africaine*), 15 €.

DE VILLERS, Gauthier et OMASOMBO TSHONDA, Jean, *Zaïre. La Transition manquée : 1990-1997*, n° 27-28-29, 1997, 302 p., 20 €.

MWANZA WA MWANZA, Hugo, *Le Transport urbain à Kinshasa. Un nœud gordien*, n° 30, 1997, 149 p., 14 €.

1996

DE VILLERS, Gauthier (dir.), *Phénomènes informels et dynamiques culturelles en Afrique*. Actes des journées d'étude des 16 et 17 décembre 1994, n° 19-20, 1996, 286 p., 24 €.

DE HERDT, Tom et MARYSSE, Stefaan, *L'Économie informelle au Zaïre*, n° 21-22, 1996, 194 p., 17,50 €.

MATHIEU, Paul, LAURENT, Pierre-J. et WILLAME, Jean-Claude (dir.), *Démocratie, enjeux fonciers et pratiques locales en Afrique*. Actes du séminaire tenu à Louvain-la-Neuve du 2 au 12 mai 1995, n° 23-24, 1996, 250 p., 20 €.

1995

SIMONS, Edwine, BOGHOSSIAN, Reupen et VERHAEGEN, Benoît, *Stanleyville 1959. Le Procès de Patrice Lumumba et les émeutes d'octobre*, n° 17-18, 1995, 212 p., 17,50 €.

REYNTJENS, Filip, *Rwanda. Trois jours qui ont fait basculer l'histoire*, n°16, 1995, 150 p., 15 €.

YOKA LYE, *Lettres d'un Kinois à l'oncle du village*, n° 15, 1995, 160 p., 15 €.

WILLAME, Jean-Claude, *Aux sources de l'hécatombe rwandaise*, n° 14, 1995, 175 p., 17,50 €.

MAYOYO BITUMBA TIPO TIPO, *Migration Sud/Nord. Levier ou obstacle ? Les Zaïrois en Belgique*, n° 13, 1995, 167 p. (Zaïre, années 90, vol. IV), 15 €.

1994

MARYSSE, Stefaan, DE HERDT, Tom et NDAYAMBAJE, E., *Rwanda. Appauvrissement et ajustement structurel*, n° 12, 1994, 87 p., 12 €.

DE VILLERS, Gauthier (sous la direction de), *Belgique/Zaïre. Une histoire en quête d'avenir.* Actes des rencontres de Bruxelles organisées par l'Institut africain, le NCOS, le CNCD, Broederlijk Delen, l'Association belge des africanistes / Belgische Vereniging van Afrikanisten, n° 9-10-11, 1994, 347 p., 17,50 €.

WILLAME, Jean-Claude, *Gouvernance et Pouvoir. Essai sur trois trajectoires africaines. Madagascar, Somalie, Zaïre*, n° 7-8, 1994, 206 p., 18,50 €.

1993

NDAYWEL È NZIEM, Isidore, *La Société zaïroise dans le miroir de son discours religieux (1990-1993)*, n° 6, 1993, 102 p. (Zaïre, années 90, vol. III), 12 €.

WYMEERSCH, Patrick (sous la direction de), Liber amicorum *Marcel d'Hertefelt. Essais anthropologiques*, n° 4-5, 1993, 380 p., 12 €.

MUTAMBA MAKOMBO, J.-M., *Patrice Lumumba correspondant de presse (1948-1956)*, n° 3, 1993, 84 p. (épuisé).

SIMONS, EDWINE, *Inventaire des études africaines en Belgique - Inventaris van de Afrika Studies in België*, n° 1-2, 1993, 341 p., 12 €.

1992

DE VILLERS, Gauthier, *Le Pauvre, le hors-la-loi, le métis. La Question de l'économie informelle en Afrique*, n° 6, 1992, 80 p., (photocopie), 12 €.

WILLAME, Jean-Claude, *Les Manipulations du développement. Ajustement, cogestion et démocratisation au Burundi*, n° 5, 1992, 166 p., 12 €.

DE VILLERS, Gauthier (dir.), *Économie populaire et phénomènes informels au Zaïre et en Afrique*, n° 3-4, 1992, 277 p., 30 €.

DE VILLERS, Gauthier, *Zaïre 1990-1991 : faits et dits de la société d'après le regard de la presse*, n° 1-2, 1992, 235 p. (Zaïre, années 90, vol. II), 12 €.

1991

WILLAME, Jean-Claude, *De la démocratie « octroyée » à la démocratie enrayée (24 avril 1990 - 22 septembre 1991)*, n° 5-6, 1991, 318 p. (Zaïre, années 90, vol I), (photocopie), 32 €.

OLELA ENGOMBE ASUI, *L'Administration coloniale et la question de la succession de Ngongo Leteta au Sankuru (1893-1956)*, n° 4, 1991, 119 p., 12 €.

ABBINK, J., *Mytho-légendes et Histoire : l'énigme de l'ethnogenèse des Beta Esra'el*, n° 3, 1991, 92 p., 12 €.

WILLAME, Jean-Claude, *La Décennie 80 : l'aide en question. Esquisse comparative des politiques de développement dans quatre pays européens*, n° 2, 1991, 123 p., 12 €.

BERWOUTS, Koen, *Le Sein de la mère. Introduction à la littérature classique et moderne en swahili*, n° 1, 1991, 140 p., 12 €.

1990

FIERLAFYN, Luc, *Le Discours nationaliste au Congo belge durant la période 1955-1960*, n° 6, 1990, 208 p., 12 €.

LOSSO GAZI, *L'Enseignement du français au Zaïre revisité (1948-1980)*, n° 5, 1990, 158 p., 12 €.

LUBANA NGIYENE AMENA, *L'organisation de la société paysanne et la situation du mouvement coopératif dans le Bas-Zaïre. L'interface entre les associations rurales à fonctions multiples et les associations urbaines de consommation comme moyen de lutte contre la misère*, n° 3-4, 1990, 200 p., 12 €.

DE VILLERS, Gauthier et WILLAME, Jean-Claude, *Belgique-Zaïre : le grand affrontement*, n° 1-2, 1990, 171 p. (photocopie), 16 €.

1989

KABUYA LUMUNA SANDO, *Zaïre 1960-1964. La Tourmente katangaise*, n° 6, 1989, 117 p., 12 €.

REYNTJENS, Filip, *Burundi 1972-1988. Continuité et Changement*, n° 5, 1989, 98 p., (épuisé).

FETTWEIS, Nadine, *Lecture sémiotique de l'Anté-peuple de Sony Labou Tansi*, n° 4, 1989, 101 p., 12 €.

GASIBIREGE RUGEMA, Simon, *Approche du processus d'inadaptation-adaptation de l'enseignement primaire à travers les réformes scolaires au Zaïre (1880/1980)*, n° 2-3, 1989, 244 p., 12 €.

TREFON, Theodore, *French Policy toward Zaire during the Giscard d'Estaing Presidency*, n° 1, 1989, 135 p., 12 €.

1988

WILLAME, Jean-Claude, *Éléments pour une lecture du contentieux belgo-zaïrois*, n° 6, 12/1988, 173 p. (photocopie), 20,50 €.

SCOTT, G. J., *La Pomme de terre en Afrique centrale. Une étude sur le Burundi, le Rwanda et le Zaïre*, n° 4-5, 9/1988, 235 p., (épuisé).

TSHUND'OLELA EPANYA SHAMOLOLO, *Entreprises minières et développement de l'économie capitaliste au Zaïre. La politique des zones de protection minière et son impact sur l'occupation commerciale au Kasaï (1915-1959)*, n° 3, 6/1988, 109 p., 12 €.

BRION, E., *Aux origines du diocèse de Kole Zaïre - 1880-1935*, n° 1-2, 3/1988, 259 p., (épuisé).

1987

WILLAME, Jean-Claude, *Chronique d'une opposition politique : l'UDPS (1978-1987*), n° 7-8, 12/1987, 118 p., (photocopie), 16 €.

MARYSSE, Stefaan, *La Question agraire dans l'économie politique du Zimbabwe*, n° 6, 9/1987, 66 p., 12 €.

BOGERS, Koen et WYMEERSCH, Patrick, *De Kongo in de Vlaamse fiktie- en reisverhalen*, n° 4-5, 1987, 165 p., 12 €.

MONNIER, Laurent (sous la dir. de), *Figures du pouvoir dans le roman africain et latino-américain.* Actes du colloque de Lausanne (10-13 mars 1986), n° 1-2-3, 1987, 385 p. (épuisé).

CAHIERS AFRICAINS
(anciennement Cahiers du CEDAF)

AFRIKA STUDIES
(voorheen ASDOC-Studies)

ISSN 1021-9994

www.africamuseum.be/research/publications

Comment se procurer les *Cahiers africains* ?

ORDRE PERMANENT

Si vous souhaitez recevoir nos publications dès leur parution, nous vous invitons à nous retourner le formulaire au verso.
Par l'acceptation de la formule de l'ordre permanent, vous recevrez à chaque nouvelle parution une facture qui, dès qu'elle aura été honorée, sera suivie de l'envoi du *Cahier*.

Comment le système de l'ordre permanent fonctionne-t-il ?

À la sortie de tout nouveau *Cahier africain*, une facture vous sera envoyée. Dès réception de votre paiement, le *Cahier* vous sera expédié.
Pour plus de facilités, vous pouvez payer par carte de crédit : vous recevez une facture du Service des Publications du Musée royal de l'Afrique centrale par e-mail ou par fax, sur laquelle vous pouvez noter les données de votre carte (numéro, date d'expiration, nom du titulaire) ainsi que votre signature pour accord. Vous avez alors la possibilité de renvoyer ce document en toute sécurité par fax (+32 2 769 55 11) et le *Cahier* vous sera expédié dans les 24 heures.

Pour toute question administrative ou commande, vous pouvez contacter le Service des Publications, e-mail : publications@africamuseum.be
Tél : +32 2 769 52 08.

À retourner au Service des Publications du Musée royal de l'Afrique centrale
13, Leuvensesteenweg, 3080 Tervuren, Belgique

« Les Cahiers africains – Afrika Studies »

Ordre permanent

Nom, Prénom :..
Adresse : ....
....
....
Fax :...
E-mail : ....
Souhaite recevoir les *Cahiers africains* dès leur parution et souscrit
un ordre permanent .... □

Souhaite payer systématiquement par carte de crédit .... □
Souhaite recevoir une facture *pro forma* pour effectuer
un transfert par la banque... □

Souhaite que les *Cahiers* lui soient envoyés
- par courrier ordinaire.. □
- par courrier prioritaire .... □
- par courrier express (DHL, ABX, etc.) .... □

Signature

Date

République démocratique du Congo aux éditions L'Harmattan

Dernières parutions

KINSHASA SOCIÉTÉ ET CULTURE
Muketa Jacques Fumunzanza
Ce livre donne les éléments de compréhension de l'ensemble des traits distinctifs, spirituels et matériels, intellectuels et affectifs, qui caractérisent Kinshasa. Il démontre que les anciens et les pionniers, indigènes et étrangers, ont façonné l'identité des Kinois, en exposant les productions socioculturelles des habitants de Kinshasa, au travers desquelles on découvre le savoir-faire et le savoir-vivre de la société kinoise.
(35.00 euros, 302 p.)
ISBN : 978-2-336-00254-5, ISBN EBOOK : 978-2-296-53827-6

HISTOIRE DU CONGO RDC DANS LA PRESSE
Des origines à l'indépendance
Ekambo Jean-Chrétien D - Préface d'Isidore Ndaywel à Nziem
Qui avait conscience que l'histoire de l'exploration du Congo avait commencé par celle d'un simple et banal reportage du journaliste Henri M. Stanley ? La presse, instrument de diffusion et de transmission de l'information, est aussi productrice de l'histoire. A sa manière, la presse a forgé le destin du Congo.
(Coll. Comptes Rendus, 44.00 euros, 438 p.)
ISBN : 978-2-343-01118-9, ISBN EBOOK : 978-2-296-53962-4

COURSE (LA) CONTRE LA PAIX EN R.D.CONGO
Sous la direction de Nashi Emmanuel M. A.
Les dirigeants congolais savent parfaitement que l'objectif final de Kigali demeure l'annexion du Kivu au Rwanda. La stratégie consiste à déclencher à intervalles réguliers des guerres qui chassent les autochtones de leurs terres et y installent de prétendus réfugiés venus du Rwanda. Chaque fois que le gouvernement congolais négocie avec le régime rwandais ou ses supplétifs (M23, CNDP, RCD-Goma), il contribue à la réalisation de cet objectif.
(Coll. Comptes Rendus, 21.00 euros, 206 p.)
ISBN : 978-2-343-01071-7, ISBN EBOOK : 978-2-296-53798-9

COMBAT POUR LA RÉSURRECTION DU MOUVEMENT NATIONAL CONGOLAIS
Mosamete Sekola
Pour reconstruire le Mouvement National Congolais (NMC), l'auteur pense qu'il faut repartir de zéro et bâtir une solution durable. Il a constitué le nouvel édifice du Mouvement de demain, doté de statuts solides et durables pour une institution de combat démocratique, et veut faire du MNC une force de première grandeur qui arracherait le Congo à son triste sort. Ces stratégies vont entraîner un renversement complet de l'existence des Congolais.
(Coll. Points de vue, 16.50 euros, 156 p.)
ISBN : 978-2-336-29759-0, ISBN EBOOK : 978-2-296-53737-8

SOCIOLOGIE DE LA CHANSON CONGOLAISE
Cours expérimental sur la rumba congolaise
M'Bemba-Ndoumba Gaston
Dans les sociétés de tradition orale, rien de tel que les chansons pour comprendre l'évolution de la société. La rumba congolaise en est le meilleur exemple. Analyser les paroles de cette musique née dans les années trente sur les deux rives du fleuve Congo, à Brazzaville et Kinshasa, permet de

mieux comprendre les transformations nées de la révolution urbaine : rapports hommes-femmes et Blancs-Noirs, où l'argent tient une place de plus en plus grande.
(Coll. Études africaines, 20.00 euros, 202 p.)
ISBN : 978-2-343-00424-2, ISBN EBOOK : 978-2-296-53942-6

CONGO-ZAÏRE LE DESTIN TRAGIQUE D'UNE NATION
Nouvelle édition, revue et corrigée
Kalumvueziko Ngimbi
Près d'un demi-siècle après son indépendance, la question de la survie du Congo et du statut de ses ressources naturelles est de plus en plus évoquée dans plusieurs cercles internationaux. À travers un aperçu de l'histoire, cet ouvrage décrit les enjeux et les évènements importants qui ont marqué l'histoire passée et récente du Congo. L'auteur apporte de nouveaux éléments de discussion pour leur compréhension, comme le tout premier témoignage public de Jonas Mukamba sur l'assassinat de Patrice Lumumba.
(Coll. Études africaines, 25.00 euros, 244 p.)
ISBN : 978-2-296-96425-9, ISBN EBOOK : 978-2-296-53621-0

CRIMES (LES) DE GUERRE DE L'ITURI (République démocratique du Congo)
Kito Masimango André
La spécificité des guerres de l'Ituri, dans le nord-est de la République du Congo, est d'être causées à la fois par des conflits interétatiques et des guerres civiles. Dès lors, la gestion des réparations des crimes de guerre est délicate, car elle relève de plusieurs paramètres : le calcul du préjudice et la responsabilité des États et des miliciens chefs de guerre ; la juridiction devant dire le droit et réparer les torts. Mais si chacun continue de refuser réparation, il est à craindre que les cruautés ne reprennent.
(Coll. Géopolitique mondiale, 13.00 euros, 110 p.)
ISBN : 978-2-336-00720-5, ISBN EBOOK : 978-2-296-53661-6

SAGA (LA) D'INGA
L'histoire des barrages du fleuve Congo
Misser François
Le site majestueux d'Inga où toute la force du fleuve Congo vient s'engouffrer dans un étroit goulot offre le plus grand potentiel hydroélectrique au monde. Voici l'aventure inachevée de la domestication de cette force sauvage, à peine entamée par la construction de deux barrages en 1972 et en 1982, Inga I et Inga II. Le développement de ce site d'une capacité équivalente à une quarantaine de centrales nucléaires peut apporter des services considérables à l'environnement, à condition que se restaure la confiance dans la capacité de l'État congolais à le gérer.
(Coll. Cahiers Africains, 24.00 euros, 228 p.)
ISBN : 978-2-343-00639-0, ISBN EBOOK : 978-2-296-53632-6

COMMUNICATION (LA) POLITIQUE ET LE NOUVEL ESPACE PUBLIC CONGOLAIS (RDC)
Dikanga Kazadi Jean-Marie
Le propos de ce livre se fonde sur une question fondamentale : comment, dans un contexte de la parole libérée - comme en République Démocratique du Congo (1990-1997) -, la communication politique s'est-elle déployée dans l'espace public, à travers notamment un média de masse comme la télévision ? La question conduit à l'examen des problèmes de communication politique provoqués par le nouveau contexte de processus de démocratisation.
(Coédition CELD Edition, 27.00 euros, 264 p.)
ISBN : 978-2-336-29760-6, ISBN EBOOK : 978-2-296-53605-0

RÉFORME (LA) DE LA FONCTION PUBLIQUE EN R. D. CONGO
Opportunités et contraintes
Upira Sunguma Kagimbi Dieudonné
L'administration publique en R D Congo peine à jouer le rôle d'impulsion du développement socioéconomique, tant au niveau central que provincial. Le renforcement des capacités de

l'Administration publique constitue un préalable incontournable à la refondation de l'État. Une réforme en profondeur de la fonction publique s'avère indispensable.
(Coll. Comptes Rendus, 15.50 euros, 148 p.)
ISBN : 978-2-343-00288-0, ISBN EBOOK : 978-2-296-53568-8

QUELLE GOUVERNEMENTALITÉ DES FRONTIÈRES POUR LA RÉPUBLIQUE DÉMOCRATIQUE DU CONGO ?
Tambwe Eddie
S'appuyant sur le concept de «gouvernementalité» (Michel Foucault), l'auteur tente de «poser les jalons d'une réflexion stratégique» devant participer à «la construction d'une vision politique efficiente dans la gestion des frontières» pour la RDC. Le texte revisite la singularité géophysique et la complexité historique de la RDC.
(Coll. Comptes Rendus, 10.00 euros, 60 p.)
ISBN : 978-2-336-29762-0, ISBN EBOOK : 978-2-296-53614-2

DROIT (LE) CONGOLAIS À L'ÉPREUVE DE LA MOBILITÉ DU CAPITAL
Protection de l'État récepteur d'investissements
Ntungu Rodrigue - Préface de Grégoire Bakandeja wa Mpungu
Soit l'investissement étranger direct génère un ordre juridique autonome, la *lex contractus*, soit l'efficacité du champ de réglementation nationale est limitée par le caractère de plus en plus mobile du capital. Le droit congolais irrigué par l'OHADA, se heurte par conséquent à une question de fond : comment garantir la sécurité juridique de l'État dans une convention d'investissement par nature déséquilibrée ?
(Coll. Harmattan RDC, 17.00 euros, 172 p.)
ISBN : 978-2-343-00195-1, ISBN EBOOK : 978-2-296-53553-4

FRONTIÈRES ET GOUVERNANCE SÉCURITAIRE
Pour le développement économique de la République démocratique du Congo
Sous la direction de Dikanga Kazadi Jean-Marie, Banywesize Emmanuel M.
Cet ouvrage pose les enjeux et les défis majeurs auxquels la République démocratique du Congo est confrontée. Les auteurs ont surtout dégagé des pistes de solutions pour la construction d'une paix durable, condition nécessaire à la préservation de la nouvelle culture démocratique, à la réalisation de la cohésion nationale et des projets de reconstruction des infrastructures pour le développement.
(Coédition CELD Edition, 24.00 euros, 232 p.)
ISBN : 978-2-336-29761-3, ISBN EBOOK : 978-2-296-53604-3

CONJONCTURES CONGOLAISES 2012
Politique, secteur minier et gestion des ressources naturelles en RD Congo
Cahiers Africains 82
Sous la direction de Stefaan Marysse et Jean Omasombo
La fragile situation politique et sécuritaire compromet l'évolution et le redressement de la RDC. Le secteur minier connaît un développement spectaculaire au Katanga. À l'Est prédomine une exploitation artisanale fortement perturbée par la situation sécuritaire. Le secteur des hydrocarbures est la principale source de recettes pour l'État. Et la gestion de la forêt tropicale produit le plus de dégâts. Le talon d'Achille de l'économie politique congolaise reste la qualité de gouvernance. Le Gouvernement sera-t-il capable de relever enfin ce défi ?
(Coll. Cahiers Africains, 33.50 euros, 326 p.)
ISBN : 978-2-343-00465-5, ISBN EBOOK : 978-2-296-53333-2

KASA-VUBU, LUMUMBA ET L'INDÉPENDANCE DU CONGO – 1956-1960
Kimpianga Mahaniah
Cet essai jette un regard sur l'histoire politique de la République démocratique du Congo à Léopoldville entre 1956 et 1960. L'auteur y brosse le parcours del'Alliance des bakongo (ABAKO) et celui du Mouvement national congolais (MNC) dont les principaux acteurs, Joseph Kasa-Vubu et Patrice Lumumba, ont joué, chacun à sa manière, un rôle cardinal dans la lutte pour l'indépendance.
(Coll. Études africaines, 24.00 euros, 250 p.)
ISBN : 978-2-336-29887-0, ISBN EBOOK : 978-2-296-53485-8

PYGMÉES (LES) FACE À UNE MODERNITÉ ÉCONOMIQUE ET RELIGIEUSE IMPORTÉE

Nyababa Kyalondawa

Cet ouvrage est consacré à la tribu des Batwa : une population nomade, réfractaire tant à la modernité qu'au christianisme, et spoliée d'une part de son territoire. Cet abandon et cette marginalisation sont l'occasion de se réinterroger sur une nécessaire contextualisation du christianisme qui ferait fructifier les héritages africains ancestraux. L'ouvrage revisite notamment les réussites et les revers du kimbanguisme, des théologies africaines ou du tribalisme.

(Coll. Etudes africaines, 32.50 euros, 320 p.)

ISBN : 978-2-336-00869-1, ISBN EBOOK : 978-2-296-53258-8

FRANCO LE GRAND MAÎTRE

Die Lala Raoul Yema - Préface d'Augustin Matata Ponyo

Franco. Sa guitare, sa voix, sa musique marquent son immortalité en défiant le temps, les époques et les modes. Elles continuent, deux décennies après sa disparition, à captiver et à susciter des débats. Ce livre révèle le portrait contrasté et éclatant d'un musicien hors du commun. C'est aussi un livre de souvenirs pour ceux qui ont connu Franco autant que pour ceux qui ne l'ont pas connu, mais qu'il fait chanter, danser, rire et pleurer.

(Coll. Comptes Rendus, 17.50 euros, 164 p.)

ISBN : 978-2-343-00394-8, ISBN EBOOK : 978-2-296-53062-1

PATERNALISME (LE) EN QUESTION

Les anciens ouvriers de la Gécamines face à la libéralisation du secteur minier katangais (RD Congo)

Rubbers Benjamin

En 1926, l'Union minière du Haut-Katanga jette les bases de sa politique paternaliste, qui touchera tous les aspects de la vie quotidienne de ses travailleurs pendant plus d'un demi-siècle. En 2003, après une décennie dans la tourmente, 10000 agents sont licenciés de l'entreprise dans le cadre du projet de libéralisation du secteur minier conçu par la Banque mondiale. De quelle façon ont-ils réagi à leur «abandon» par l'entreprise ? Comment ont-ils fait face à leur nouvelle indépendance ?

(Coll. Cahiers Africains, 33.00 euros, 322 p.)

ISBN : 978-2-343-00238-5, ISBN EBOOK : 978-2-296-53105-5

PROVINCE DU SUD-KIVU (RDCONGO)

Enjeux économiques et financiers

Bukavu Journal of Economics and Social Sciences 1

L'objectif de cette nouvelle revue est de collecter des données, d'organiser des connaissances sur différents aspects de la vie socioéconomique de la région du Kivu. Au sommaire de ce volume : L'adoption de la TVA en RD Congo. Analyse de la compétitivité de la banane au Sud-Kivu. Les clients des institutions de microfinances à Bukavu. Les structures financières des PME à Bukavu.

(24.00 euros, 232 p.)

ISBN : 978-2-343-00436-5, ISBN EBOOK : 978-2-296-53132-1

CAHIERS CONGOLAIS DE COMMUNICATION (VOL. X)

CECOM Centre d'études en communication de masse

La première partie de ce dixième volume des *Cahiers congolais de communication* rend compte d'une série de recherches en sciences de la communication. La seconde partie comprend des études pluridisciplinaires sur des enjeux culturels, psychosociopolitiques et géostratégiques.

(Coédition IFASIC (Unikin), 29.00 euros, 282 p.)

ISBN : 978-2-343-00399-3, ISBN EBOOK : 978-2-296-53168-0

L'HARMATTAN ITALIA
Via Degli Artisti 15; 10124 Torino

L'HARMATTAN HONGRIE
Könyvesbolt ; Kossuth L. u. 14-16
1053 Budapest

L'HARMATTAN KINSHASA
185, avenue Nyangwe
Commune de Lingwala
Kinshasa, R.D. Congo
(00243) 998697603 ou (00243) 999229662

L'HARMATTAN CONGO
67, av. E. P. Lumumba
Bât. – Congo Pharmacie (Bib. Nat.)
BP2874 Brazzaville
harmattan.congo@yahoo.fr

L'HARMATTAN GUINÉE
Almamya Rue KA 028, en face du restaurant Le Cèdre
OKB agency BP 3470 Conakry
(00224) 60 20 85 08
harmattanguinee@yahoo.fr

L'HARMATTAN CAMEROUN
BP 11486
Face à la SNI, immeuble Don Bosco
Yaoundé
(00237) 99 76 61 66
harmattancam@yahoo.fr

L'HARMATTAN CÔTE D'IVOIRE
Résidence Karl / cité des arts
Abidjan-Cocody 03 BP 1588 Abidjan 03
(00225) 05 77 87 31
etien_nda@yahoo.fr

L'HARMATTAN MAURITANIE
Espace El Kettab du livre francophone
N° 472 avenue du Palais des Congrès
BP 316 Nouakchott
(00222) 63 25 980

L'HARMATTAN SÉNÉGAL
10 VDN en face Mermoz, après le pont de Fann
BP 45034 Dakar Fann
33 825 98 58 / 33 860 9858
senharmattan@gmail.com / senlibraire@gmail.com
www.harmattansenegal.com

L'HARMATTAN BÉNIN
ISOR-BENIN
01 BP 359 COTONOU-RP
Quartier Gbèdjromèdé,
Rue Agbélenco, Lot 1247 I
Tél : 00 229 21 32 53 79
christian_dablaka123@yahoo.fr

635444 - Décembre 2015
Achevé d'imprimer par

1livre.com
du rêve à la réalité !

www.ingramcontent.com/pod-product-compliance
Lightning Source LLC
LaVergne TN
LVHW011316061026
849535LV00005B/1591
* 9 7 8 2 3 4 3 0 4 1 0 6 3 *